文化发展智库报告系列

中国文化企业发展报告（2013~2014）

China's Cultural Enterprise Development Report (2013-2014)

张晓明　史东辉／主编

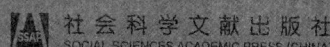

本书由中国社会科学院文化研究中心"文化产业重大课题研究计划"和上海市高校内涵建设项目（085）"都市社会发展与智慧城市建设"内涵建设项目联合资助。

"文化发展智库报告系列"编委会

主　　任　李培林　李友梅

副主任　　张晓明　史东辉

编　　委　晋保平　殷国俊　谢寿光
　　　　　王利明　李　河　章建刚
　　　　　吴尚民　吴信训　董丽敏

《中国文化企业发展报告（2013～2014）》课题组

组　　长　张晓明　史东辉

副组长　　殷国俊　王利明

成　　员　谢叙祎　张德成　陈　闯
　　　　　黄　晨　余平安　姜弘毅
　　　　　皮伟能　陶　金　王　龙

建设中国特色新型文化发展智库

——写在"文化发展智库报告系列"出版之际

文化是民族凝聚力和创造力的源泉，是人民的精神家园和情感归属。中国当代文化发展经历了社会巨变和经济转型，内涵与形式都有了崭新的特质。在文化经济融合发展趋势日益迅猛的 21 世纪，文化以其强大的思想引导和社会整合功能，在新一轮全球化过程中释放出巨大能量。

中国新一代领导人审时度势，大力倡导建设中国特色新型智库，以应对日益复杂多变的发展形势。党的十八届三中全会通过的《中共中央关于全面深化改革若干重大问题的决定》提出，加强中国特色新型智库建设，建立健全决策咨询制度。2014 年 10 月 27 日，习近平总书记在中央全面深化改革领导小组第六次会议上强调："要从推动科学决策、民主决策，推进国家治理体系和治理能力现代化、增强国家软实力的战略高度，把中国特色新型智库建设作为一项重大而紧迫的任务切实抓好。"在此形势下，作为国家级智库的中国社会科学院，特别需要在开展智库型研究上做出新的贡献，提出对国家发展具有战略价值的咨询成果。

中国社会科学院文化研究中心与上海大学城市经济研究所近年来密切合作，针对国家文化发展战略的重大问题开展了一系列研究，形成了以《中国文化企业发展报告》为首的优秀研究成果，列入了由社会科学文献出版社推出的以"文化发展智库报告系列"为名的丛书，作为即将在上海成立的中国社会科学院于上海市共建的"上海研究院"的第一批重大智库研究成果，隆重推出，我在此表示衷心的祝贺！

经过30多年的改革开放与发展，中国进入一个新的发展阶段，面临一系列新问题、新挑战，改革发展任务日益艰巨繁重。无论是中央政府还是地方各级政府，都需要更多的智力支持和有效的政策建议，决策咨询也更加需要"专业化智库"。中国特色新型智库建设已经成为推进国家治理体系和治理能力现代化的组成部分和重要力量。

中国社会科学院是"党和国家的思想库和智囊团"，多年来推出了大批的应用对策性研究成果，对国家发展做出重大贡献，但也显示出难以适应新的形势发展需要的种种情况，特别是跨地域、跨单位、跨学科之间的协同研究欠缺。建立中国社会科学院上海研究院就是我院协同创新的一项重要探索，是推动中国特色新型智库建设的重大尝试。

"文化发展智库报告系列"丛书的出版，将推动我国的文化发展智库建设，为开辟文化研究的新局面做出贡献。

中国社会科学院　李培林

本书序

党的十七大报告明确提出:"鼓励哲学社会科学界为党和人民事业发挥思想库作用。"十七届六中全会审议通过的《中共中央关于深化文化体制改革、推动社会主义文化大发展大繁荣若干重大问题的决定》,明确提出要"坚持以重大现实问题为主攻方向,加强对全局性、战略性、前瞻性问题研究,加快哲学社会科学成果转化,更好服务经济社会发展。"党的十八届三中全会《关于全面深化改革若干重大问题的决定》提出了加强中国特色新型智库建设。全球经济社会发展的不确定性和复杂性,需要各级政府做出科学的决策与有效的政策安排,而充分发挥思想库职能,当好政府的高级顾问,是任何一个智库始终努力的方向和目标。中国正处在一个深刻的转型之中,当前的改革,牵一发而动全身,既错综复杂又脆弱敏感。我们现在所需要的改革,追求更高质量、更高水平,更加注重系统性、整体性、协同性。要实现这些目标,各种各样智库的地位越来越举足轻重、作用越来越不可或缺。很多新情况、新问题、新矛盾需要我们用新视角、新方法、新举措来应对和解决。经济社会发展对理论研究、战略规划和政策咨询的需要正呈巨量增加的态势,许多政府部门、企业、事业团体等对哲学社会科学研究产生空前的需要。高水平智库的建设和影响,已成为一个行业、地区、国家软实力的重要体现。

中国社会科学院文化研究中心是我国文化产业和政策研究领域领军的智库，自2012年以来，在中央文资办的大力支持下，文化研究中心发起了"文化产业重大课题研究计划"，并委托上海大学城市经济研究所，开展了有关国有文化企业改革发展的若干重大课题研究，研究成果得到了中央领导和中央文资办领导的高度肯定。2013年，中国社会科学院与上海市政府决定共同发起成立"上海研究院"，上海研究院将依托并设立在上海大学。在此背景下，上海大学决定由城市经济研究所牵头，联合校内多个学科的研究力量，大力拓展与中国社会科学院文化研究中心的合作，共同发起一项名为"中国文化发展战略研究"的大型研究计划，将其作为即将成立的"上海研究院"中的常设机构的研究课题。到目前为止，已经完成了《中国文化企业发展报告（2013~2014）》，正在进行中的还有《中国文化企业发展报告（2015）》，以及基于第三次经济普查数据的多项相关研究。中国社会科学院社科文献出版社积极参与该项研究计划的实施，专门创设了"文化发展智库报告系列"丛书，用以出版有关研究成果。

"文化发展智库报告系列"丛书内容定位于"智库型报告"是有考虑的。当今世界正处在大发展大变革大调整时期，各种思想文化交流交融交锋更加频繁，文化软实力在综合国力竞争中的地位和作用更加凸显，国家重大战略决策越来越依赖于哲学社会科学研究成果的支持。为了应对这一挑战，世界各国政府越来越重视哲学社会科学的应用研究，采取一系列措施促进研究成果的转化，各种各样的思想库和智囊团应运而生，对于国家政策的制定和企业重大决策的参与程度越来越深。为了适应全球形势的这一变化，"文化发展智库报告系列"定位于推动文化研究成果的转化，为国家文化软实力提升与社会主义文化强国建设提供坚强的思想保证、系统的决策论证、有力的产业规划、一流的产品设计以及强大的舆论支持。

"文化发展智库报告系列"与中国社会科学院已有的品牌产品——文化蓝皮书是姊妹篇，形成合力，共同打造"非官方权威报告"系统架构。两者都致力于政策分析与产业分析，后者偏重于政策分析，前者偏重于产业分析，为国家公共文化建设、文化产业改革发展及其他社会文化繁荣提供重要的理论指导与可行的实践参照。"文化发展智库报告系列"是中国社会科学院与上海大学分工合作、协同创新的重要成果。我们相信，随着这一合作的持续深入，该系列一定会有高质量的研究成果不断问世。

要体现"文化发展智库报告系列"的"智库报告"的特色，必须既要在基础理论上创新，也要在研究方法上聚焦，以精准的研究成果解决行业关键的发展问题。值此机会，我想对"文化发展智库报告系列"提出一些具体要求。

首先，要瞄准市场需求。智库研究应该以企业，至少是行业重大主题为服务对象，也就是说，企业与行业所关心的前沿、焦点、重点问题，就是我们要加以重点研究探讨，以贡献出高质量的决策咨询成果的领域和方向。

其次，要创新研究方法。智库研究应该学习国内外著名智库的成功经验，借鉴国际知名的咨询公司与证券分析公司的研究方法，综合运用多种现代社会科学知识，不断创新开拓，适时推出对中国文化发展科学有效的决策咨询报告。

最后，要关注量化分析。当今智库研究越来越以数字技术与网络技术为基础，大数据、云计算对人们生产方式、思维方式影响深远，量化研究大有席卷所有学科研究之势。我们应该以网络思维和大数据技术手段，挖掘和分析当前文化建设中存在的问题，科学预测国内外文化发展趋势，有效提出文化发展的战略方案。如此，方可发挥新时期高端文化发展智库的作用。

我们可以相信，"文化发展智库报告系列"的推出，不仅是对"加快哲学社会科学成果转化"精神的忠实践行,而且是对"社会主义文化强国"目标的有力推进,更是对经济社会"全面深化改革"举措的具体落实。

上海大学 李友梅

目 录

总报告 中国文化企业的现状、问题与展望 ·················· 1
    一 中国文化企业的组成 ························· 1
    二 中国文化企业发展的现状与特征 ················· 7
    三 中国文化企业发展的主要问题与挑战 ············· 19
    四 若干展望及建议 ··························· 27

专题报告一 中国文化企业的产业分布 ·················· 32
    一 各产业的企业数量与资产 ··················· 32
    二 各产业的企业产出与赢利 ··················· 43
    三 各产业的就业、工资与生产率 ················· 60
    四 各产业的盈利性 ··························· 70
    五 各大类文化企业产出的区域分布 ··············· 81

专题报告二 不同地区文化企业的比较研究 ·············· 91
    一 各地区文化企业的数量与资产规模 ············· 91
    二 各地区文化企业的产出与赢利 ················· 99
    三 各地区文化企业的就业与生产率 ··············· 109
    四 各地区文化企业的盈利性 ··················· 120
    五 各地区文化企业的产业结构 ················· 127

专题报告三 不同控股类型文化企业的比较研究 …………… 146
 一 不同控股类型文化企业的数量与资产规模 …………… 147
 二 不同控股类型文化企业的产出与赢利 ………………… 164
 三 不同控股类型文化企业的就业与生产率 ……………… 184
 四 不同控股类型文化企业的盈利性 ……………………… 206

专题报告四 2013 年沪深两市文化类上市公司研究 …………… 224
 一 证监会界定的文化产业类上市公司 …………………… 224
 二 2012 年以来文化类上市公司概况 ……………………… 229
 三 2012 年以来的政策环境与公司战略 …………………… 249
 四 文化类上市公司的资产结构和资本结构 ……………… 258
 五 文化类上市公司的偿债能力与资产营运效率 ………… 268
 六 文化类上市公司盈利能力分析 ………………………… 282
 七 对六家文化类上市公司财务报表的简要分析 ………… 291

企业文化大事记（2012.1~2013.6） …………………………… 309

总报告　中国文化企业的现状、问题与展望

虽然从 20 世纪 80 年代起我国便已开始了发展文化经济的理论和实践探索，并且建立社会主义文化市场体系、大力发展文化产业也早在 20 世纪 90 年代末便已成为各界共识，但无论在学术研究领域还是政策制定方面，我国对文化企业的内涵和外延却长期未能达成一致的认识。直到 2004 年国家统计局发布《文化及相关产业分类》（国统字〔2004〕24 号）之后，中国文化企业及其分布才首次在官方层面上得到了明确界定。而最新公布的《文化及相关产业分类（2012）》则是对 2004 年分类的进一步修正。

本报告所研究的文化企业，是指按照国家统计局《文化及相关产业分类（2012）》，属于"文化及相关产业"的企业，其所从事的是"为社会公众提供文化产品和文化相关产品的生产活动"[①]。

一　中国文化企业的组成

根据《文化及相关产业分类（2012）》，我国文化企业被分为"文化产品的生产"和"文化相关产品的生产"两个部分、新闻出版发行

---

① 国家统计局，http：//www.stats.gov.cn/tjbz/t20120731_402823100.htm。

服务等10个大类、新闻服务等50个中类、新闻业等120个小类以及部分小类下设置的延伸层。按照国家统计局的解释,"部分"这一层面直接区分了文化产品与相关产品的生产,其中"文化产品的生产"企业又是全部文化企业的核心部分,因为其为直接满足人们的精神需要而进行文化产品(包括货物和服务)的创作、制造、传播、展示;"大类"这一层面根据的是管理需要和文化生产活动的自身特点;"中类"的划分依照的是文化生产活动的相似性;而"小类"则是文化及相关产业的具体活动类别,也是《国民经济行业分类》(GB/T4754-2011)中相应的行业小类,即通常所说的四位数行业;至于延伸层,实际上是指某个小类中被纳入文化企业统计的部分企业。

具体而言,中国文化企业的组成类别如下。[①]

(一)文化产品的生产部分

1. 新闻出版发行服务大类

(1)新闻服务中类。包括1个小类:新闻业(8510)。

(2)出版服务中类。包括6个小类:图书出版(8521),报纸出版(8522),期刊出版(8523),音像制品出版(8524),电子出版物出版(8525),其他出版业(8529)。

(3)发行服务中类。包括5个小类:图书批发(5143),报刊批发(5144),音像制品及电子出版物批发(5145),图书、报刊零售(5243),音像制品及电子出版物零售(5244)。

2. 广播电视电影服务大类

(1)广播电视服务中类。包括2个小类:广播(8610),电视(8620)。

(2)电影和影视录音服务中类。包括4个小类:电影和影视节目

---

① 以下各小类名称后的括弧内4位数字表示该小类的行业代码。

制作（8630），电影和影视节目发行（8640），电影放映（8650），录音制作（8660）。

3. 文化艺术服务大类

（1）文艺创作与表演服务中类。包括2个小类：文艺创作与表演（8710），艺术表演场馆（8720）。

（2）图书馆与档案馆服务中类。包括2个小类：图书馆（8731），档案馆（8732）。

（3）文化遗产保护服务中类。包括3个小类：文物及非物质文化遗产保护（8740），博物馆（8750），烈士陵园、纪念馆（8760）。

（4）群众文化服务中类。包括1个小类：群众文化活动（8770）。

（5）文化研究和社团服务中类。包括2个小类及延伸层：社会人文科学研究（7350），专业性团体的服务（9421）中的学术理论社会团体的服务、文化团体的服务。

（6）文化艺术培训服务中类。包括2个小类及延伸层：文化艺术培训（8293），其他未列明教育（8299）中的美术、舞蹈、音乐辅导服务。

（7）其他文化艺术服务中类。包括1个小类：其他文化艺术业（8790）。

4. 文化信息传输服务大类

（1）互联网信息服务中类。包括1个小类：互联网信息服务（6420）。

（2）增值电信服务（文化部分）中类。包括1个小类的延伸层：其他电信服务（6319）中的增值电信服务（文化部分）。

（3）广播电视传输服务中类。包括3个小类及延伸层：有线广播电视传输服务（6321），无线广播电视传输服务（6322），卫星传输服务（6330）中的传输、覆盖与接收服务以及设计、安装、调试、测试、监测等服务。

5. 文化创意和设计服务大类

（1）广告服务中类。包括1个小类：广告业（7240）。

（2）文化软件服务中类。包括2个小类的延伸层：软件开发（6510）中的多媒体、动漫游戏软件开发，数字内容服务（6591）中的数字动漫、游戏设计制作。

（3）建筑设计服务中类。包括1个小类的3个延伸层：工程勘察设计（7482）中的房屋建筑工程设计服务、室内装饰设计服务、风景园林工程专项设计服务。

（4）专业设计服务中类。包括1个小类：专业化设计服务（7491）。

6. 文化休闲娱乐服务大类

（1）景区游览服务中类。包括4个小类及延伸层：公园管理（7851），游览景区管理（7852），野生动物保护（7712）中的动物园和海洋馆、水族馆管理服务，野生植物保护（7713）中的植物园管理服务。

（2）娱乐休闲服务中类。包括6个小类：歌舞厅娱乐活动（8911），电子游艺厅娱乐活动（8912），网吧活动（8913），其他室内娱乐活动（8919），游乐园（8920），其他娱乐业（8990）。

（3）摄影扩印服务中类。包括1个小类：摄影扩印服务（7492）。

7. 工艺美术品的生产大类

（1）工艺美术品的制造中类。包括9个小类：雕塑工艺品制造（2431），金属工艺品制造（2432），漆器工艺品制造（2433），花画工艺品制造（2434），天然植物纤维编织工艺品制造（2435），抽纱刺绣工艺品制造（2436），地毯、挂毯制造（2437），珠宝首饰及有关物品制造（2438），其他工艺美术品制造（2439）。

（2）园林、陈设艺术及其他陶瓷制品的制造中类。包括1个小类的延伸层：园林、陈设艺术及其他陶瓷制品制造（3079）中的陈设艺术陶瓷制品制造。

（3）工艺美术品的销售中类。包括3个小类：首饰、工艺品及收藏品批发（5146），珠宝首饰零售（5245），工艺美术品及收藏品零售（5246）。

（二）文化相关产品的生产部分

8. 文化产品生产的辅助生产大类

（1）版权服务中类。包括1个小类的延伸层：知识产权服务（7250）中的版权和文化软件服务。

（2）印刷复制服务中类。包括5个小类：书、报刊印刷（2311），本册印制（2312），包装装潢及其他印刷（2319），装订及印刷相关服务（2320），记录媒介复制（2330）。

（3）文化经纪代理服务中类。包括2个小类：文化娱乐经纪人（8941），其他文化艺术经纪代理（8949）。

（4）文化贸易代理与拍卖服务中类。包括2个小类的延伸层：贸易代理（5181）中的文化贸易代理服务，拍卖（5182）中的艺（美）术品、文物、古董、字画拍卖服务。

（5）文化出租服务中类。包括3个小类及延伸层：娱乐及体育设备出租（7121）中的视频设备、照相器材和娱乐设备的出租服务，图书出租（7122），音像制品出租（7123）。

（6）会展服务中类。包括1个小类：会议及展览服务（7292）。

（7）其他文化辅助生产中类。包括1个小类的3个延伸层：其他未列明商务服务业（7299）中的公司礼仪和模特服务、大型活动组织服务、票务服务。

9. 文化用品的生产大类

（1）办公用品的制造中类。包括3个小类：文具制造（2411），笔的制造（2412），墨水、墨汁制造（2414）。

（2）乐器的制造中类。包括4个小类：中乐器制造（2421），西乐器制造（2422），电子乐器制造（2423），其他乐器及零件制造（2429）。

（3）玩具的制造中类。包括1个小类：玩具制造（2450）。

（4）游艺器材及娱乐用品的制造中类。包括3个小类：露天游乐场所游乐设备制造（2461），游艺用品及室内游艺器材制造（2462），其他娱乐用品制造（2469）。

（5）视听设备的制造中类。包括3个小类：电视机制造（3951），音响设备制造（3952），影视录放设备制造（3953）。

（6）焰火、鞭炮产品的制造中类。包括1个小类：焰火、鞭炮产品制造（2672）。

（7）文化用纸的制造中类。包括2个小类及延伸层：机制纸及纸板制造（2221）中的文化用机制纸及纸板制造，手工纸制造（2222）。

（8）文化用油墨颜料的制造中类。包括2个小类及延伸层：油墨及类似产品制造（2642），颜料制造（2643）中的文化用颜料制造。

（9）文化用化学品的制造中类。包括1个小类的延伸层：信息化学品制造（2664）中的文化用信息化学品的制造。

（10）其他文化用品的制造中类。包括2个小类及延伸层：照明灯具制造（3872）中的装饰用灯和影视舞台灯制造，其他电子设备制造（3990）中的电子快译通、电子记事本、电子词典等制造。

（11）文具乐器照相器材的销售中类。包括4个小类：文具用品批发（5141），文具用品零售（5241），乐器零售（5247），照相器材零售（5248）。

（12）文化用家电的销售中类。包括2个小类及延伸层：家用电器批发（5137）中的文化用家用电器批发，家用视听设备零售（5271）。

（13）其他文化用品的销售中类。包括2个小类：其他文化用品批发（5149），其他文化用品零售（5249）。

10. 文化专用设备的生产大类

（1）印刷专用设备的制造中类。包括1个小类：印刷专用设备制造（3542）。

（2）广播电视电影专用设备的制造中类。包括4个小类：广播电视节目制作及发射设备制造（3931），广播电视接收设备及器材制造（3932），应用电视设备及其他广播电视设备制造（3939），电影机械制造（3471）。

（3）其他文化专用设备的制造中类。包括3个小类：幻灯及投影设备制造（3472），照相机及器材制造（3473），复印和胶印设备制造（3474）。

（4）广播电视电影专用设备的批发。包括1个小类的延伸层：通信及广播电视设备批发（5178）中的广播电视电影专用设备批发。

（5）舞台照明设备的批发。包括1个小类的延伸层：电气设备批发（5176）中的舞台照明设备的批发。

二 中国文化企业发展的现状与特征

根据《文化及相关产业分类（2012）》的界定，2012年在国家统计局联网直报平台上确认为文化及相关产业的企业法人单位共计36469户。[①] 这些企业的年末从业人员达6994335人，年末资产总额为50336.65亿元，年末所有者权益为22792.7亿元。与此同时，全国文化企业的营业收入达到了56261.54亿元，实现利润总额3727.1亿元。另外，当年全国

---

① 需要说明的是，该直报平台的统计范围包括三类企业：（1）年主营业务收入2000万元及以上的工业法人单位；（2）年主营业务收入2000万元及以上的批发业和年主营业务收入500万元及以上的零售业法人单位；（3）从业人员在50人及以上或年主营业务收入500万元及以上的服务业法人单位。为表述简便，本报告对这些企业一概称为"文化企业"，并以"全国文化企业"表示该直报平台所统计的文化企业。

文化企业人均营业收入为80.44万元,人均实现利润总额5.33万元,平均总资产报酬率、净资产收益率、营业利润率、成本费用利润率分别为8.3%、14%、6.2%、7.0%。

(一)中国文化企业产业分布的主要特征

1. "文化产品的生产"部分企业产出规模相对较小,但赢利水平相对较高

从"部分"这一层面来看,在2012年全国文化企业营业收入中,"文化产品的生产"部分只占38.0%,"文化相关产品的生产"部分则占了62.0%。不过,在当年全国文化企业利润总额中,"文化产品的生产"部分所占比重却达到了55.1%,而"文化相关产品的生产"部分所占比重只有44.9%。两相比较,两大部分的营业收入比重与各自利润总额比重的差距竟有17.1个百分点之多。

不仅如此,就"文化产品的生产"部分而言,其在全国文化企业中所占的营业收入比重还相对小于其所占的就业和资产比重,而其所占的利润总额比重则是所有主要比重指标中最高的(见图1)。

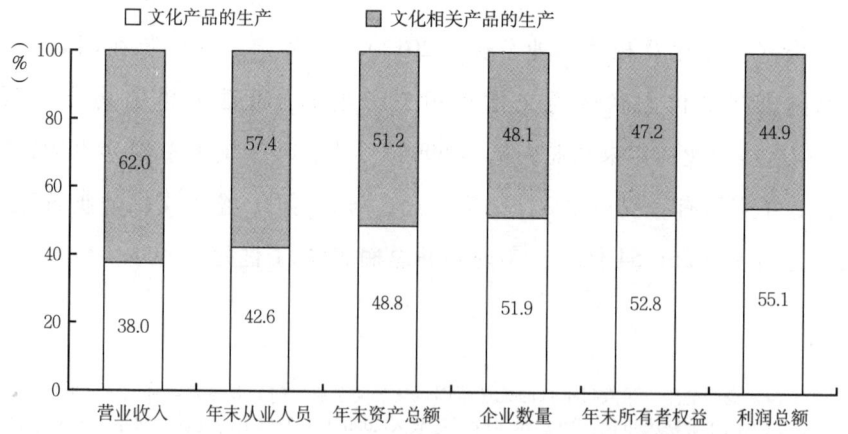

图1 2012年全国文化企业主要经济指标中两大部分所占比重

2. 文化用品的生产大类企业产出和赢利规模明显较大

从大类层面来看，2012年各大类文化企业的产出和赢利规模分布的首要特点，便是文化用品的生产大类占据了最大的份额。据统计，当年该大类营业收入高达23915.49亿元，占全国文化企业合计值的42.5%；该大类企业实现利润总额990.96亿元，占全国文化企业合计值的比重也高达26.6%。

与此同时，工艺美术品的生产、文化创意和设计服务、文化产品生产的辅助生产、文化专用设备的生产4个大类的产出规模也相对较大，它们的营业收入依次占了全国文化企业合计值的15.8%、12.2%、10.4%、9.1%；文化创意和设计服务、文化产品生产的辅助生产、工艺美术品的生产、文化信息传输服务4个大类的赢利也相对较大，它们所占全国文化企业利润总额的比重也依次达到了20.7%、13.4%、12.2%、12.1%（见图2）。

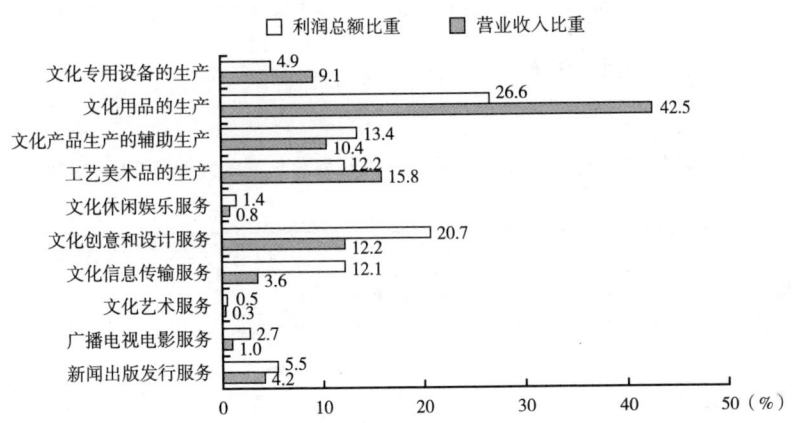

图2　2012年全国文化企业营业收入和利润总额中各大类所占比重

3. 少数中类提供了全部文化企业大部分产出和赢利

从中类层面来看，2012年各中类文化企业产出和赢利规模的差距很大，并且大多数产出和赢利来源于少数中类。据统计，全部50个中类按营业收入占全国文化企业合计值的比重排序，所占比重超过11%的有2

个中类，7%～8%的有3个中类，2%～4%的有11个中类，1%～2%的有7个中类，0.5%～1%的有9个中类，0.1%～0.5%的有11个中类，其余7个中类所占比重均不足0.1%。另外，按利润总额占全国文化企业合计值的比重大小排序，比重超过9%的有4个中类，5%～8%的有3个中类，2%～5%的有6个中类，1%～2%的有9个中类，0.5%～1%的有10个中类，其余18个中类所占比重均低于0.5%。

进一步分析显示，2012年营业收入最大的前10个中类包括工艺美术品的制造、视听设备的制造、文化用纸的制造、文化用家电的销售、印刷复制服务、广告服务、文化软件服务、工艺美术品的销售、建筑设计服务、广播电视电影专用设备的批发，它们合计所占全国文化企业营业收入的比重达到了67.1%。与此同时，当年利润总额最大的前10个中类则包括文化软件服务、工艺美术品的制造、印刷复制服务、互联网信息服务、文化用纸的制造、视听设备的制造、建筑设计服务、广告服务、出版服务、其他文化用品的制造，它们合计所占全国文化企业利润总额的比重更是高达70%（见表1）。

表1 2012年全国文化企业中营业收入和利润总额最大的前10个中类

单位：%

中类	营业收入比重	中类	利润总额比重
工艺美术品的制造	11.5	文化软件服务	10.8
视听设备的制造	11.0	工艺美术品的制造	10.0
文化用纸的制造	8.7	印刷复制服务	10.0
文化用家电的销售	8.6	互联网信息服务	9.3
印刷复制服务	7.7	文化用纸的制造	7.3
广告服务	4.1	视听设备的制造	6.4
文化软件服务	4.1	建筑设计服务	5.4
工艺美术品的销售	4.0	广告服务	4.0
建筑设计服务	3.7	出版服务	3.8
广播电视电影专用设备的批发	3.7	其他文化用品的制造	3.0
合　　计	67.1	合　　计	70.0

(二) 中国文化企业区域分布的主要特征

1. 东部地区集中了绝大多数文化企业[①]

如图3所示,2012年全国文化企业各项主要经济指标中,东部地区都占据了3/4以上。其中,在当年全国文化企业数量、年末从业人员、年末资产总额、年末所有者权益、营业收入、利润总额中,东部地区所占比重分别达到了75.9%、75.6%、78.6%、78.2%、80.4%、78.6%,同时中部地区所占比重分别为16.3%、16.1%、11.8%、13.8%、12.6%、14.8%,而西部地区所占比重分别只有7.8%、8.3%、9.6%、8.1%、7.0%、6.6%。

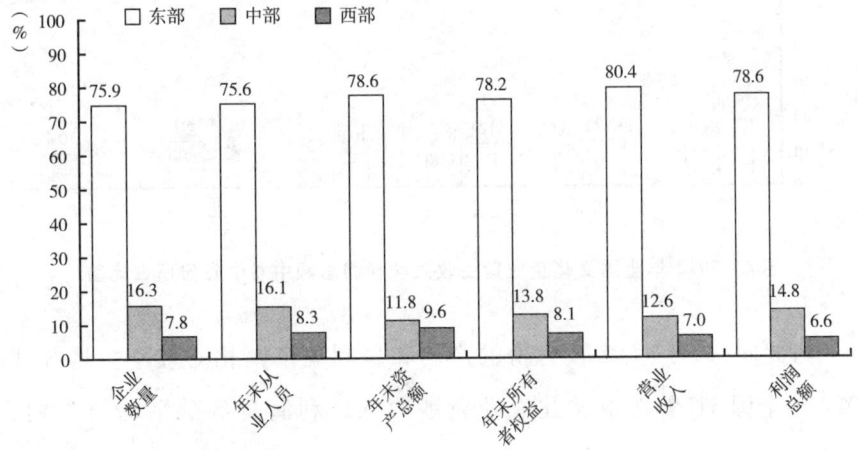

图3　2012年全国文化企业主要经济指标中各地区所占比重

2. 粤、苏、沪、鲁、京、浙贡献了70%以上的产出和利润

在2012年全国文化企业营业收入中,广东、江苏、上海、山东、

---

① 根据惯例,在分地区研究中,我们将全国31个省级行政区分为东、中、西三大地区,其中东部地区包括北京、天津、河北、辽宁、上海、江苏、浙江、福建、山东、广东、海南等11个省级行政区,中部地区包括山西、吉林、黑龙江、安徽、江西、河南、湖北、湖南等8个省级行政区,西部地区包括广西、内蒙古、四川、重庆、贵州、云南、西藏、陕西、甘肃、青海、宁夏、新疆等12个省级行政区。

北京、浙江所占比重明显较大,依次为 19.5%、13.7%、12.9%、10.0%、8.8%、7.4%,它们合计占全国文化企业营业收入的比重更是高达 72.3%。另外,在当年全国文化企业利润总额中,上述 6 个省、直辖市所占比重也分别达到了 17.1%、11.6%、9.5%、8.5%、13.7%、10.4%,它们合计占全国文化企业利润总额的比重也高达 70.8%(见图 4)。

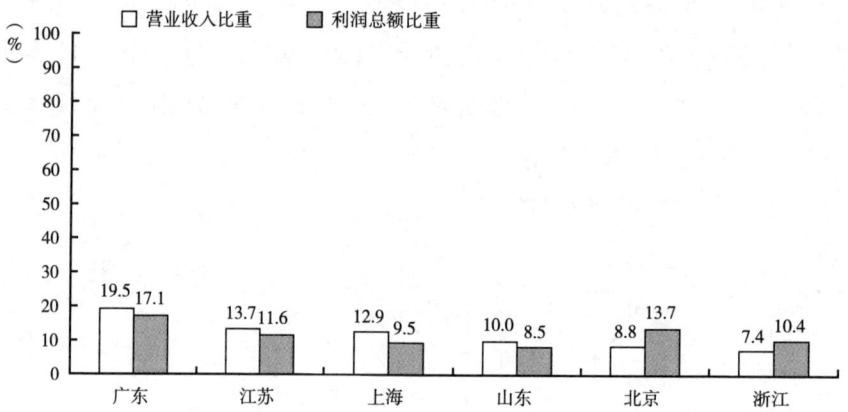

图 4　2012 年全国文化企业营业收入和利润总额中 6 个省份所占比重

与此同时,绝大多数省份的产出和赢利规模则相对较小。据统计,2012 年全国 31 个省份文化企业营业收入、利润总额的平均值分别为 1814.89 亿元、120.23 亿元,均分别相当于各自中位值(698.54 亿元、46.61 亿元)的 2.6 倍,同时营业收入和利润总额超过平均值的省份也只有 7 个。

3. 各省份文化企业产业分布的差别程度较大

不同国家或是地区之间产业结构的差别程度或相似程度通常可用产业结构相似系数来衡量,其计算公式为:

$$S_{ij} = \frac{\sum (X_{in} X_{jn})}{\sqrt{(\sum X_{in}^2)(\sum X_{jn}^2)}}$$

其中，S_{ij}表示结构相似系数，X_{in}与X_{jn}分别表示部门n在地区i和地区j的产出或是在其他指标中所占的比重，$0 \leqslant S_{ij} \leqslant 1$。当$S_{ij}=1$时，说明两个地区的产业结构完全相同；当$S_{ij}=0$时，则表明两个地区的产业结构完全不同。

我们运用结构相似系数公式，以北京文化企业的产业结构为基准，测算每个省份与北京的产业结构相似系数（见图5）。结果显示：云南省的文化企业与北京的产业结构相似系数最高，达到0.80；西藏与北京的相似系数最低，仅为0.36。另据统计，相似系数为0.7~0.8的省份有10个，0.6~0.7的省份有1个，0.5~0.6的省份有12个，小于0.5的省份则有7个。

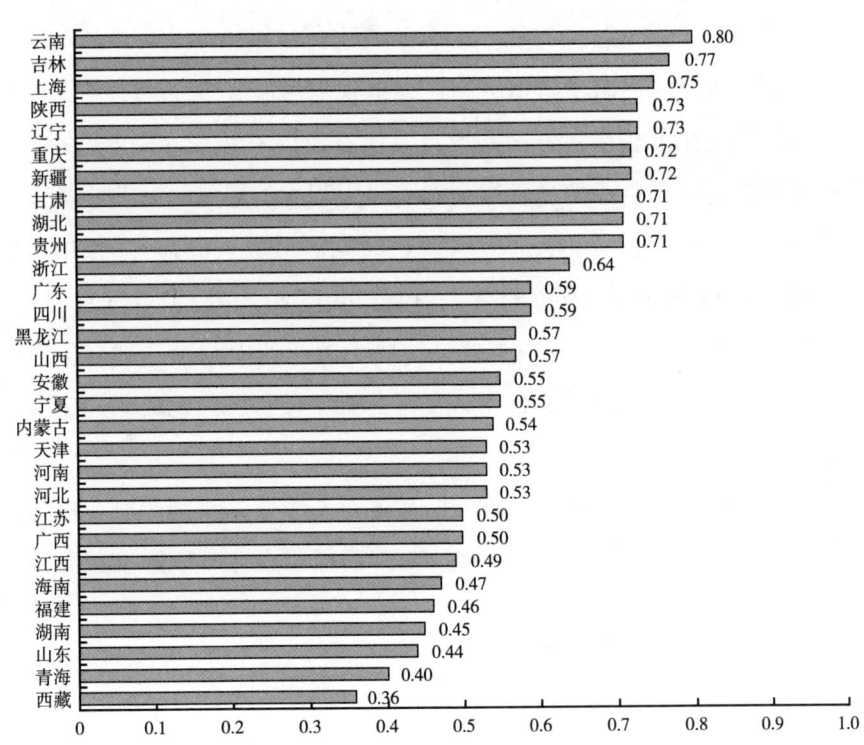

图5 2012年各省份文化企业营业总收入的大类构成与北京的相似系数

（三）不同所有制形式文化企业的现状与特征

1. 不同所有制形式文化企业的市场准入条件有所不同

由国家相关行业管理法规、产业政策、外商投资政策等所致，目前我国各种所有制形式文化企业的市场准入条件尚有着一定程度的差别。主要表现在以下几方面。

第一，在我国文化企业分布的120个小类中，大部分市场开放程度较高，在准入条件上对所有企业一视同仁，企业运行和发展主要由市场机制引导和调节。特别是在文化产（用）品设备制造部门中，除了卫星电视广播地面接收设施及关键件生产、感光材料生产、出版物印刷等极少数几个领域之外，绝大多数领域都实现了对国内外企业的开放。

第二，在新闻出版发行服务、广播电视电影服务2个大类中，尚有部分小类产业在市场准入方面基本只对国有及国有控股企业①开放，其他各种所有制形式企业的进入则受到了很大程度的限制。这些小类大致包括新闻业（8510）、图书出版（8521）、期刊出版（8523）、报纸出版（8522）、音像制品出版（8524）、电子出版物出版（8525）、广播（8610）、电视（8620）。不仅如此，这些小类产业中相当一部分国有控股企业还未建立规范的现代企业制度，企业运行和发展也尚未完全实现由市场机制引导和调节。

第三，在部分小类或有关小类的具体业务领域，我国政府在市场准入条件方面只对国内资本企业开放，对外商投资企业有所限制甚至禁止进入（见表2）。

---

① 下简称国有控股企业。

表2　目前我国限制或禁止外商投资的文化及相关产业领域

	领　　域
限制类	出版物印刷(中方控股);感光材料生产;卫星电视广播地面接收设施及关键件生产;电信公司:增值电信业务(外资比例不超过50%);音像制品(除电影外)的分销(限于合作);国际会展中心的建设、经营;摄影服务(含空中摄影等特技摄影服务,但不包括测绘航空摄影,限于合资);广播电视节目、电影的制作业务(限于合作);电影院的建设、经营(中方控股);大型主题公园的建设、经营;演出经纪机构(中方控股);娱乐场所经营(限于合资、合作)。
禁止类	象牙雕刻;脱胎漆器生产;珐琅制品生产;宣纸、墨锭生产;自然保护区和国际重要湿地的建设、经营;国家保护的原产于我国的野生动、植物资源开发;新闻机构;图书、报纸、期刊的出版业务;音像制品和电子出版物的出版、制作业务;各级广播电台(站)、电视台(站)、广播电视频道(率)、广播电视传输覆盖网(发射台、转播台、广播电视卫星、卫星上行站、卫星收转站、微波站、监测台、有线广播电视传输覆盖网);广播电视节目制作经营公司;电影制作公司、发行公司、院线公司;新闻网站、网络视听节目服务、互联网上网服务营业场所、互联网文化经营(音乐除外)。

资料来源:国家发展和改革委员会、商务部:《外商投资产业指导目录》(2011年修订)。

2. 非国有控股企业[①]提供了3/4以上的产出和赢利,而国有控股企业只是在少数大类及中类上的产出和赢利规模相对较大

如图6所示,在2012年全国文化企业数量、年末从业人员、年末资产总额、年末所有者权益、营业收入、利润总额中,非国有控股企业所占比重分别达到了85.2%、83.1%、66.4%、62.9%、81.6%、78.1%,同时国有控股企业所占各项指标的比重则分别只有14.8%、16.9%、33.6%、37.1%、18.4%、21.9%。

不仅如此,在大类层面上,国有控股企业只是在新闻出版发行服务、广播电视电影服务、文化艺术服务3个大类中的营业收入位居全部6种控股类型企业之首;同时,仅仅在新闻出版发行服务和广播电视电影服务2个大类中,国有控股企业的利润总额才高于其他5种控股类型

[①] 国家统计局把企业分为如下六种不同控股类型:国有控股、集体控股、私人控股、港澳台商控股、外商控股、其他。本文所谓的非国有控股企业,是指除国有控股企业之外的其余5种控股类型的企业。

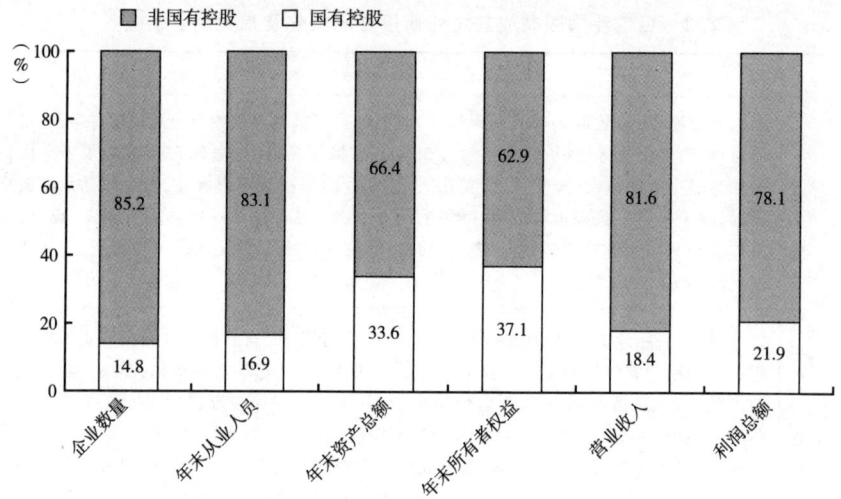

图6 2012年全国文化企业主要经济指标中国有与非国有控股企业所占比重

企业。

在中类层面上，国有控股企业位列各类控股企业营业收入榜首的中类也只有13个，依次包括新闻服务、出版服务、广播电视传输服务、文化研究和社团服务、发行服务、增值电信服务（文化部分）、建筑设计服务、文艺创作与表演服务、广播电视服务、电影和影视录音服务、文化遗产保护服务、图书馆与档案馆服务、景区游览服务、会展服务；同时，国有控股企业利润总额高于其他5种控股类型企业的中类也只有14个，依次包括新闻服务、发行服务、出版服务、广播电视传输服务、文化研究和社团服务、文化遗产保护服务、会展服务、增值电信服务（文化部分）、建筑设计服务、版权服务、电影和影视录音服务、景区游览服务、其他文化辅助生产、广告服务。

3. 私人控股企业的数量、就业、产出、赢利均位居6种控股类型企业之首，在多数大类及中类上的产出和赢利规模也相对较大

如图7所示，在2012年全国文化企业数量、年末从业人员、年末资产总额、年末所有者权益、营业收入、利润总额等各项指标中,私人控股企业所占比重分别达到了 62.9%、43.9%、31.1%、28.8%、39.9%、39.4%。其中,除年末资产总额比重、年末所有者权益比重两项指标外,私人控股企业的其余四项指标都是全部 6 种控股类型企业中最高的。

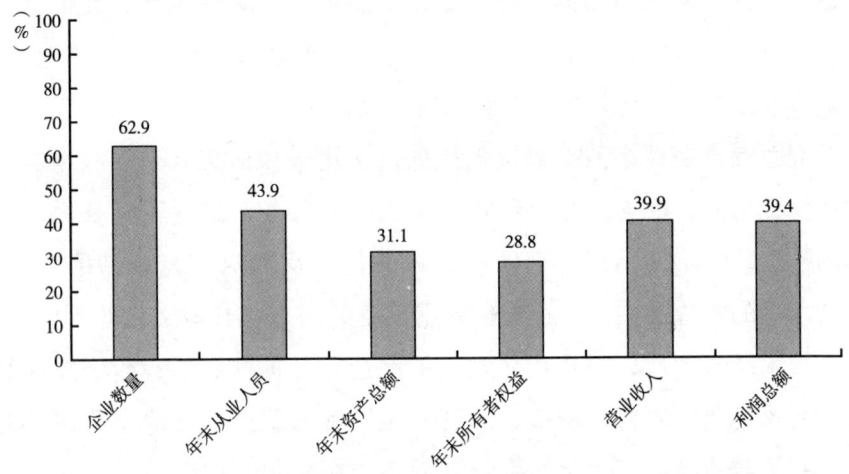

图 7　2012 年全国文化企业主要经济指标中私人控股企业所占比重

不仅如此,从大类层面来看,2012 年私人控股企业在 6 个大类上的营业收入高于其他 5 种控股类型企业,这些大类包括工艺美术品的生产、文化产品生产的辅助生产、文化休闲娱乐服务、文化用品的生产、文化创意和设计服务、文化信息传输服务;同时,私人控股企业还在 7 个大类中占据了利润总额的首位,包括工艺美术品的生产、文化艺术服务、文化产品生产的辅助生产、文化用品的生产、文化休闲娱乐服务、文化专用设备的生产、文化创意和设计服务。

从中类层面来看,私人控股企业的营业收入居各类控股企业之首的有 30 个中类,这些中类依次包括焰火、鞭炮产品的制造,游艺器材及娱乐用品的制造,园林、陈设艺术及其他陶瓷制品的制造,其他文化艺术服务，办公用品的制造，印刷复制服务，文具乐器照相器材的销售，工艺美术品的制造，文化用油墨颜料的制造，其他文化用品的销售，文化艺术培训服务，群众文化服务，印刷专用设备的制造，文化经纪代理服务，广播电视电影专用设备的制造，摄影扩印服务，文化出租服务，娱乐休闲服务，版权服务，互联网信息服务，文化用纸的制造，其他文化用品的制造，乐器的制造，玩具的制造，其他文化辅助生产，广告服务，工艺美术品的销售，文化贸易代理与拍卖服务，专业设计服务，文化软件服务；同时，在以下25个中类中，私人企业的利润总额也是最多的，依次包括群众文化服务，文具乐器照相器材的销售，焰火、鞭炮产品的制造，文化出租服务，游艺器材及娱乐用品的制造，娱乐休闲服务，园林、陈设艺术及其他陶瓷制品的制造，办公用品的制造，广播电视电影专用设备的制造，其他文化艺术服务，工艺美术品的制造，文化用化学品的制造，玩具的制造，印刷复制服务，文化用油墨颜料的制造，印刷专用设备的制造，其他文化用品的制造，乐器的制造，文化艺术培训服务，文化用纸的制造，专业设计服务，文艺创作与表演服务，文化用家电的销售，工艺美术品的销售，文化贸易代理与拍卖服务。

4. 港澳台商和外商控股企业创造了近1/4的产出和赢利，并在若干大类及中类的产出和赢利中拥有较大份额

据统计，在2012年全国文化企业数量、年末从业人员、年末资产总额、年末所有者权益、营业收入、利润总额等各项指标中，港澳台商和外商控股企业合计所占的比重分别达到了11.4%、22.1%、18.1%、16.9%、22.9%、25.0%（见图8）。

另外，外商控股企业在文化专用设备的生产大类以及广播电视电影专用设备的批发、舞台照明设备的批发、文化用家电的销售3个中类上的产出规模居各种控股类型企业之首，同时其在广播电视电影专用设备的批发、其他文化用品的销售2个中类的利润总额也最多；在文化信息

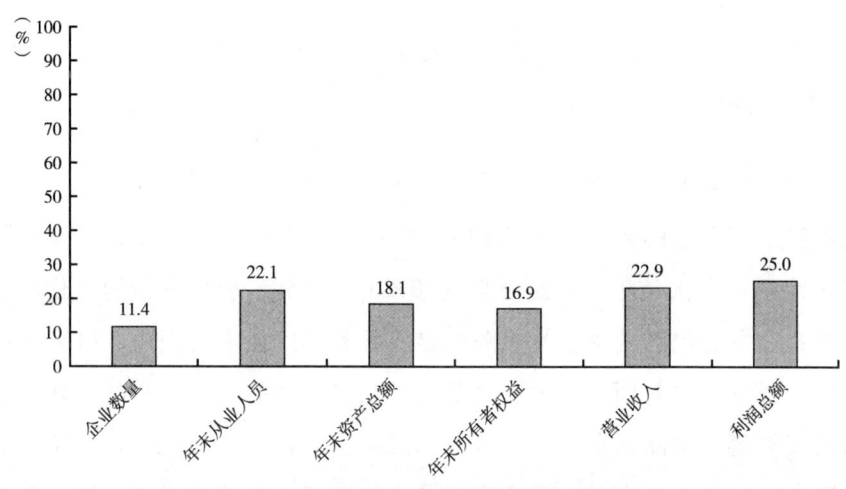

图8 2012年全国文化企业主要经济指标中港澳台商和外商控股企业所占比重

传输服务大类以及互联网信息服务、摄影扩印服务、文化软件服务、舞台照明设备的批发4个中类中,港澳台商控股企业的利润总额则相对高于其他5种控股类型企业。

三 中国文化企业发展的主要问题与挑战

党的十七届六中全会提出了构建结构合理、门类齐全、科技含量高、富有创意、竞争力强的现代文化产业体系的基本方针,提出在重点领域实施一批重大项目,推进文化产业结构调整,发展壮大出版发行、影视制作、印刷、广告、演艺、娱乐、会展等传统文化产业,加快发展文化创意、数字出版、移动多媒体、动漫游戏等新兴文化产业[①]。对照这一要求,目前中国文化企业的发展显然还面临着一系列的问题或挑战,主要包括以下三个方面。

① 中国共产党新闻网,http://cpc.people.com.cn/GB/64093/64094/16018057.html。

(一) 文化内容生产企业规模相对较小,"传统"与"新兴"部门差异较大

文化内容生产一直被公认为是文化产业的核心。迄今为止,关于文化内容生产企业的具体构成大致有"窄"和"宽"两种分类。按照国家统计局《文化及相关产业分类(2012)》,"窄"分类所指的文化内容生产企业主要包括从事新闻服务,出版服务,广播电视服务,电影和影视录音服务,文艺创作与表演服务,工艺美术品的制造,园林、陈设艺术及其他陶瓷制品的制造7个中类及24个小类的企业①;而"宽"分类则在包括这7个中类企业的同时,还纳入了文化软件服务中类的企业(见表3)。

表3 文化内容生产企业所属的中类和小类

中 类	小 类
新闻服务	新闻业(8510)
出版服务	图书出版(8521);报纸出版(8522);期刊出版(8523);音像制品出版(8524);电子出版物出版(8525);其他出版业(8529)
广播电视服务	广播(8610);电视(8620)
电影和影视录音服务	电影和影视节目制作(8630);录音制作(8660)
文艺创作与表演服务	文艺创作与表演(8710);
工艺美术品的制造	雕塑工艺品制造(2431);金属工艺品制造(2432);漆器工艺品制造(2433);花画工艺品制造(2434);天然植物纤维编织工艺品制造(2435);抽纱刺绣工艺品制造(2436);地毯、挂毯制造(2437);珠宝首饰及有关物品制造(2438);其他工艺美术品制造(2439)
园林、陈设艺术及其他陶瓷制品的制造	园林、陈设艺术及其他陶瓷制品制造(3079);陈设艺术陶瓷制品制造
文化软件服务	软件开发(6510);多媒体、动漫游戏软件开发(6591):数字内容服务;数字动漫、游戏设计制作

---

① 中央文化企业国有资产监督管理领导小组办公室编《国有文化企业发展报告(2012)》,经济科学出版社,2012,第24页。

本项研究所指的文化内容生产企业采用的是"宽"分类①。

1. 文化内容生产企业规模相对较小

据统计，2012年文化内容生产企业有8196户，占全国文化企业数量的22.5%；年末从业人员1688108人，占比24.1%；年末资产总额为10661.81亿元，占比21.2%；年末所有者权益为5994.21亿元，占比26.3%；营业收入为10646.18亿元，占比18.9%；实现利润总额1039.68亿元，占比27.9%（见图9）。

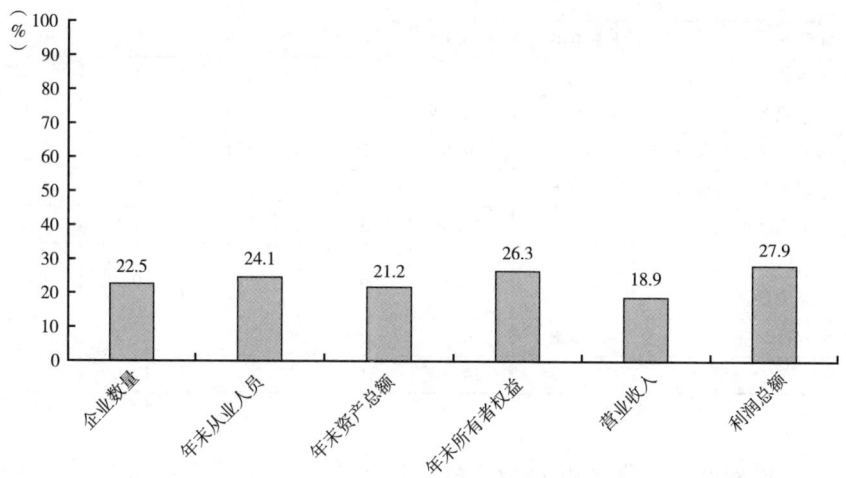

图9　2012年文化内容生产企业在全国文化企业主要经济指标中所占比重

2. "传统"文化内容生产企业的核心地位受到了有力挑战

如表4所示，在2012年全部8个中类的文化内容生产企业中，文化软件服务的营业收入排名第二，利润总额则名列第一。若将新闻服务，出版服务，广播电视服务，电影和影视录音服务，文艺创作与表演

---

① 虽然表3即本文所指的文化内容生产企业，但受数据可得性限制，下文关于文化内容生产企业的统计范围中实际上还包括属于相关中类却不属于文化内容生产的3个小类，即电影和影视节目发行（8640）；电影放映（8650）；艺术表演场馆（8720）。因此，下文关于文化内容生产企业的各项总量数据其实有所高估。

服务，工艺美术品的制造，园林、陈设艺术及其他陶瓷制品的制造7个中类的营业收入、利润总额合计，则它们分别占全国文化企业的14.9%、17.1%，比文化软件服务所占相应指标的比重分别高出10.8个、6.3个百分点。

表4　2012年各中类文化内容生产企业主要经济指标占全国文化企业的比重

单位：%

中　类	企业数量	年末从业人员	年末资产总额	年末所有者权益	营业收入	利润总额
新闻服务	0.04	0.1	0.2	0.3	0.1	0.05
出版服务	2.7	2.9	4.9	6.9	1.8	3.8
广播电视服务	0.4	0.4	0.9	1.5	0.4	0.9
电影和影视录音服务	1.8	0.6	2.3	3.4	0.6	1.8
文艺创作与表演服务	0.6	0.5	0.4	0.7	0.2	0.2
工艺美术品的制造	9.7	12.5	5.8	5.7	11.5	10.0
园林、陈设艺术及其他陶瓷制品的制造	0.5	0.9	0.1	0.2	0.3	0.3
文化软件服务	6.8	6.3	6.0	7.7	4.1	10.8
合　计	22.54	24.2	21.1	26.4	19.0	27.85

不仅如此，除文化软件服务外，如果不计入工艺美术品的制造这一中类，而只比较文化内容生产企业中的服务类企业，那么当年6个中类的传统文化内容生产企业营业收入和利润总额合计所占比重分别只有3.4%和7.1%，比文化软件服务企业所占相应指标的比重分别低0.7个和3.7个百分点。

3. "新兴"文化内容生产企业的赢利能力明显优于"传统"企业

在8个中类文化内容生产企业中，2012年净资产收益率高于全国文化企业平均水平的只有园林、陈设艺术及其他陶瓷制品的制造，文化软件服务，工艺美术品的制造3个中类，而其余5个服务类"传统"文化内容生产企业的净资产收益率均显著低于全国文化企业的平均水平（见图10）。即使在这5类中净资产收益相对最高的广播电视服务中类，其净资产收益率也比全国平均水平低 5.1 个百分点，比文化软件服务更是低 13.8 个百分点。

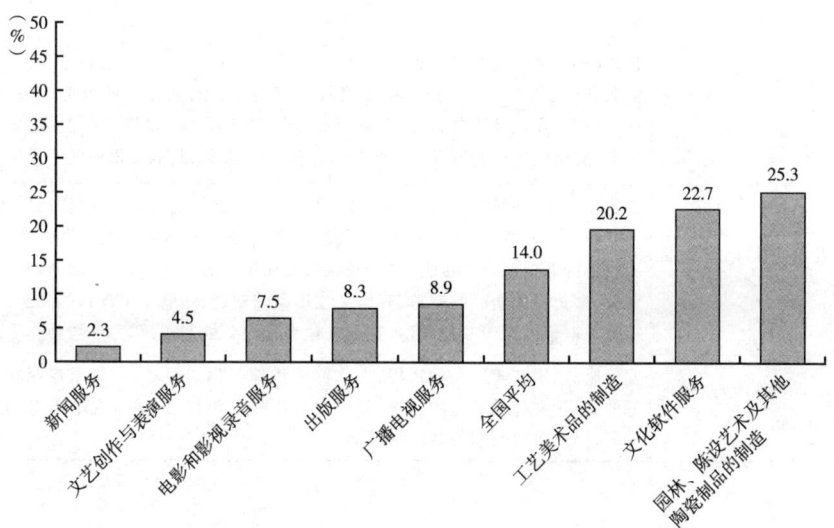

图 10　2012 年各中类文化内容生产企业的平均净资产收益率

（二）文化服务业企业相对较弱

中国文化企业既包括有关的工业企业，也包括有关的第三次产业企业。按照国家统计局的统计口径，文化企业具体又可分为文化服务、文化产（用）品设备制造、文化产（用）品设备批发和零售三大部门（见表5）。其中，文化服务业企业的发展虽然备受关注，但目前它们无论是在规模还是在盈利性方面事实上还处于相对弱势的地位。

1. 文化服务业企业的产出和赢利规模相对较小

2012 年，我国文化服务业企业的营业收入为 11775.26 亿元，仅占全国文化企业营业收入总计的 20.9%，比文化产（用）品设备制造业、文化产（用）品设备批零业企业所占比重分别低 34.1 个、3.2 个百分点。即使文化服务业企业实现利润总额达到了 1633.45 亿元，也占全国

表5 中国文化企业的三大部门

部门	中类
文化服务	新闻服务,出版服务,广播电视服务,电影和影视录音服务,文艺创作与表演服务,图书馆与档案馆服务,文化遗产保护服务,群众文化服务,文化研究和社团服务,文化艺术培训服务,其他文化艺术服务,互联网信息服务,增值电信服务(文化部分),广播电视传输服务,广告服务,文化软件服务,建筑设计服务,专业设计服务,景区游览服务,娱乐休闲服务,摄影扩印服务,版权服务,文化经纪代理服务,文化出租服务,会展服务,其他文化辅助生产
文化产(用)品设备制造	工艺美术品的制造,园林、陈设艺术及其他陶瓷制品的制造,印刷复制服务,办公用品的制造,乐器的制造,玩具的制造,游艺器材及娱乐用品的制造,视听设备的制造,焰火、鞭炮产品的制造,文化用纸的制造,文化用油墨颜料的制造,文化用化学品的制造,其他文化用品的制造,印刷专用设备的制造,广播电视电影专用设备的制造,其他文化专用设备的制造
文化产(用)品设备批发和零售	发行服务,工艺美术品的销售,文化贸易代理与拍卖服务,文具乐器照相器材的销售,文化用家电的销售,其他文化用品的销售,广播电视电影专用设备的批发,舞台照明设备的批发

文化企业总计的43.8%,比文化产(用)品设备制造业低4.8个百分点(见表6)。就此而言,在文化服务业被赋予文化产业主流地位的背景下,现阶段相对较小的赢利规模自然是文化服务业企业进一步发展所面临的一个重大挑战。

表6 2012年各部门文化企业所占全国文化企业主要经济指标的比重

单位:%

部门	企业数量	年末从业人员	年末资产总额	年末所有者权益	营业收入	利润总额
文化产(用)品设备制造业	43.7	65.8	43.0	42.3	55.0	48.6
文化产(用)品设备批零业	18.6	7.3	15.3	9.8	24.1	7.6
文化服务业	37.7	26.9	41.7	47.9	20.9	43.8

2. 文化服务业企业的盈利性相对较弱

2012年,文化服务业企业的平均总资产报酬率为8.2%,分别比全国文化企业、文化产(用)品设备制造业企业的平均水平低0.1个、

1.6个百分点；其平均净资产收益率为12.9%，也分别比全国文化企业、文化产（用）品设备制造业企业的平均水平低1.1个、3.3个百分点（见图11）。

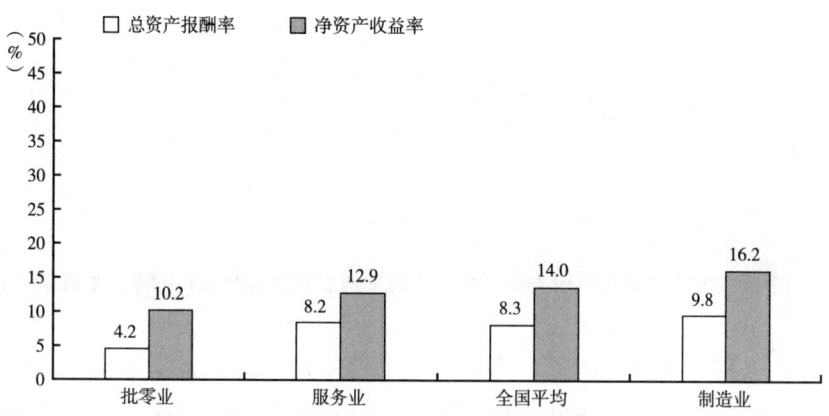

图11 2012年文化制造业、服务业、批零业企业的
平均总资产报酬率和净资产收益率

（三）国有文化企业的盈利性相对较弱

1. 国有控股文化企业在各种控股类型企业中的盈利性最弱

据统计，2012年国有控股文化企业的平均总资产报酬率只有5.5%，净资产收益率也仅为8.4%，它们不仅比当年全国文化企业平均水平分别低2.8个、5.6个百分点，而且还低于其余5种控股类型企业（见图12）。其中，国有控股企业的平均净资产收益率依次比其他控股类型、集体控股、外商控股、私人控股、港澳台商控股企业低1.8个、6.5个、7.0个、10.9个、14.8个百分点，同时其总资产报酬率也分别比上述5种控股类型企业低1.0个、2.8个、2.4个、5.1个、7.4个百分点。

2. 国有控股企业在大类及中类层面上的盈利性排名居末

在大类层面上，国有控股企业仅在新闻出版发行服务大类中的净资产收益率高于该大类平均水平，在广播电视电影服务、文化休闲娱乐服

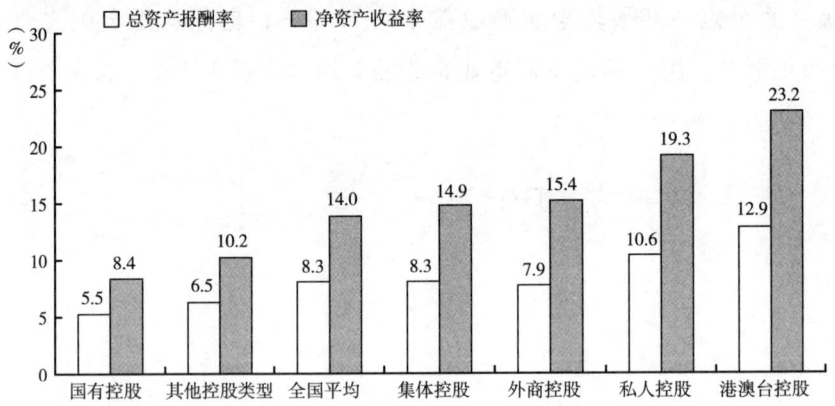

图12 2012年各种控股类型文化企业的平均总资产报酬率和净资产收益率

务、文化创意和设计服务、工艺美术品的生产、文化艺术服务、文化用品的生产、文化产品生产的辅助生产、文化信息传输服务、文化专用设备的生产9个大类中净资产收益率相对较低,并依次比这些大类的平均水平低0.3个、1.4个、2.4个、2.9个、4.0个、6.1个、6.7个、11.5个、12.6个百分点(见图13)。

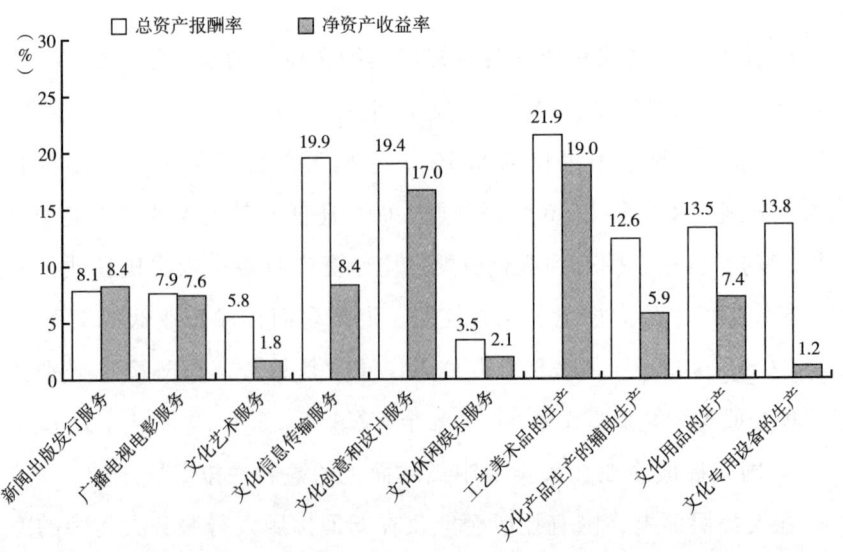

图13 2012年各大类国有控股企业的净资产收益率

在中类层面上，国有控股企业净资产收益率相对较高的中类数量又是各种控股类型企业中最少的。据统计，在全部 50 个中类中，与相应中类企业平均净资产比较，私人控股企业较高的有 33 个中类，集体控股企业较高的有 26 个中类，其他控股类型企业较高的有 22 个中类，外商控股企业较高的有 20 个中类，港澳台商控股企业较高的有 19 个中类，国有控股企业较高的只有文化艺术培训服务、办公用品的制造、舞台照明设备的批发、工艺美术品的销售、文化贸易代理与拍卖服务、电影和影视录音服务、广告服务、发行服务、新闻服务、文化研究和社团服务、文化出租服务、出版服务等 12 个中类（见图 14）。

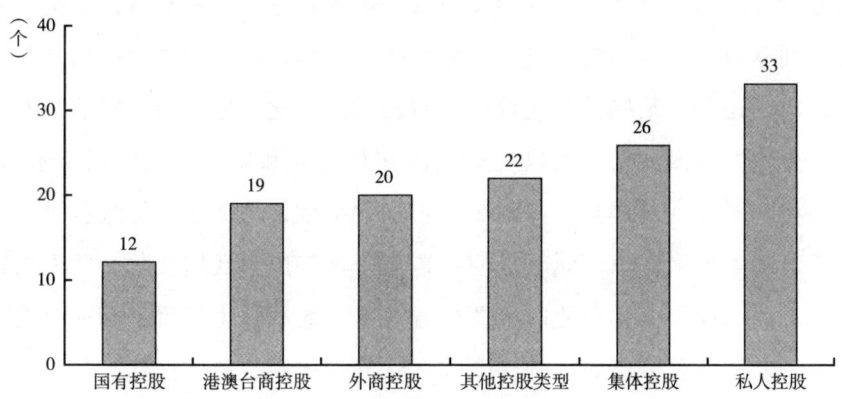

图 14　2012 年各种控股类型企业净资产收益率
高于相应中类平均水平的中类数量

四　若干展望及建议

党的十七届六中全会确定了坚持中国特色社会主义文化发展道路，深化文化体制改革，推动社会主义文化大发展大繁荣的基本纲领，党的十八届三中全会又从战略高度就推进文化体制机制创新做出了全面部署，我国文化企业无疑迎来了一个全面、快速、健康发展的新阶段。

（一）我国文化企业发展前景的基本展望

《中共中央关于全面深化改革若干重大问题的决定》明确了推进文化体制机制创新的基本方针。展望未来，在文化体制改革的全面深化以及我国经济的持续成长进程中，我国文化企业发展的前景无疑是极其广阔的。其中，就现阶段而言，我国文化企业将面临三个方面的重大进展。

1. 文化企业发展的制度环境将有明显改善

随着现代文化市场体系的建立健全，不仅市场竞争机制的作用将得到充分发挥，而且趋于完善的文化市场进入和退出机制必将使各类社会资本拥有自主经营的更大空间。无论是在市场化程度相对较高的文化工业部门，还是在某些市场化程度相对较低的文化服务部门，对非公有制文化企业的全面放松管制以及多层次文化服务和要素市场的逐步形成，无疑将不同程度地提高相应领域的市场化程度，从而大大促进各类文化企业之间的公平竞争，同时也使塑造竞争优势成为我国文化企业发展的必由之路，我国文化企业的资源配置效率和盈利性也将得到相应提高。

另外，随着政府职能的转变和文化管理体制改革的深化，我国文化企业发展的制度性约束体系亦将发生重大变化。在坚持导向性的基本前提之下，企业发展的自由度、公平性、合意性无疑会得到显著提高。特别是在文化投资和文化创新领域，政府审批制度的革新必将进一步最大限度地激发广大企业的投资和创新热情，我国文化企业也将迎来一轮投资和创新的高潮。

2. 国有文化企业的改革和重组加速

一方面，在国有经营文化单位转企改制工作基本完成之后，不仅这些转企改制企业体制机制的改革将走向深入，而且相应的政府管理也将进一步规范、透明。这样，在转企改制企业较为集中的新闻出版发行服务、广播电视电影服务、文化艺术服务3个大类中，转企改制企业与非转企改制企业在市场环境、政府管理及扶持、要素流动、社会分工与协作等方面原本存在的较大制度性差异自然会随之而逐步得到消除，产品与服务的多样化也就必将成为这些大类中企业多样化的唯一标志。

另一方面，从市场配置资源的角度来看，"转企改制企业"布局的形成由计划经济时期所致，现阶段我国转企改制企业将会发生涵盖业务、资产、行业、空间的全方位、大规模重组。它既是提高国有文化企业规模化、集约化、专业化水平的必由之路，又是市场决定资源配置的必然结果，当然也是市场化程度提高之后对非国有文化企业的竞争压力加大的必然反应。

3. 文化内容生产企业的发展速度将进一步加快

文化内容生产领域一直是我国文化体制改革和政府扶持的重点，也是国有控股文化企业相对集中的领域。随着转企改制任务的基本完成以及相关体制机制改革的全面深化，国有控股企业在该领域的发展相信会有所提速。与此同时，随着市场管制的放松，非国有资本进入文化内容生产领域的规模也将相应扩大，从而推动文化内容生产企业的发展速度进一步加快。

另外需要特别指出的是，在文化内容生产企业加速发展的趋势中，广大"传统"文化内容生产企业也面临着来自"新兴"文化内容生产企业的有力挑战。在努力提高传统业务经营效率的同时，积极参与并合理扩大诸多新业态、新产品、新业务的发展，当是"传统"文化企业求生图强的必由之路。

（二）推动我国文化企业发展的若干政策建议

市场决定资源配置是市场经济的一般规律，企业发展从来就是市场机制引导下企业自主经营、公平竞争的结果。在市场经济条件下，政府推进企业发展只可能有两个前提：一是存在市场失灵，政府旨在克服市场失灵的干预在客观上通常能起到推进企业发展的作用，如反垄断政策；二是国家战略需要，基于市场机制的政府有限干预必须有利于企业更快更好的发展，如政府对高技术企业的扶持。就此而言，我国政府推进文化企业发展虽然是推动社会主义文化大发展大繁荣的战略需要，但也必须遵守市场经济的一般规律，着力解决那些市场机制尚难以解决同时政府干预确实有效的问题。为此我们提出如下三项政策建议。

1. 严格界定公共文化政策和文化产业政策

政府公共文化政策服务于全社会公共文化服务体系的建设，主要通过政府出资举办或政府购买服务的方式，满足全社会对公益性文化产品和服务的需求。而文化产业政策则服务于国家发展文化产业的战略需求，主要通过扶持特定企业、特定商业性项目、特定商业性行为的途径，促进相应文化企业的成长，最终达到推动文化产业成为国民经济支柱产业的战略目标。为此，在推进文化企业发展的政策设计和实施过程中，必须严格区分这两类不同的政策性质，绝不能混为一谈。

不仅如此，由文化发展的固有特性所致，许多文化产品和服务门类公益性和非公益性并存。为此，在政府扶持这些门类企业发展的具体政策设计上，同样需要区分公共文化政策和文化产业政策。其中必须明确的是，文化企业固然需要把社会效益放在首位，但其并没有提供公共文化产品和服务的义务。如果需要由文化企业提供公共文化产品和服务，那就应当直接由政府出资，如政府采购、项目资助。

2. 聚焦文化内容生产活动，以鼓励创新为重点，进一步完善政府文化产业政策体系

如前文所述，在我国文化企业发展呈现高度多样化的条件下，政府文化产业政策体系的设计应聚焦文化内容生产活动。文化内容生产活动是现代文化产业体系的核心，是我国文化产业发展成为国民经济支柱产业的基石。政府扶持政策聚焦于此既充分体现了文化内容生产活动的重大战略意义，同时，有利于最大限度地发挥政府扶持政策导向性、激励性作用。

在聚焦文化内容生产活动的前提下，建议以内容、技术、业态的创新为政策鼓励和扶持的重点。通过政府扶持，不仅使得文化企业的创新活动能够为经济增长和文化发展提供充足的动力，而且也有利于广大文化企业有效应对由创新的不确定性所导致的风险，最大限度地提高创新投入。

3. 进一步规范政府对国有文化企业的扶持

国有文化企业一直是我国政府扶持的重点。在全面深化改革的历史背景下，政府对国有文化企业的扶持应顺应新的形势，进一步加以规范。具体建议有以下两点。

第一，规范并改善对特许经营企业的政府管制。在新闻出版发行服务、广播电视电影服务2个大类中，有着一大批拥有出版或播出特许经营权的国有企业。必须从反垄断和维护国家利益的立场出发，严格管制特许经营企业纵向一体化行为，鼓励制作与出版、制作与播出分离，坚决抑制特许经营企业垄断上下游市场的行为。同时，对特许经营企业从事非特许经营业务、特许经营业务所可能获得的垄断收益、对外投资等事项，建议制定针对性的管制措施。

第二，规范政府直接补贴国有文化企业的行为。鉴于目前各级政府对国有文化企业的补贴名目较多的事实，建议进一步规范为四类：①对于政策性亏损补贴，建议继续维持；②减少甚至取消经营性亏损补贴；③对于国有文化企业提供公益性文化产品和服务，建议不再采取政府补贴的方式，可运用政府采购、招标、公开资助等方式；④对于国有文化企业提供的社会效益特别显著的产品和服务，建议采取政府奖励的方式。

专题报告一　中国文化企业的产业分布

按照国家统计局 2012 年发布的《文化及相关产业分类》，文化产业包括"文化产品的生产"、"文化相关产品的生产"两大部分，并且还可以进一步细分为 10 个大类、50 个中类、120 个小类。鉴于篇幅和数据可得性，本报告对全国文化企业产业分布的研究将主要着眼于部分、大类、中类三个层面，以较为全面地揭示各产业文化企业的规模分布、产出和赢利水平、盈利性等方面的具体表现和重要特征。

一　各产业的企业数量与资产

根据《文化及相关产业分类（2012）》所规定的行业范围，2012 年在国家统计局联网直报平台上被确认为文化及相关产业法人单位的共计 36469 户[①]，年末资产总额 50336.65 亿元，年末所有者权益 22792.7 亿元。无论是从大类还是从中类层面来看，全国各产业文化企业的数量和资产规模差别都较大，各产业企业的平均资产规模也有着较大的差距。其中在大类层面上，资产规模明显较大的包括文化用品的生产、文化创

---

① 为表述简便，本报告把这些企业一概称为"文化企业"，并以"全国文化企业"表示该直报平台所统计的文化企业。

意和设计服务、文化产品生产的辅助生产3个大类；在中类层面上，资产规模明显较大的则有文化用纸的制造、视听设备的制造、印刷复制服务、文化软件服务、工艺美术品的制造、建筑设计服务、出版服务、文化用家电的销售等8个中类。

（一）各产业的企业数量

2012年全国"文化产品的生产"部分包括18916户企业，所占比重达到了51.9%；"文化相关产品的生产"部分包括17553户企业，所占比重为48.1%。

1. 各大类企业的数量分布

从大类层面来看，2012年全国10个大类文化企业的数量分布差异悬殊，主要表现为以下几方面（见图1）。

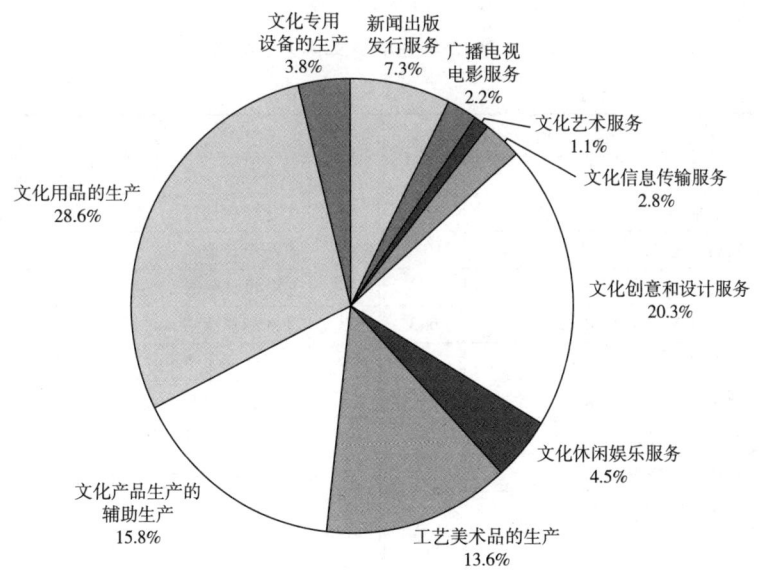

图1　2012年全国文化企业数量的大类构成

第一，文化用品的生产、文化创意和设计服务、文化产品生产的辅助生产、工艺美术品的生产4个大类的企业数量明显较多，2012年它们的企业数量依次为 10412 户、7413 户、5757 户、4968 户，占全国文化企业数量的比重分别达到了 28.6%、20.3%、15.8%、13.6%。

第二，新闻出版发行服务、文化休闲娱乐服务、文化专用设备的生产、文化信息传输服务、广播电视电影服务、文化艺术服务 6 个大类的企业数量明显较少，2012 年它们的企业数量依次只有 2660 户、1634 户、1384 户、1038 户、787 户、416 户，所占全国文化企业数量的比重分别只有 7.3%、4.5%、3.8%、2.8%、2.2%、1.1%。不仅如此，这 6 个大类的企业数量合计也只相当于文化用品的生产大类企业数量的 75.9%。

2. 各中类企业的数量分布

从中类层面来看，2012 年全部 50 个中类文化企业的数量分布显得差别更大，具体表现在以下几方面（见表 1）。

表 1　2012 年各中类文化企业数量

单位：户

大类	中类	数量	大类	中类	数量
一	新闻服务	16	五	广告服务	2584
	出版服务	996		文化软件服务	2478
	发行服务	1648		建筑设计服务	1957
二	广播电视服务	144		专业设计服务	394
	电影和影视录音服务	643	六	景区游览服务	851
三	文艺创作与表演服务	202		娱乐休闲服务	649
	图书馆与档案馆服务	4		摄影扩印服务	134
	文化遗产保护服务	29	七	工艺美术品的制造	3528
	群众文化服务	25		园林、陈设艺术及其他陶瓷制品的制造	189
	文化研究和社团服务	5		工艺美术品的销售	1251
	文化艺术培训服务	60			
	其他文化艺术服务	91		版权服务	144
四	互联网信息服务	467	八	印刷复制服务	3978
	增值电信服务（文化部分）	202		文化经纪代理服务	73
	广播电视传输服务	369		文化贸易代理与拍卖服务	346

续表

大类	中类	数量	大类	中类	数量
八	文化出租服务	18	九	文化用化学品的制造	189
	会展服务	714		其他文化用品的制造	1162
	其他文化辅助生产	484		文具乐器照相器材的销售	974
九	办公用品的制造	500		文化用家电的销售	1715
	乐器的制造	208		其他文化用品的销售	366
	玩具的制造	1229	十	印刷专用设备的制造	258
	游艺器材及娱乐用品的制造	131		广播电视电影专用设备的制造	413
	视听设备的制造	839		其他文化专用设备的制造	217
	焰火、鞭炮产品的制造	1025		广播电视电影专用设备的批发	253
	文化用纸的制造	1572		舞台照明设备的批发	243
	文化用油墨颜料的制造	502			

第一，据统计，在2012年全部文化企业中，数量比重超过10%的有1个中类，5%~10%的有4个中类，2%~5%的有11个中类，1%~2%的有11个中类，0.5%~1%的有10个中类，余下13个中类的数量比重则均不足0.5%。

第二，企业数量最多的5个中类依次为印刷复制服务、工艺美术品的制造、广告服务、文化软件服务、建筑设计服务，它们的企业数量依次为3978户、3528户、2584户、2478户、1957户，所占全国文化企业数量的比重也依次达到了10.9%、9.7%、7.1%、6.8%、5.4%。

第三，企业数量最少的13个中类包括广播电视服务、版权服务、摄影扩印服务、游艺器材及娱乐用品的制造、其他文化艺术服务、文化经纪代理服务、文化艺术培训服务、文化遗产保护服务、群众文化服务、文化出租服务、新闻服务、文化研究和社团服务、图书馆与档案馆服务，它们的企业数量依次为144户、144户、134户、131户、91户、73户、60户、29户、25户、18户、16户、5户、4户，所占全国文化企业数量的比重也依次只有0.39%、0.39%、0.37%、0.36%、0.25%、0.2%、0.16%、0.08%、0.07%、0.05%、0.04%、0.01%、0.01%。

(二)各产业的企业资产规模

2012年,全国文化企业中两大部分的企业资产规模较为接近。其中,"文化产品的生产"部分企业年末资产总额为24540.34亿元,年末所有者权益为12040.67亿元,占比分别达到了48.8%、52.8%;"文化相关产品的生产"部分企业年末资产总额为25796.31亿元,年末所有者权益为10752.02亿元,占比分别为51.2%、47.2%。不过,当年年末"文化产品的生产"部分企业平均资产负债率只有50.9%,比"文化相关产品的生产"部分(58%)低7.1个百分点。

1. 各大类企业的资产规模分布

从大类层面来看,2012年各大类企业资产规模的差别较大,主要表现在以下几方面(见表2)。

表2 2012年各大类文化企业年末资产及其在全国文化企业中所占比重

单位:亿元,%

大类	资产总额		所有者权益总额	
	总额	比重	总额	比重
新闻出版发行服务	4137.24	8.2	2345.05	10.3
广播电视电影服务	1625.38	3.2	1106.76	4.9
文化艺术服务	659.47	1.3	250.35	1.1
文化信息传输服务	3793.65	7.5	1988.91	8.7
文化创意和设计服务	7526.22	15.0	3401.71	14.9
文化休闲娱乐服务	2507.43	5.0	1164.16	5.1
工艺美术品的生产	4290.96	8.5	1783.73	7.8
文化产品生产的辅助生产	6416.73	12.7	3323.32	14.6
文化用品的生产	16685.30	33.1	6344.41	27.8
文化专用设备的生产	2694.27	5.4	1084.29	4.8

第一,文化用品的生产大类企业资产规模尤显庞大。2012年末其资产总额和所有者权益分别达到了16685.3亿元和6344.41亿元,分别占同期全国文化企业资产总额和所有者权益的33.1%和27.8%。

第二，文化创意和设计服务、文化产品生产的辅助生产2个大类的企业资产规模也显得较大。其中，它们的年末资产总额分别为7526.22亿元、6416.73亿元，分别占同期全国文化企业总计的15.0%、12.7%；它们的年末所有者权益分别为3401.71亿元、3323.32亿元，分别占同期全国文化企业总计的14.9%、14.6%。

第三，文化专用设备的生产、文化休闲娱乐服务、广播电视电影服务、文化艺术服务4个大类的企业资产规模相对较小。其中，它们的年末资产总额依次为2694.27亿元、2507.43亿元、1625.38亿元、659.47亿元，占比依次为5.4%、5.0%、3.2%、1.3%；它们的年末所有者权益依次为1084.29亿元、1164.16亿元、1106.76亿元、250.35亿元，占比依次为4.8%、5.1%、4.9%、1.1%。

第四，工艺美术品的生产、新闻出版发行服务、文化信息传输服务3个大类的企业资产规模相对处于中游水平。其中，它们的年末资产总额依次为4290.96亿元、4137.24亿元、3793.65亿元，占比依次为8.5%、8.2%、7.5%；它们的年末所有者权益依次为1783.73亿元、2345.05亿元、1988.91亿元，占比分别为7.8%、10.3%、8.7%。

在各大类资产规模差别较大的同时，它们的平均资产负债率不仅总体上处于较正常的水平，而且彼此之间的差距也显得较小（见图2）。其中，文化艺术服务大类的企业平均资产负债率最高，达到了62.0%；广播电视电影服务大类的企业平均资产负债率最低，只有31.9%；全部10个大类的平均企业资产负债率则为52%，标准差为9%，标准差系数也仅为0.17。

2. 各中类企业的资产规模分布

从中类层面来看，2012年全部50个中类之间企业规模的差别很大，主要表现在以下几方面（见表3）。

第一，全部50个中类按各自年末资产总额占全国文化企业的比重排序，比重超过10%的有1个中类，比重为5%～10%的有5个中类，

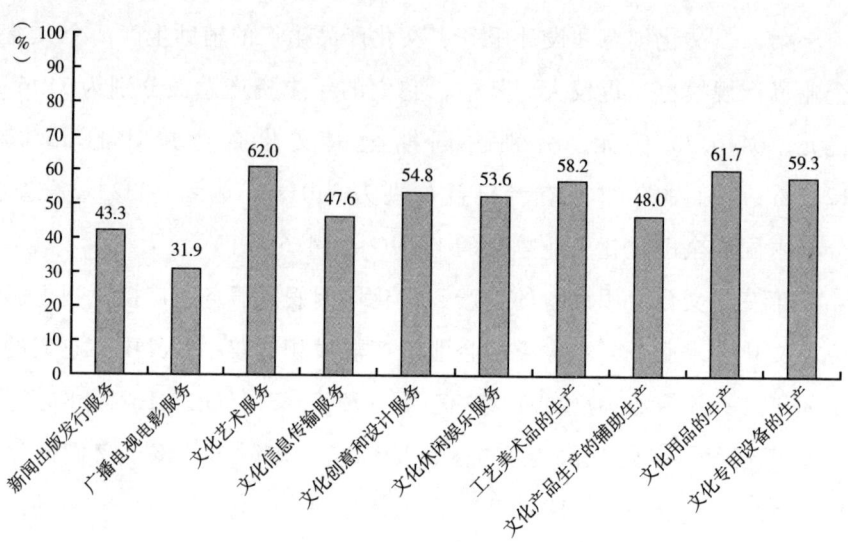

图 2　2012 年各大类文化企业的平均资产负债率

表 3　2012 年各中类文化企业的资产规模

单位：亿元，%

大类	序号	中　类	年末资产总额		年末所有者权益	
			总额	比重	总额	比重
一	1	新闻服务	104.17	0.2	57.87	0.3
	2	出版服务	2464.26	4.9	1582.20	6.9
	3	发行服务	1568.81	3.1	704.99	3.1
二	4	广播电视服务	476.78	0.9	342.34	1.5
	5	电影和影视录音服务	1148.60	2.3	764.42	3.4
三	6	文艺创作与表演服务	470.10	0.9	151.07	0.7
	7	图书馆与档案馆服务	1.43	0.003	0.65	0.003
	8	文化遗产保护服务	53.34	0.1	36.97	0.2
	9	群众文化服务	19.66	0.04	10.24	0.04
	10	文化研究和社团服务	4.03	0.01	1.21	0.01
	11	文化艺术培训服务	37.37	0.1	10.66	0.05
	12	其他文化艺术服务	73.54	0.1	39.55	0.2
四	13	互联网信息服务	1804.52	3.6	872.40	3.8
	14	增值电信服务（文化部分）	680.40	1.4	453.52	2.0
	15	广播电视传输服务	1308.74	2.6	662.99	2.9

续表

大类	序号	中 类	年末资产总额		年末所有者权益	
			总额	比重	总额	比重
五	16	广告服务	1629.64	3.2	560.01	2.5
	17	文化软件服务	3023.86	6.0	1759.16	7.7
	18	建筑设计服务	2492.55	5.0	922.77	4.0
	19	专业设计服务	380.17	0.8	159.77	0.7
六	20	景区游览服务	1973.73	3.9	971.62	4.3
	21	娱乐休闲服务	514.34	1.0	185.16	0.8
	22	摄影扩印服务	19.36	0.04	7.38	0.03
七	23	工艺美术品的制造	2900.75	5.8	1293.53	5.7
	24	园林、陈设艺术及其他陶瓷制品的制造	73.30	0.1	43.62	0.2
	25	工艺美术品的销售	1316.91	2.6	446.57	2.0
八	26	版权服务	125.25	0.2	46.47	0.2
	27	印刷复制服务	3537.17	7.0	1812.72	8.0
	28	文化经纪代理服务	57.83	0.1	24.16	0.1
	29	文化贸易代理与拍卖服务	594.29	1.2	146.48	0.6
	30	文化出租服务	21.73	0.04	15.50	0.1
	31	会展服务	855.17	1.7	474.73	2.1
	32	其他文化辅助生产	1225.29	2.4	803.26	3.5
九	33	办公用品的制造	307.49	0.6	132.46	0.6
	34	乐器的制造	170.55	0.3	96.64	0.4
	35	玩具的制造	726.85	1.4	365.67	1.6
	36	游艺器材及娱乐用品的制造	106.72	0.2	50.71	0.2
	37	视听设备的制造	3568.08	7.1	1201.67	5.3
	38	焰火、鞭炮产品的制造	306.36	0.6	213.30	0.9
	39	文化用纸的制造	5748.84	11.4	2332.76	10.2
	40	文化用油墨颜料的制造	488.69	1.0	251.44	1.1
	41	文化用化学品的制造	810.98	1.6	410.20	1.8
	42	其他文化用品的制造	1229.84	2.4	595.08	2.6
	43	文具乐器照相器材的销售	600.04	1.2	111.58	0.5
	44	文化用家电的销售	2418.82	4.8	529.09	2.3
	45	其他文化用品的销售	202.04	0.4	53.81	0.2
十	46	印刷专用设备的制造	263.06	0.5	148.22	0.7
	47	广播电视电影专用设备的制造	791.62	1.6	359.33	1.6
	48	其他文化专用设备的制造	623.11	1.2	329.57	1.4
	49	广播电视电影专用设备的批发	615.43	1.2	99.12	0.4
	50	舞台照明设备的批发	401.06	0.8	148.05	0.6

2%～5%的有11个中类，1%～2%的有11个中类，0.5%～1%的有7个中类，余下15个中类所占比重则均不足0.5%。另外，若按各中类占全国文化企业年末所有者权益的比重排序，则当年比重超过10%的有1个中类，比重为5%～10%的有5个中类，2%～5%的有13个中类，1%～2%的有6个中类，0.5%～1%的有9个中类，其余16个中类所占比重均不足0.5%。

第二，文化用纸的制造、视听设备的制造、印刷复制服务、文化软件服务、工艺美术品的制造、建筑设计服务、出版服务、文化用家电的销售等8个中类的年末资产总额明显较大，它们占2012年全国文化企业年末资产总额的比重依次为11.4%、7.1%、7.0%、6.0%、5.8%、5.0%、4.9%、4.8%。与此同时，它们占全国文化企业所有者权益的比重也分别达到了10.2%、5.3%、8.0%、7.7%、5.7%、4.0%、6.9%、2.3%，也大多位居该项指标的全国前8位（文化用家电的销售中类除外）。

第三，其他文化艺术服务，园林、陈设艺术及其他陶瓷制品的制造，文化经纪代理服务，文化遗产保护服务，文化艺术培训服务，文化出租服务，群众文化服务，摄影扩印服务，文化研究和社团服务，图书馆与档案馆服务10个中类企业的资产规模明显偏小，2012年它们各自占全国文化企业年末资产总额和所有者权益的比重均不超过0.2%。

另外，2012年各中类之间企业平均资产负债率也存在着一定的差距（见图3）。其中企业平均资产负债率最高的为园林、陈设艺术及其他陶瓷制品的制造中类，达到了83.9%；最低的是文化贸易代理与拍卖服务中类，只有28.2%。进一步统计还显示：当年企业平均资产负债率超过80%的有2个中类，70%～80%的有5个中类，60%～70%的有9个中类，50%～60%的有12个中类，40%～50%的有14个中类，30%～40%的有6个中类，其余2个中类则均低于30%；这50个中类资产负债率的平均值为53.4%，标准差约为13.9%，标准差系数约为0.26。

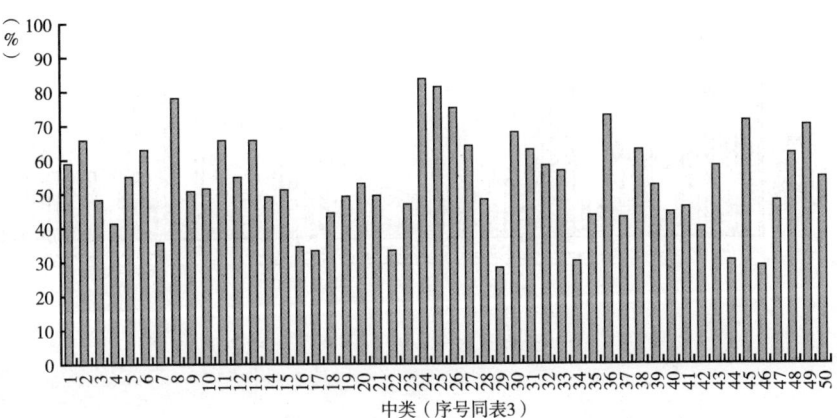

图3　2012年各中类文化企业平均资产负债率

3. 各产业企业的平均资产规模

为进一步揭示各产业企业平均资产规模水平及其分布特点，我们分别从大类和中类两个层面做了如下考察。

从中类层面来看，各中类企业平均资产规模差别很大（见图4）。据统计，2012年企业平均资产规模最大的是新闻服务中类，其户均年末资产总额达65105.4亿元；而企业平均资产规模最小的则是摄影扩印服务中类，其户均年末资产总额只有1444.8万元，仅相当于新闻服务中类的2.2%。在全部50个中类中，企业户均年末资产总额在5亿元以上的只有1个中类，4亿~5亿元的有2个中类，3亿~4亿元的有5个中类，2亿~3亿元的有6个中类，1亿~2亿元的有13个中类，0.5亿~1亿元的有19个中类，余下4个中类的户均年末资产总额均不足0.5亿元。另据测算，2012年这50个中类企业户均年末资产总额的平均值约为16403.5万元，标准差约为12986万元，标准差系数高达0.79。

从大类层面来看，各大类之间企业平均资产规模的差别程度明显小

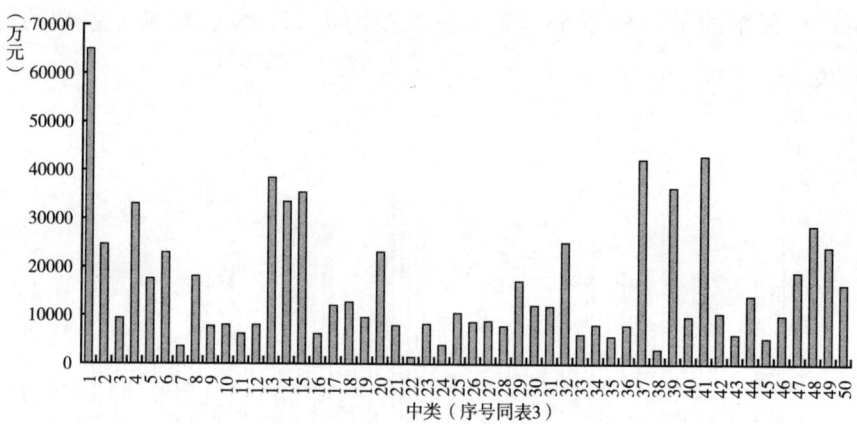

图4 2012年各中类文化企业户均年末资产总额

于中类层面上的比较。如图5所示，2012年企业平均资产规模最大的是文化信息传输服务大类，其户均年末资产总额为36547.7万元；2012年企业平均资产规模最小的则是工艺美术品的生产大类，其户均年末资产总额为8637.2万元，相当于文化信息传输服务大类的23.6%。另据测算，当年这10个大类企业户均年末资产总额的平均值约为16938万元，标准差约为7481.3万元，标准差系数约为0.44，明显小于前述50个中类企业户均年末资产总额分布的离散程度。

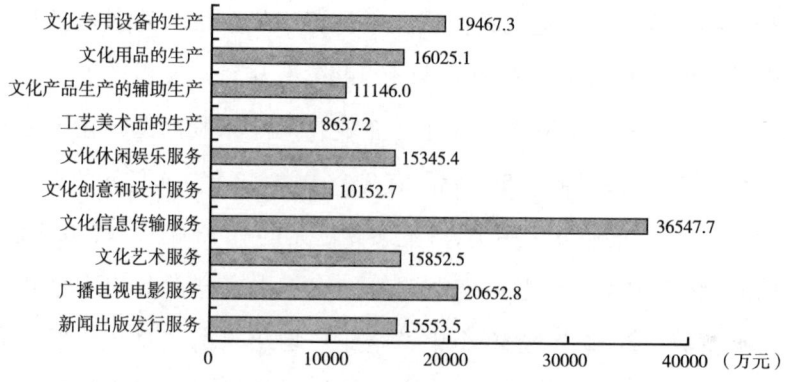

图5 2012年各大类文化企业户均年末资产总额

二 各产业的企业产出与赢利

2012年，全国文化企业的营业收入达到了56261.54亿元，实现利润总额3727.1亿元。其中"文化产品的生产"部分虽然只占营业收入的38%，但其所占利润的比重却高达55.1%。从大类层面来看，文化用品的生产大类无疑是产出和赢利最多的大类，其所占营业收入和利润总额的比重分别达到了42.5%和26.6%；同时，工艺美术品的生产、文化创意和设计服务、文化产品生产的辅助生产、文化专用设备的生产3个大类的产出和赢利也相对较大。从中类层面来看，工艺美术品的制造、视听设备的制造、文化用纸的制造、文化用家电的销售、印刷复制服务5个中类不仅位居营业收入前5位，而且它们的营业收入合计所占比重高达47.5%；同时，文化软件服务、工艺美术品的制造、印刷复制服务、互联网信息服务、文化用纸的制造、视听设备的制造、建筑设计服务等7个中类的赢利明显较大，它们所占利润总额的比重合计达到了59.2%。另外，在大多数中类内部，企业产出的集中程度也显得较低。

（一）各产业的企业产出

从部分层面来看，2012年"文化产品的生产"部分的企业营业收入为21380.5亿元，主营业务收入为21045.06亿元，分别占当年全国文化企业相应合计值的38%、37.4%；"文化相关产品的生产"部分的企业营业收入则达34881.04亿元，主营业务收入为34418.92亿元，所占全国文化企业相应合计值的比重分别达到了62%、61.2%。换而言之，"文化相关产品的生产"部分所占的产出比重明显高于其所占资产比重，其营业收入比重较之年末资产总额比重高出了10.8个百分点。

1. 各大类企业的产出分布

从大类层面来看,2012年各大类文化企业的产出规模各异,具体表现在以下几方面(见图6、图7)。

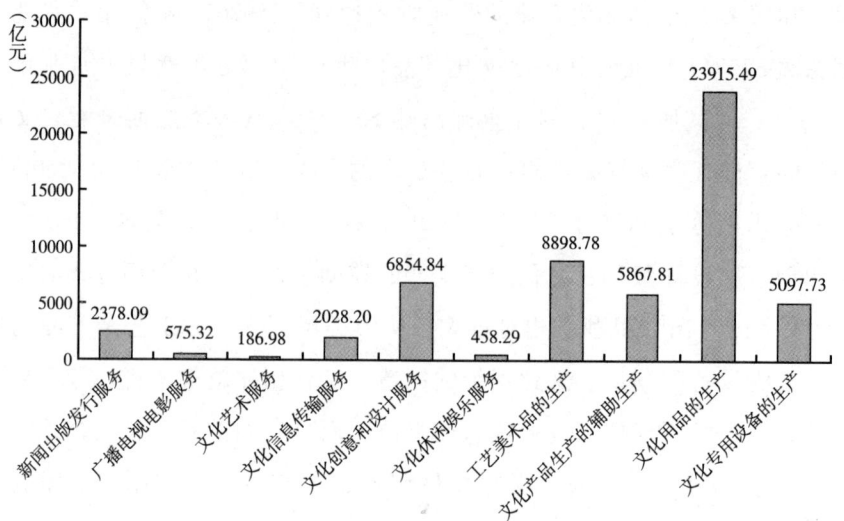

图6 2012年各大类文化企业的营业收入

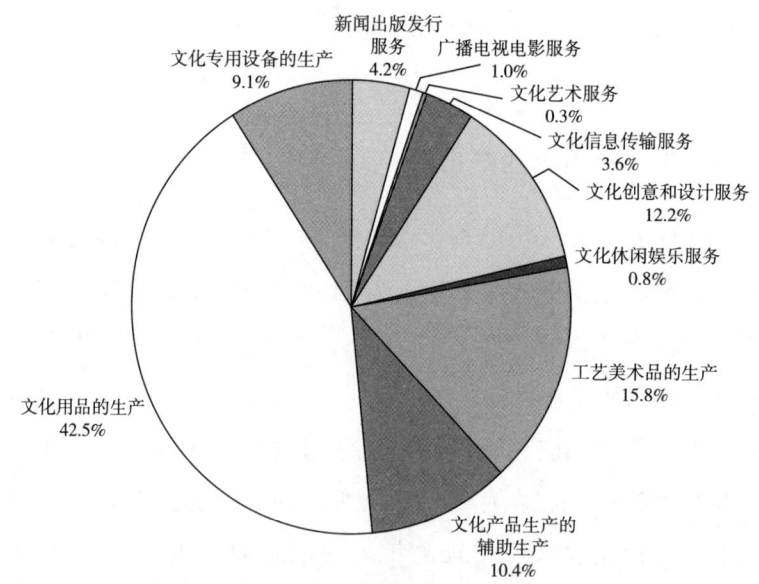

图7 2012年全国文化企业营业收入的大类构成

第一，文化用品的生产大类占据了我国文化企业2/5以上的产出。据统计，2012年该大类营业收入高达23915.49亿元，占全国文化企业合计值的42.5%，产出份额优势极其显著。

第二，工艺美术品的生产、文化创意和设计服务、文化产品生产的辅助生产、文化专用设备的生产4个大类的产出规模也相对较大，它们的营业收入依次为8898.78、6854.84、5867.81、5097.73亿元，分别占全国文化企业合计值的15.8%、12.2%、10.4%、9.1%。

第三，新闻出版发行服务、文化信息传输服务、广播电视电影服务、文化休闲娱乐服务、文化艺术服务等5个大类的产出规模相对较小，它们的营业收入依次为2378.09、2028.20、575.32、458.29、186.98亿元，占全国文化企业合计值的比重分别只有4.2%、3.6%、1.0%、0.8%、0.3%。

2. 各中类企业的产出

从中类层面来看，2012年各中类文化企业产出规模的差距同样很大，具体表现在以下几方面（见表4）。

表4 2012年各中类文化企业的营业收入及其所占比重

单位：亿元，%

大类	序号	中 类	营业收入	所占比重
一	1	新闻服务	30.21	0.1
	2	出版服务	1013.05	1.8
	3	发行服务	1334.82	2.4
二	4	广播电视服务	216.07	0.4
	5	电影和影视录音服务	359.25	0.6
三	6	文艺创作与表演服务	101.92	0.2
	7	图书馆与档案馆服务	0.26	0.5
	8	文化遗产保护服务	5.97	0.01
	9	群众文化服务	10.98	0.02
	10	文化研究和社团服务	0.95	0.002
	11	文化艺术培训服务	31.91	0.1
	12	其他文化艺术服务	34.99	0.1

续表

大类	序号	中 类	营业收入	所占比重
四	13	互联网信息服务	1254.18	2.2
	14	增值电信服务（文化部分）	297.01	0.5
	15	广播电视传输服务	477.01	0.8
五	16	广告服务	2285.36	4.1
	17	文化软件服务	2279.37	4.1
	18	建筑设计服务	2080.51	3.7
	19	专业设计服务	209.59	0.4
六	20	景区游览服务	291.86	0.5
	21	娱乐休闲服务	139.94	0.2
	22	摄影扩印服务	26.49	0.05
七	23	工艺美术品的制造	6456.60	11.5
	24	园林、陈设艺术及其他陶瓷制品的制造	189.70	0.3
	25	工艺美术品的销售	2252.48	4.0
八	26	版权服务	57.43	0.1
	27	印刷复制服务	4305.94	7.7
	28	文化经纪代理服务	14.52	0.03
	29	文化贸易代理与拍卖服务	933.51	1.7
	30	文化出租服务	6.88	0.01
	31	会展服务	353.81	0.6
	32	其他文化辅助生产	195.72	0.3
九	33	办公用品的制造	484.56	0.9
	34	乐器的制造	256.85	0.5
	35	玩具的制造	1406.37	2.5
	36	游艺器材及娱乐用品的制造	186.97	0.3
	37	视听设备的制造	6204.60	11.0
	38	焰火、鞭炮产品的制造	1013.44	1.8
	39	文化用纸的制造	4917.94	8.7
	40	文化用油墨颜料的制造	642.27	1.1
	41	文化用化学品的制造	649.85	1.2
	42	其他文化用品的制造	1773.01	3.2
	43	文具乐器照相器材的销售	1134.10	2.0
	44	文化用家电的销售	4831.32	8.6
	45	其他文化用品的销售	414.22	0.7
十	46	印刷专用设备的制造	298.37	0.5
	47	广播电视电影专用设备的制造	893.37	1.6
	48	其他文化专用设备的制造	1256.10	2.2
	49	广播电视电影专用设备的批发	2053.79	3.7
	50	舞台照明设备的批发	596.10	1.1

第一,全部50个中类按营业收入占全国文化企业合计值的比重排序,所占比重超过11%的有2个中类,7%~8%的有3个中类,2%~4%的有11个中类,1%~2%的有7个中类,0.5%~1%的有9个中类,0.1%~0.5%的有11个中类,其余7个中类所占比重均不足0.1%。

第二,工艺美术品的制造、视听设备的制造、文化用纸的制造、文化用家电的销售、印刷复制服务5个中类不仅位居营业收入前5位,而且它们的营业收入还明显较大。据统计,当年这5个中类的营业收入依次达到了6456.60亿元、6204.60亿元、4917.94亿元、4831.32亿元、4305.94亿元,所占全国文化企业合计值的比重也分别高达11.5%、11.0%、8.7%、8.6%、7.7%,合计则达47.5%。

第三,版权服务、其他文化艺术服务、文化艺术培训服务、新闻服务、摄影扩印服务、文化经纪代理服务、群众文化服务、文化出租服务、文化遗产保护服务、文化研究和社团服务、图书馆与档案馆服务等11个大类的产出规模相对很小,也是营业收入最小的11个中类。当年它们的营业收入依次为57.43亿元、34.99亿元、31.91亿元、30.21亿元、26.49亿元、14.52亿元、10.98亿元、6.88亿元、5.97亿元、0.95亿元、0.26亿元,所占全国文化企业合计值的比重则分别只有0.1%、0.1%、0.1%、0.1%、0.05%、0.03%、0.02%、0.01%、0.01%、0.002%、0.5%。

(二)各产业企业产出的相对规模

为进一步揭示各产业企业产出规模的相对水平及集中程度,我们分别计算了如下三个方面的指标。

1. 各产业企业平均产出规模

从大类层面来看,2012年各大类文化企业的平均产出规模的差距较大(见图8)。其中,文化专用设备的生产大类的企业户均营业收入最大,达到了36833.3万元;文化休闲娱乐服务大类的企业户均营业收入最小，只有2804.7万元。另据计算，2012年全部10个大类文化企业户均营业收入的平均值约为14024.4万元，标准差约为9853.5万元，标准差系数为0.7，离散程度显得较大。

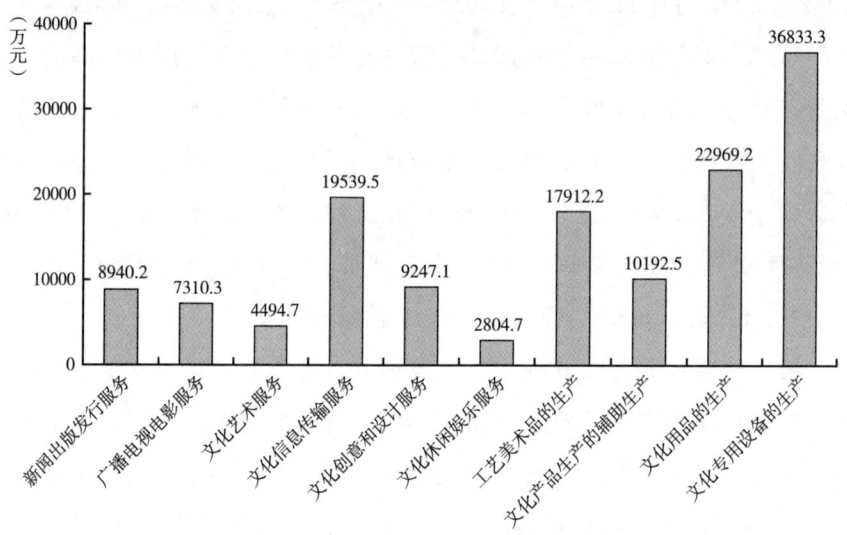

图8 2012年各大类文化企业的户均营业收入

从中类层面来看，各中类文化企业的户均产出规模分布的离散程度更大（见图9）。其中，广播电视电影专用设备的批发中类的企业户均营业收入最大，达到了81177.6万元；图书馆与档案馆服务中类的企业户均营业收入最小，仅为638.7万元。另据计算，当年全部50个中类企业户均营业收入的平均值约为15063.4万元，标准差竟达36808.2万元，标准差系数亦为2.44。

令人关注的是，无论从哪个层面来看，"文化相关产品的生产"部分的企业平均产出规模明显大于"文化产品的生产"部分。具体表现在：第一，从部分层面来看，2012年"文化相关产品的生产"部分企业户均营业收入为19871.8万元，"文化产品的生产"部分企业户均营业收入为15427.2万元，前者比后者高出28.8%；第二，从大类

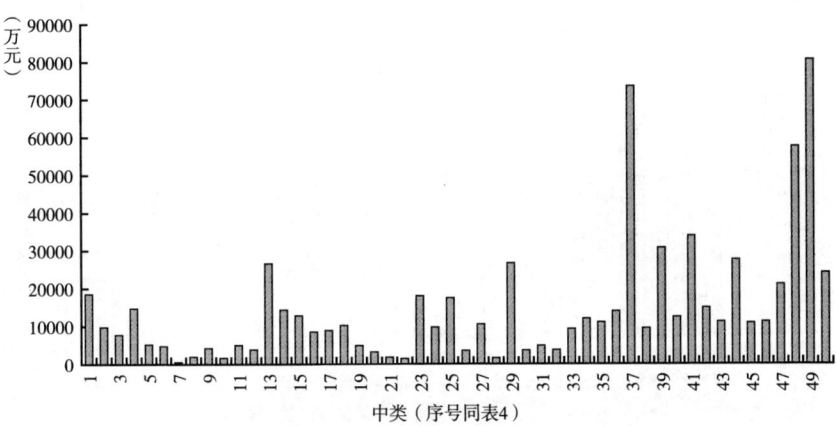

图9　2012年各中类文化企业的户均营业收入

层面来看，按户均营业收入大小排序，2012年"文化相关产品的生产"部分的3个大类分别位列第1、第2、第5；第三，从中类层面来看，同样按户均营业收入大小排序，在25个归属于"文化相关产品的生产"部分的中类中，有9个进入了前10位，只有3个位列最后10名。

2. 各中类产业企业产出的集中比率

集中比率（concentration ratios）是指产业产出规模最大的前 n 家企业的合计产出占整个产业总产出的比重。用公式可表示为：

$$CRn = \frac{\sum_{i=1}^{n} X_i}{\sum_{i=1}^{N} X_i}$$

其中，CRn 为产出最大的前 n 家企业的产出集中比率，N 为产业内全部企业数量，X_i 为产出规模排在第 i 位的企业的产出。

总体而言，2012年各中类文化企业营业收入的集中比率处于较低的水平（见图10），具体表现在以下几方面。

第一，大多数中类的集中比率较低。如果剔除企业数量不足30户

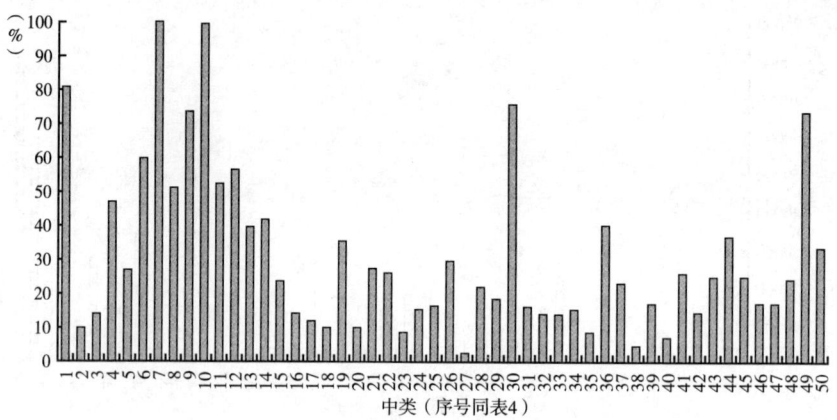

图10 2012年各中类文化企业的营业收入集中比率（CR4）

的6个中类①，那么余下的44个中类（其中企业数量最少的有60户）CR4的算术平均值仅为24.5%。其中，CR4超过60%的有2个中类，50%~60%的有2个中类，40%~50%的有3个中类，30%~40%的有4个中类，20%~30%的有11个中类，10%~20%的有16个中类，其余6个中类的CR4均低于10%，最低的印刷复制服务中类CR4只有2.7%。

第二，在企业数量少于382户（其为50个中类行业企业数量分布的中位数）的25个中类中，除上述企业数量不足30户的6个中类之外，余下19个中类CR4的算术平均值为34.2%。其中，CR4超过60%的有2个中类，50%~60%的有2个中类，40%~50%的有3个中类，30%~40%的有1个中类，20%~30%的有7个中类，10%~20%的有4个中类。

第三，企业数量多于382户的25个中类CR4的算术平均值为17.1%。其中，30%~40%的有3个中类，20%~30%的有4个中类，

---

① 这6个中类分别是图书馆与档案馆服务、文化研究和社团服务、新闻服务、文化出租服务、群众文化服务、文化遗产保护服务，它们的企业数量依次只有4户、5户、16户、18户、25户、29户。

10%~20%的有12个中类，其余6个中类的 CR4 均低于 10%。

3. 各中类产业企业产出的 HHI 指数

HHI 指数亦称赫希曼—赫芬达尔指数（A. O. Hirschman – O. C. Herfindahl Index，HHI），它指的是产业内每一家企业市场份额的平方和，计算公式为：

$$HHI = \sum_{i=1}^{N}\left(\frac{X_i}{X}\right)^2 = \sum_{i=1}^{N} S_i^2$$

其中，X 表示产业的总产出，通常以销售收入或销售量表示；X_i 表示产业内第 i 家企业的产出，$i=1,2,3,\cdots,N$；S_i 为产业内第 i 家企业的市场份额。虽然在理论上 HHI 指数值的分布区间为（0，1］，但是在许多研究中，HHI 指数值通常取的是（0，10000］，即计算时不考虑百分比，具体计算公式为：

$$HHI = \sum_{i=1}^{N}(100\,S_i)^2$$

HHI 值越接近于 10000，集中程度越高；越接近于 0，集中程度越低。当产业内只有一家企业时，HHI 指数值为 100 的平方，即 10000；当产业内所有企业规模相同时，由 $S_1 = S_2 = S_3 = \cdots = S_N$，可得 HHI = 10000/$N$。因此，在企业数量足够多的条件下，产业内企业规模越接近，HHI 指数就越接近于 0。在产业集中程度研究领域，HHI 指数通常被看作是一个能够综合反映产业内企业规模分布和企业数量的指标。一般而言，HHI 指数小于 1000 的为不集中（unconcentrated）产业，HHI 指数为 1000~1800 的为中度集中（moderately concentrated）产业，HHI 指数大于 1800 的则为高度集中（highly concentrated）产业。

如图 11 所示，若以营业收入为产出指标计算，在全部 50 个中类中，2012年只有7个中类的 *HHI* 指数大于1800，只有1个中类的 *HHI* 指数在1000~1800。而在其余42个 *HHI* 指数不足1000的中类中，*HHI* 指数在500~1000的有6个中类，在200~500的有14个中类，低于200的则有22个中类。就此而言，绝大多数中类文化企业的集中程度无疑是比较低的。

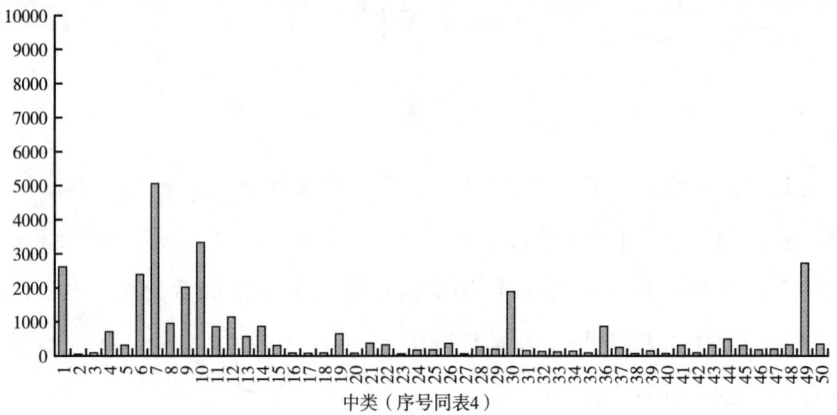

图11　2012年各中类文化企业以营业收入计算的 **HHI** 指数

（三）各产业的企业赢利水平

2012年，全国文化企业共实现利润总额3727.1亿元，净利润3201.85亿元。其中，"文化产品的生产"部分的利润总额、净利润分别为2052.04亿元、1778.41亿元，分别占比55.1%、55.5%；"文化相关产品的生产"部分的利润总额、净利润分别为1675.06亿元、1423.45亿元，分别占比44.9%、44.5%。

1. 各大类企业的赢利水平

从大类层面来看，与产出规模的显著差异相应的是，2012年各大类文化企业的赢利水平也有着较大的差距。具体表现在以下几方面（见表5）。

表5　2012年各大类文化企业的利润总额和净利润

单位：亿元，%

大 类	利润总额		净利润	
	金额	比重	金额	比重
新闻出版发行服务	203.76	5.5	189.18	5.9
广播电视电影服务	101.27	2.7	87.53	2.7
文化艺术服务	18.07	0.5	14.49	0.5
文化信息传输服务	450.75	12.1	396.70	12.4
文化创意和设计服务	770.65	20.7	659.28	20.6
文化休闲娱乐服务	53.21	1.4	41.30	1.3
工艺美术品的生产	454.34	12.2	389.93	12.2
文化产品生产的辅助生产	501.11	13.4	419.32	13.1
文化用品的生产	990.96	26.6	854.47	26.7
文化专用设备的生产	182.98	4.9	149.66	4.7

第一，文化用品的生产大类实现了全国文化企业1/4以上的赢利。据统计，2012年该大类企业的利润总额、净利润分别达到了990.96亿元、854.47亿元，占全国文化企业合计值的比重也分别高达26.6%、26.7%。

第二，文化创意和设计服务、文化产品生产的辅助生产、工艺美术品的生产、文化信息传输服务4个大类的赢利也相对较大。它们的利润总额依次为770.65亿元、501.11亿元、454.34亿元、450.75亿元，所占比重依次为20.7%、13.4%、12.2%、12.1%；它们的净利润分别达到了659.28亿元、419.32亿元、389.93亿元、396.70亿元，所占比重分别为20.6%、13.1%、12.2%、12.4%。

第三，新闻出版发行服务、文化专用设备的生产、广播电视电影服务、文化休闲娱乐服务、文化艺术服务5个大类的赢利明显较小。其中，它们的利润总额依次为203.76亿元、182.98亿元、101.27亿元、53.21亿元、18.07亿元，所占比重依次为5.5%、4.9%、2.7%、1.4%、0.5%；它们的净利润分别为189.18亿元、149.66亿元、87.53

亿元、41.30亿元、14.49亿元，所占比重则分别为5.9%、4.7%、2.7%、1.3%、0.5%。

从企业户均赢利水平来看，只有4个大类相对较高，而有6个大类明显较小（见图12）。其中，文化信息传输服务、文化专用设备的生产、广播电视电影服务、文化创意和设计服务4个大类企业的户均利润总额依次比全国文化企业平均值高出324.9%、29.4%、25.9%、1.7%，同时它们的户均净利润也比全国平均值分别高出335.3%、23.2%、26.7%、1.3%。另外，各大类企业户均利润总额、户均净利润分布的标准差分别为1082万元、958.2万元，标准差系数分别达到了0.88、0.91，其离散程度均高于前述各大类企业户均营业收入的分布。

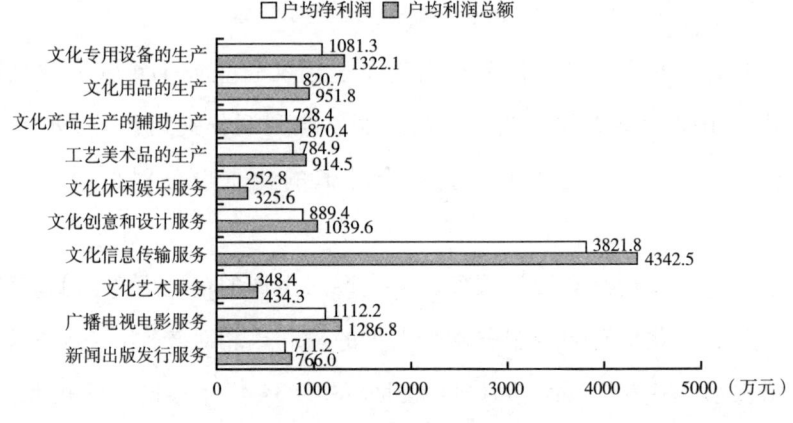

图12 2012年各大类文化企业的户均赢利

2. 各中类企业的赢利水平

2012年各中类文化企业的利润总额、净利润及各自所占全国文化企业合计值的比重如表6所示。各中类企业的赢利水平同样差别很大，具体表现在以下几方面。

第一，少数中类企业的赢利相对较多，而大多数中类企业的赢利不同程度地低于平均水平。其中，按利润总额占全国文化企业合计值的比

表 6 2012 年各中类文化企业的赢利

单位：亿元，%

大类	序号	中　类	利润总额		净利润	
			金额	比重	金额	比重
一	1	新闻服务	1.82	0.05	1.35	0.04
	2	出版服务	141.41	3.8	131.99	4.1
	3	发行服务	60.53	1.6	55.84	1.7
二	4	广播电视服务	33.71	0.9	30.48	1.0
	5	电影和影视录音服务	67.56	1.8	57.05	1.8
三	6	文艺创作与表演服务	8.91	0.2	6.81	0.2
	7	图书馆与档案馆服务	0.01	0.0003	0.01	0.0003
	8	文化遗产保护服务	1.87	0.1	1.53	0.05
	9	群众文化服务	0.65	0.02	0.57	0.02
	10	文化研究和社团服务	0.12	0.003	0.10	0.003
	11	文化艺术培训服务	2.28	0.1	1.77	0.1
	12	其他文化艺术服务	4.22	0.1	3.71	0.1
四	13	互联网信息服务	346.29	9.3	298.54	9.3
	14	增值电信服务（文化部分）	29.32	0.8	26.57	0.8
	15	广播电视传输服务	75.14	2.0	71.59	2.2
五	16	广告服务	149.48	4.0	119.64	3.7
	17	文化软件服务	400.87	10.8	355.29	11.1
	18	建筑设计服务	202.43	5.4	169.28	5.3
	19	专业设计服务	17.87	0.5	15.07	0.5
六	20	景区游览服务	39.33	1.1	30.38	0.9
	21	娱乐休闲服务	12.83	0.3	10.15	0.3
	22	摄影扩印服务	1.04	0.03	0.77	0.02
七	23	工艺美术品的制造	374.07	10.0	326.94	10.2
	24	园林、陈设艺术及其他陶瓷制品的制造	11.31	0.3	9.90	0.3
	25	工艺美术品的销售	68.95	1.9	53.09	1.7
八	26	版权服务	10.34	0.3	8.02	0.3
	27	印刷复制服务	371.81	10.0	318.34	9.9
	28	文化经纪代理服务	3.50	0.1	3.31	0.1
	29	文化贸易代理与拍卖服务	33.02	0.9	25.57	0.8
	30	文化出租服务	0.16	0.004	0.11	0.003
	31	会展服务	59.14	1.6	44.68	1.4
	32	其他文化辅助生产	23.13	0.6	19.29	0.6

续表

大类	序号	中类	利润总额		净利润	
			金额	比重	金额	比重
九	33	办公用品的制造	28.55	0.8	24.76	0.8
	34	乐器的制造	14.70	0.4	12.76	0.4
	35	玩具的制造	69.07	1.9	59.78	1.9
	36	游艺器材及娱乐用品的制造	15.48	0.4	13.52	0.4
	37	视听设备的制造	239.83	6.4	210.34	6.6
	38	焰火、鞭炮产品的制造	96.12	2.6	87.41	2.7
	39	文化用纸的制造	270.83	7.3	230.97	7.2
	40	文化用油墨颜料的制造	43.92	1.2	37.20	1.2
	41	文化用化学品的制造	21.16	0.6	15.41	0.5
	42	其他文化用品的制造	111.89	3.0	97.27	3.0
	43	文具乐器照相器材的销售	10.07	0.3	8.21	0.3
	44	文化用家电的销售	59.85	1.6	49.42	1.5
	45	其他文化用品的销售	9.50	0.3	7.43	0.2
十	46	印刷专用设备的制造	25.95	0.7	22.07	0.7
	47	广播电视电影专用设备的制造	74.44	2.0	64.30	2.0
	48	其他文化专用设备的制造	43.09	1.2	34.20	1.1
	49	广播电视电影专用设备的批发	21.07	0.6	15.49	0.5
	50	舞台照明设备的批发	18.43	0.5	13.59	0.4

重大小排序，比重超过9%的有4个中类，比重为5%~8%的有3个中类，为2%~5%的有6个中类，为1%~2%的有9个中类，为0.5%~1%的有10个中类，其余18个中类所占比重均低于0.5%。

第二，文化软件服务、工艺美术品的制造、印刷复制服务、互联网信息服务、文化用纸的制造、视听设备的制造、建筑设计服务7个中类企业的赢利明显较大，它们所占全国文化企业利润总额的比重依次为10.8%、10.0%、10.0%、9.3%、7.3%、6.4%、5.4%，合计达到了59.2%；同时它们净利润所占全国文化企业合计值的比重也依次达到了11.1%、10.2%、9.9%、9.3%、7.2%、6.6%、5.3%，合计也达到了59.6%。

第三，文艺创作与表演服务、其他文化艺术服务、文化经纪代理服务、文化艺术培训服务、文化遗产保护服务、新闻服务、摄影扩印服务、群众文化服务、文化出租服务、文化研究和社团服务、图书馆与档案馆服务11个中类企业的赢利相对最少。它们占全国文化企业利润总额的比重依次只有0.2%、0.1%、0.1%、0.1%、0.1%、0.05%、0.03%、0.02%、0.004%、0.003%、0.3%，同时，它们净利润占全国文化企业合计值的比重也分别只有0.2%、0.1%、0.1%、0.1%、0.05%、0.04%、0.02%、0.02%、0.003%、0.003%、0.3%。

从企业平均赢利来看，2012年只有16个中类企业的户均利润总额高于全国文化企业的平均水平。其中，互联网信息服务中类的户均利润总额一枝独秀，达到了7415.2万元，比全国平均水平高出6.3倍。而在余下34个中类中，企业户均利润总额最小的图书馆与档案馆服务中类的户均利润总额只有29.6万元（见图13）。另据计算，当年全部50个中类的企业户均利润总额平均值约为988万元，标准差约为1099.7万元，标准差系数高达1.11个，离散程度显得高于大类层面上企业户均利润总额的分布。

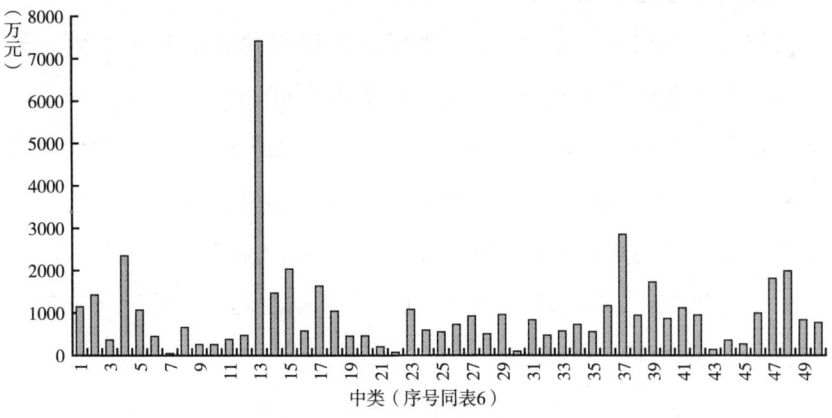

图13　2012年各中类文化企业户均利润总额

（四）产出与赢利的进一步比较

如前文所述，从部分层面来看，两大部分文化企业在相对产出规模和赢利水平方面有着较为明显的偏差。其中，"文化产品的生产"部分企业虽然产出居于少数地位，但赢利却相对较多，2012年其所占全国文化企业利润总额和净利润的比重分别比其所占营业收入比重高出17.1个和17.5个百分点。

1. 各大类企业产出和赢利的比较

从大类层面来看，2012年共有7个大类所占全国文化企业的利润总额比重大于其所占营业收入比重，包括文化创意和设计服务、文化信息传输服务、文化产品生产的辅助生产、广播电视电影服务、新闻出版发行服务、文化休闲娱乐服务、文化艺术服务，它们所占利润总额比重依次比营业收入比重高出8.5个、8.5个、3.0个、1.7个、1.2个、0.6个、0.2个百分点。另外，工艺美术品的生产、文化专用设备的生产、文化用品的生产3个大类所占的利润总额比重则分别比各自的营业收入比重低3.6个、4.2个、15.9个百分点（见图14）。

2. 各中类企业产出与赢利的比较

据统计，2012年共有26个中类所占全国文化企业利润总额的比重高于其所占营业收入的比重，其余24个中类则相对较低。其中，两项指标差距在1个百分点以上的有16个中类。如图15所示，文化用家电的销售、视听设备的制造、广播电视电影专用设备的批发、工艺美术品的销售、文具乐器照相器材的销售、文化用纸的制造、工艺美术品的制造、其他文化专用设备的制造8个中类的营业收入比重明显高于各自所占的利润总额比重，依次高出7.0个、4.6个、3.1个、2.2个、1.7个、1.5个、1.4个、1.1个百分点。另外，互联网信息服务、文化软件服务、印刷复制服务、出版服务、建筑设计服务、电影和影视录音服务、广播电视传输服务、会展服务8个中类所占的利润比重相对较高，

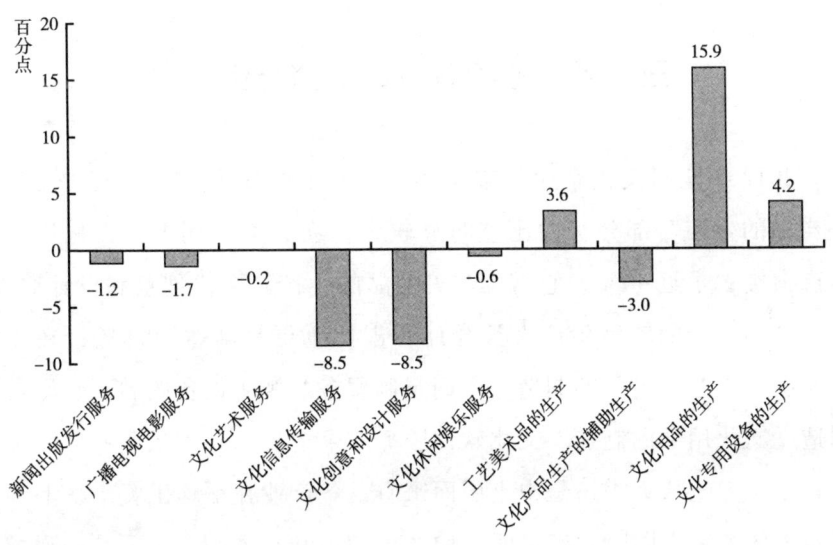

图 14　2012 年各大类所占全国文化企业的营业收入比重与利润总额比重之差

它们依次比各自所占的营业收入比重高出 7.1 个、6.7 个、2.3 个、2.0 个、1.7 个、1.2 个、1.2 个、1.0 个百分点。

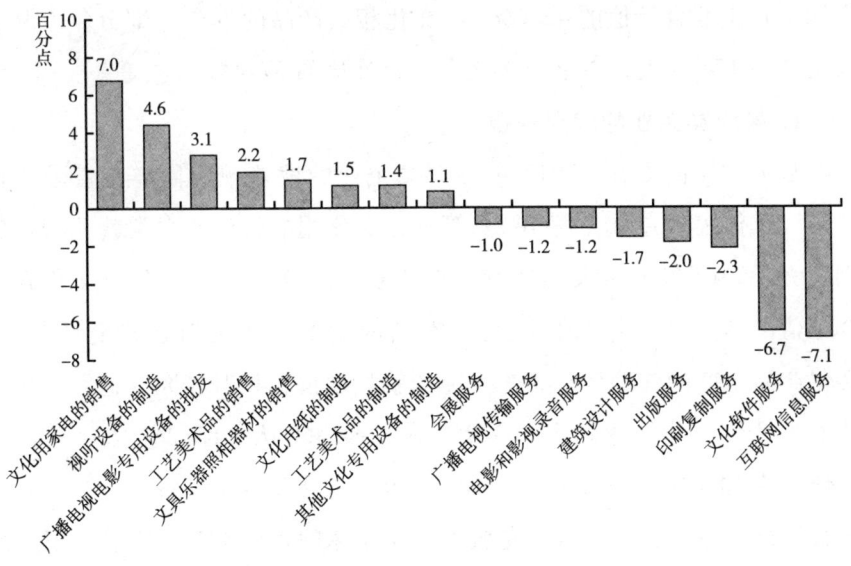

图 15　2012 年部分中类所占全国文化企业的营业收入比重与利润总额比重之差

三 各产业的就业、工资与生产率

2012年全国文化企业年末从业人员达6994335人,其中"文化相关产品的生产"部分所占比重明显较大;在大类层面上,文化用品的生产大类占了近40%,它与工艺美术品的生产、文化创意和设计服务、文化产品生产的辅助生产大类合计所占比重更是高达79.9%;在中类层面上,工艺美术品的制造、印刷复制服务、视听设备的制造、玩具的制造、文化用纸的制造、文化软件服务6个中类的年末从业人员数量明显较多。无论从大类还是中类层面来看,各产业在平均工资水平上都有着较大的差距,同时它们之间人均产出和创利水平的差别更是达到了很高的程度。

(一) 各产业的企业就业规模

2012年,"文化产品的生产"部分年末从业人员有2976779人,占全国文化企业合计值的42.6%;"文化相关产品的生产"部分年末从业人员有4017556人,占全国文化企业合计值的57.4%。

1. 各大类企业的就业规模

从大类层面来看,2012年各大类企业的就业规模同样有着较大的差别,具体表现在(见图16):第一,文化用品的生产大类就业规模特别巨大。2012年末该大类拥有作业人员2750030人,占全国文化企业合计值的39.3%;第二,工艺美术品的生产、文化创意和设计服务、文化产品生产的辅助生产3个大类的就业规模也相对较大,它们的年末从业人员数量分别达到了1037253人、943460人、858267人,所占比重依次为14.8%、13.5%、12.3%;第三,文化专用设备的生产、新闻出版发行服务、文化信息传输服务、文化休闲娱乐服务、广播电视电影服务、文化艺术服务6个大类的就业规模则明显较小,它们所占全国文化企业年末从业人员数量的比重依次为 5.9%、5.2%、4.2%、3%、1%、0.9%，合计也仅有 20.1%。

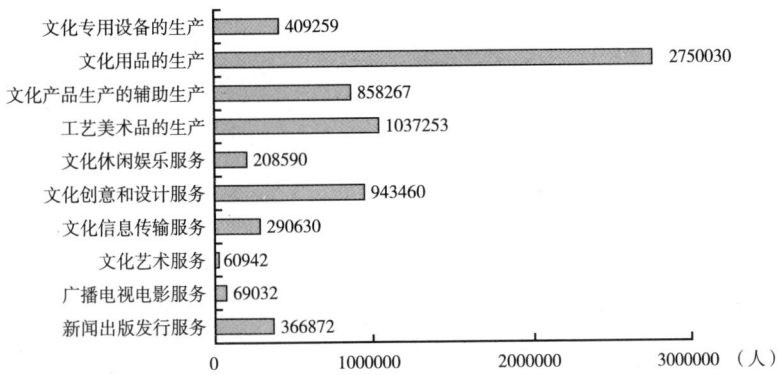

图 16　2012 年各大类文化企业的年末从业人员数量

2. 各中类企业的就业规模

从中类层面来看，2012 年各中类产业从业人员规模也有着很大差异（见表 7）。其中，以占全国文化企业年末从业人员数量的比重计，当年比重超过 10% 的有 2 个中类，比重为 6%~9% 的有 4 个中类，为 2%~5% 的有 9 个中类，为 1%~2% 的有 6 个中类，为 0.5%~1% 的有 12 个中类，其余 17 个中类所占比重则均不足 0.5%。

表 7　2012 年各中类文化企业年末从业人员数量及其所占全国合计值的比重

单位：人，%

大类	序号	中　　类	从业人员	比重
一	1	新闻服务	8835	0.1
	2	出版服务	200628	2.9
	3	发行服务	157409	2.3
二	4	广播电视服务	25566	0.4
	5	电影和影视录音服务	43466	0.6

续表

大类	序号	中类	从业人员	比重
三	6	文艺创作与表演服务	34096	0.5
	7	图书馆与档案馆服务	221	0.003
	8	文化遗产保护服务	2634	0.04
	9	群众文化服务	1999	0.03
	10	文化研究和社团服务	339	0.005
	11	文化艺术培训服务	17259	0.2
	12	其他文化艺术服务	4394	0.1
四	13	互联网信息服务	127100	1.8
	14	增值电信服务（文化部分）	52159	0.7
	15	广播电视传输服务	111371	1.6
五	16	广告服务	144222	2.1
	17	文化软件服务	439269	6.3
	18	建筑设计服务	324398	4.6
	19	专业设计服务	35571	0.5
六	20	景区游览服务	129954	1.9
	21	娱乐休闲服务	61353	0.9
	22	摄影扩印服务	17283	0.2
七	23	工艺美术品的制造	872003	12.5
	24	园林、陈设艺术及其他陶瓷制品的制造	64245	0.9
	25	工艺美术品的销售	101005	1.4
八	26	版权服务	12519	0.2
	27	印刷复制服务	747391	10.7
	28	文化经纪代理服务	2719	0.04
	29	文化贸易代理与拍卖服务	12627	0.2
	30	文化出租服务	1245	0.02
	31	会展服务	36178	0.5
	32	其他文化辅助生产	45588	0.7
九	33	办公用品的制造	115143	1.6
	34	乐器的制造	65693	0.9
	35	玩具的制造	572228	8.2
	36	游艺器材及娱乐用品的制造	27813	0.4
	37	视听设备的制造	622933	8.9
	38	焰火、鞭炮产品的制造	240640	3.4
	39	文化用纸的制造	470728	6.7
	40	文化用油墨颜料的制造	71284	1.0

续表

大类	序号	中类	从业人员	比重
九	41	文化用化学品的制造	63975	0.9
	42	其他文化用品的制造	300151	4.3
	43	文具乐器照相器材的销售	32795	0.5
	44	文化用家电的销售	153762	2.2
	45	其他文化用品的销售	12885	0.2
十	46	印刷专用设备的制造	44120	0.6
	47	广播电视电影专用设备的制造	155143	2.2
	48	其他文化专用设备的制造	170542	2.4
	49	广播电视电影专用设备的批发	24392	0.3
	50	舞台照明设备的批发	15062	0.2

就具体产业而言，一方面，2012年末从业人员数量最大的前6个中类包括工艺美术品的制造、印刷复制服务、视听设备的制造、玩具的制造、文化用纸的制造、文化软件服务，它们的年末从业人员数量依次为872003人、747391人、622933人、572228人、470728人、439269人，占当年全国文化企业合计值的比重依次为12.5%、10.7%、8.9%、8.2%、6.7%、6.3%。另一方面，文化经纪代理服务、文化遗产保护服务、群众文化服务、文化出租服务、文化研究和社团服务、图书馆与档案馆服务则是年末从业人员数量最少的6个中类，它们所占全国合计值的比重均不足0.1%。

（二）各产业的企业平均工资

企业工资水平的差异既受到劳动力市场供求关系的影响，也常常与企业经营业绩有着高度的关联。2012年全国文化企业人均工资①为5.82万元，其中"文化产品的生产"部分、"文化相关产品的生产"部分的

---

① 由数据可得性所致，本文所指的人均工资的计算公式是企业应付职工薪酬/年末从业人员数量。

人均工资分别为7.62万元、4.49万元,前者比后者高出69.7%。

1. 各大类企业的平均工资

从大类层面来看,2012年各大类文化企业的工资水平显然有着较大的差距(见图17)。其中,文化创意和设计服务大类企业人均工资最高,达到了11.55万元;工艺美术品的生产大类人均工资最低,仅有3.74万元。另据计算,各个大类人均工资的平均值约为6.66万元,标准差为2.73万元,标准差系数为0.41,显示了较高的离散程度。

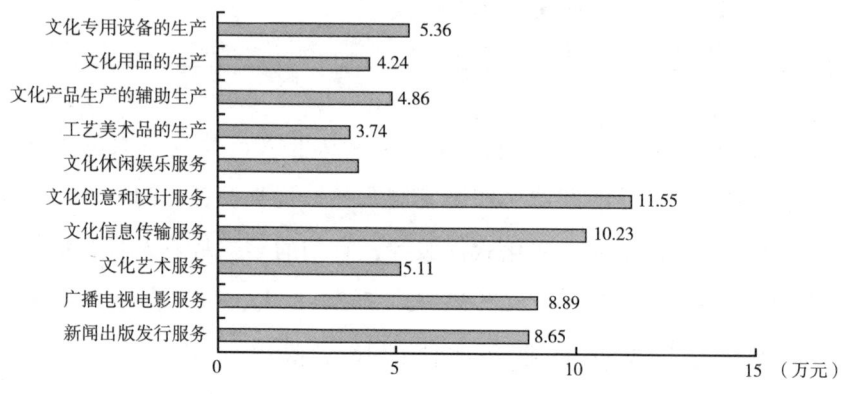

图17 2012年各大类文化企业人均工资

2. 各中类企业的平均工资

从中类层面来看,2012年各中类企业人均工资同样存在着较大的差距(见图18)。其中人均工资超过12万元的有4个中类,人均工资为10万~12万元的有7个中类,为8万~10万元的有4个中类,为6万~8万元的有7个中类,为4万~6万元的有18个中类,其余10个中类的人均工资则均不足4万元。进一步计算显示,全部50个中类企业人均工资的平均值约为6.69万元,标准差为2.99万元,标准差系数为0.44,其离散程度略高于各大类企业人均工资的分布。

从具体产业来看,当年互联网信息服务、文化贸易代理与拍卖服务、建筑设计服务、版权服务是人均工资最高的前4个中类,它们人均工资

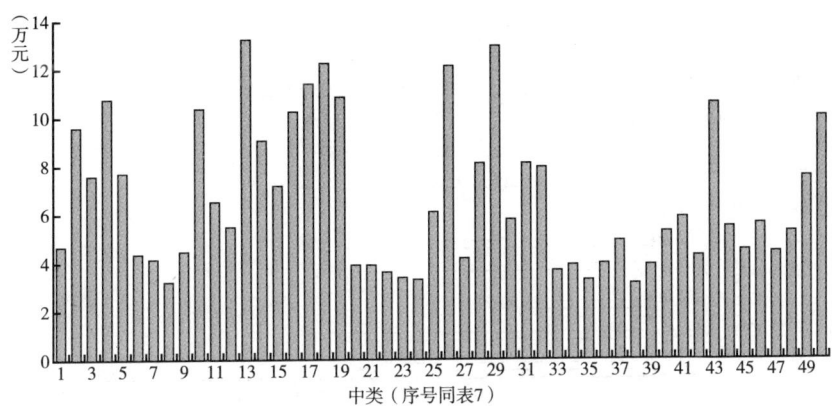

图18　2012年各中类文化企业的人均工资

依次达到了13.29万元、12.94万元、12.32万元、12.17万元；同时，工艺美术品的制造，园林、陈设艺术及其他陶瓷制品的制造，文化遗产保护服务，玩具的制造，焰火、鞭炮产品的制造5个中类的人均工资最低，依次只有3.48万元、3.38万元、3.34万元、3.31万元、3.02万元。

（三）各产业的劳动生产率

严格说来，劳动生产率应由人均增加值反映。不过由数据可得性所致，本部分对企业劳动生产率的分析只能选取人均营业收入和人均利润总额指标，以近似的反映全国文化企业的劳动产出水平。据统计，2012年全国文化企业人均营业收入80.44万元，其中"文化产品的生产"、"文化相关产品的生产"两大部分企业人均营业收入分别为71.82万元、86.82万元，后者比前者高出20.9%；与此同时，全国文化企业人均实现利润总额5.33万元，其中"文化产品的生产"、"文化相关产品的生产"两大部分企业人均利润总额分别为6.89万元、4.17万元，前者比后者高出65.2%。

1. 各大类企业的劳动生产率

在大类层面上，各大类企业的人均产出和创利水平参差不一，主要表现在以下几方面（见图19）。

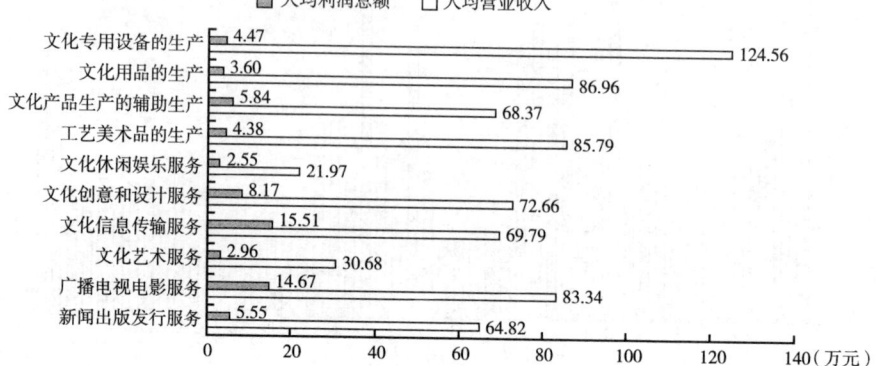

图19　2012年各大类文化企业的人均营业收入和人均利润总额

在人均产出方面，2012年文化专用设备的生产大类企业人均营业收入最高，达到了124.56万元；文化休闲娱乐服务大类企业的人均营业收入最低，仅为21.97万元，只相当于前者的17.6%。另据测算，当年10个大类企业人均营业收入的平均值约为70.89万元，标准差为27.52万元，标准差系数为0.39，显示了较大的离散程度。

在人均创利方面，2012年人均利润总额较高的大类的人均营业收入水平几乎都只是居于中游。其中，文化信息传输服务、广播电视电影服务2个大类的人均利润总额分别达到了15.51万元、14.67万元，明显高于其他8个大类，但它们的人均营业收入则仅分别名列第6、第4位。同时，文化艺术服务、文化休闲娱乐服务2个大类不仅人均营业收入最低，而且人均利润总额也排位居末。另外需要关注的是，各大类人均利润总额的平均值为6.77万元，标准差约为4.43万元，标准差系数达0.65，其离散程度明显高于人均营业收入的分布。

2. 各中类企业的劳动生产率

从中类层面来看，各中类企业的人均产出和创利水平的差别程度明显高于大类层面上的比较。

一方面，各中类企业人均营业收入的差距很大（见图20）。其中，

专题报告一 中国文化企业的产业分布

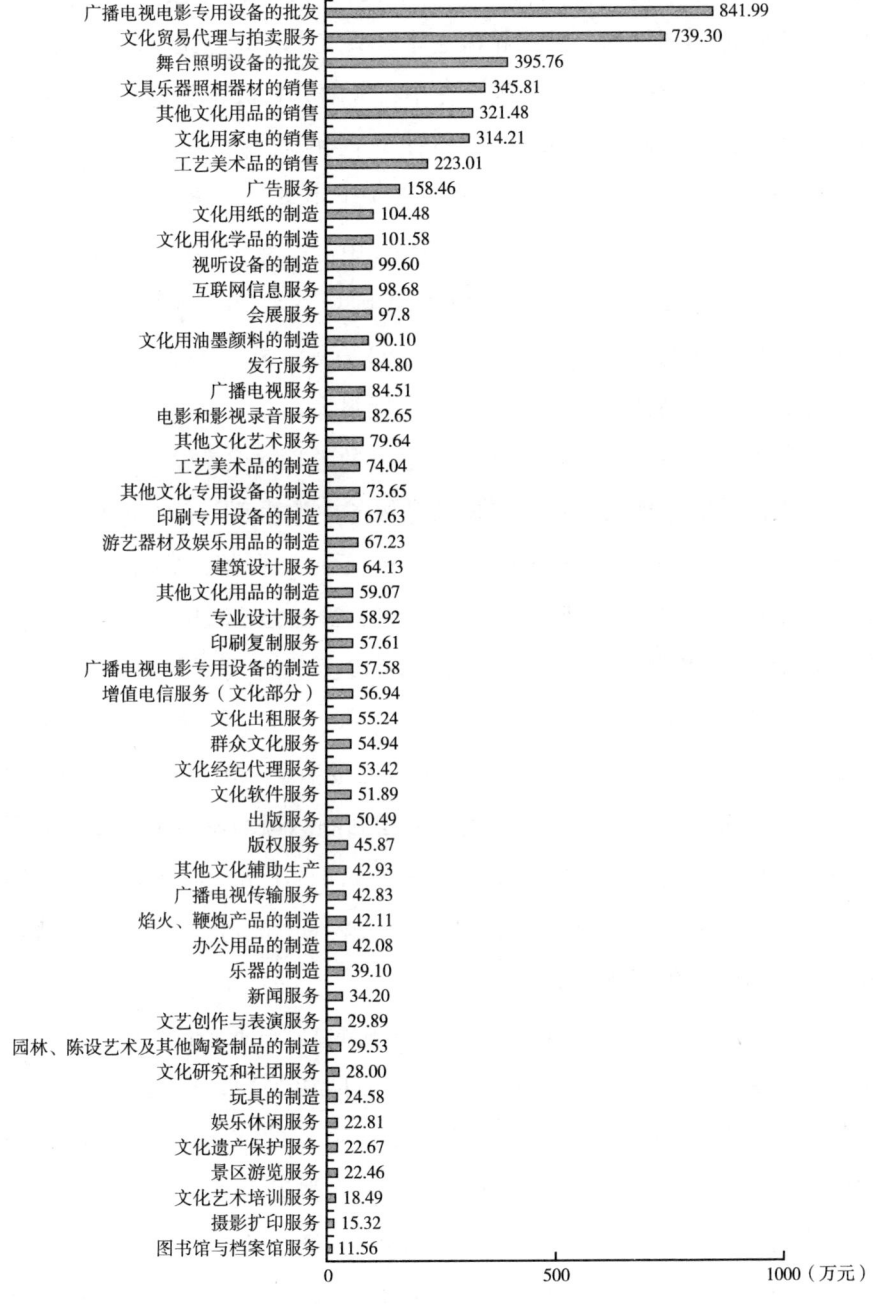

图20 2012年各中类文化企业人均营业收入

人均营业收入最高的广播电视电影专用设备的批发中类达到了841.99万元，而最低的图书馆与档案馆服务中类只有11.56万元，前者比后者高出71.8倍。在全部50个中类产业中，人均营业收入超过700万元的有2个中类，在200万～400万元的有5个中类，在100万～200万元的有3个中类，在80万～100万元的有7个中类，在60万～80万元的有6个中类，在40万～60万元的有15个中类，在20万～40万元的有9个中类，其余3个中类的人均营业收入则均不足20万元。另据测算，各中类人均营业收入的平均值约为113.62万元，标准差约为162.59万元，标准差系数高达1.43，离散程度无疑很大。

另一方面，各中类企业人均利润总额的差距也比较大（见图21）。其中，人均利润总额最高的互联网信息服务中类达到了27.25万元，最低的图书馆与档案馆服务中类只有0.54万元，前者比后者高出49.5倍。在全部50个中类产业中，人均利润总额超过20万元的有2个中类，在15万～20万元的有2个中类，在10万～15万元的有4个中类，在8万～10万元的有4个中类，在6万～8万元的有7个中类，在4万～6万元的有9个中类，在2万～4万元的有16个中类，在1万～2万元的有4个中类，其余2个中类的人均利润总额均不足1万元。另据测算，各中类人均利润总额的平均值约为6.41万元，标准差约为5.54万元，标准差系数约为0.87，离散程度虽然明显低于各中类人均营业收入的分布，但仍属于较高的水平。

从各中类企业人均营业收入与人均利润总额的分布来看，虽然各中类的这两项指标之间似乎并不存在明显的相关性，但仍有着如下3个特点（见图22）：第一，人均营业收入最高的前10个中类的人均利润总额大多处于中游水平，而只有3个中类进入了人均利润总额大小排序的前3位，且无一属于人均利润总额最小的10个中类。第二，人均营业收入最小的10个中类却大多属于人均利润总额最小的10个中类，其中有6个中类排位在41以后，2个中类排名第38、第39。

专题报告一　中国文化企业的产业分布

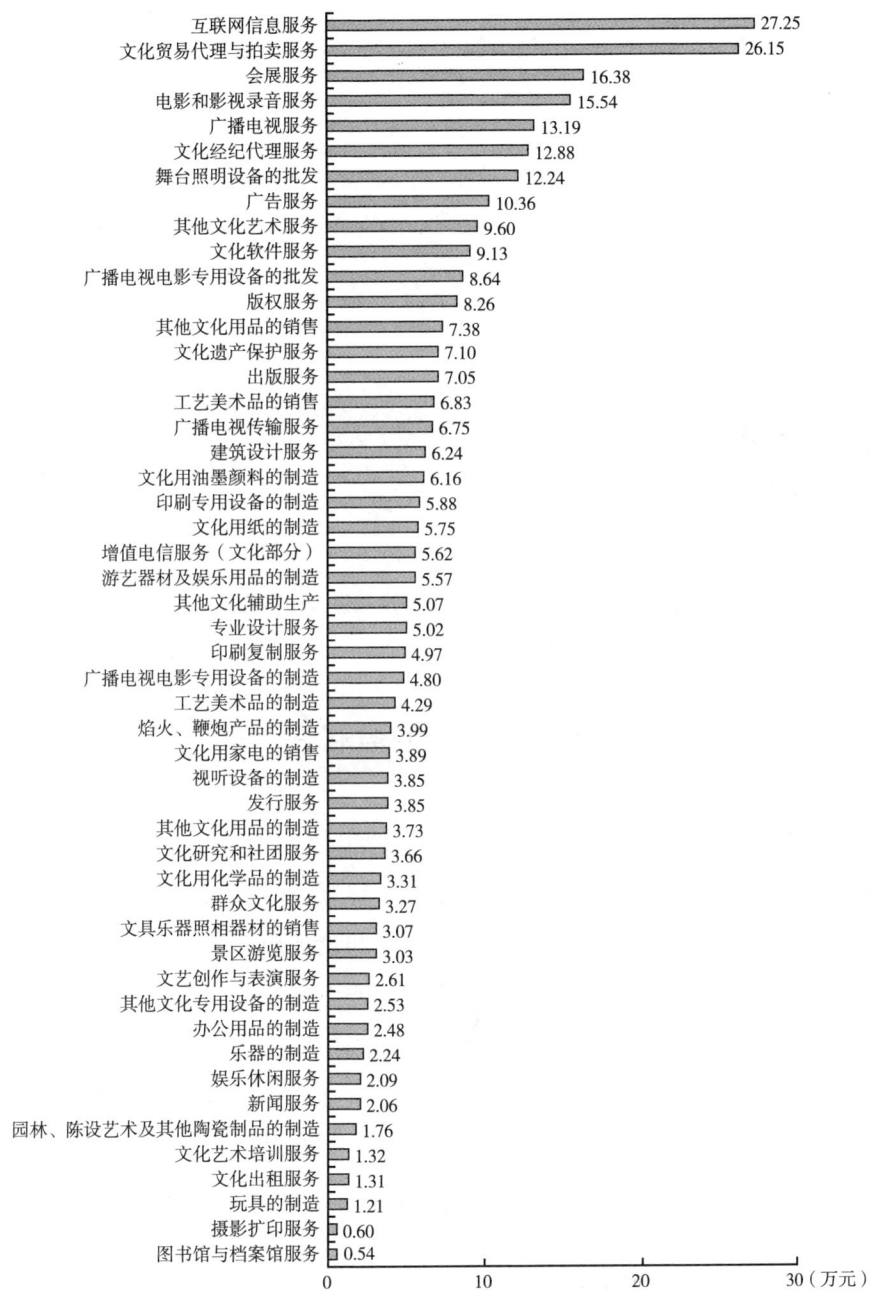

图 21　2012 年各中类文化企业人均利润总额

第三，人均利润总额最大的前10个中类的人均营业收入大多位居中游，其中有5个中类进入了第11~20位，有2个中类则名列第31、第32位。

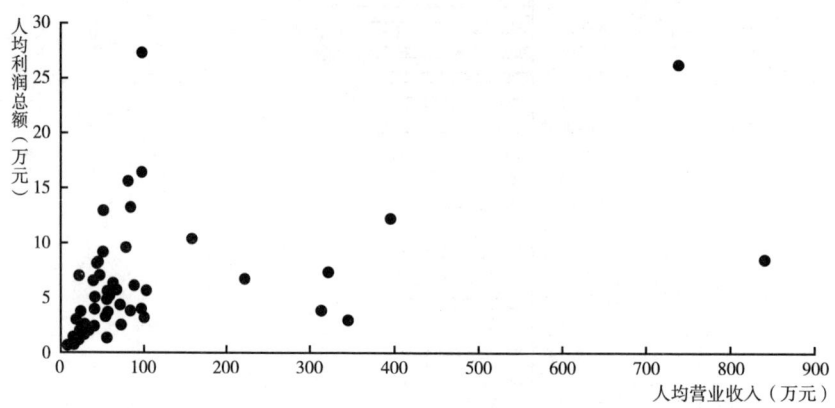

图22　2012年各中类的人均营业收入和人均利润总额分布

四　各产业的盈利性

2012年，全国文化企业平均总资产报酬率、净资产收益率、营业利润率、成本费用利润率分别为8.3%、14%、6.2%、7.0%。以此为参照，当年文化信息传输服务、文化创意和设计服务大类、工艺美术品的生产3个大类以及8个中类的资产获利能力相对较强，同时文化信息传输服务、广播电视电影服务、文化休闲娱乐服务、文化创意和设计服务、文化产品生产的辅助生产5个大类以及22个中类的营业收益能力相对较高。另外，在产出规模较大大类的资产获利能力总体上较强，但在中类层面上，产出规模较大中类的资产获利和营业收益能力则相对较弱。

（一）各大类企业的盈利性

2012年，"文化产品生产"部分企业的盈利性总体上优于"文化相关产品的生产"部分。其中,"文化产品生产"部分企业的平均总资产报酬率、净资产收益率、营业利润率、成本费用利润率分别为9.0%、14.8%、8.8%、10.5%,比全国文化企业平均水平分别高出0.7个、0.7个、2.5个、3.4个百分点;"文化相关产品的生产"部分企业的平均总资产报酬率、净资产收益率、营业利润率、成本费用利润率分别为7.6%、13.2%、4.7%、5.0%,比全国文化企业平均水平分别低0.7个、0.8个、1.6个、2个百分点。

1. 各大类企业的平均利润率分布

从大类层面来看,各大类企业的各项平均利润率指标分布的具体特征包括:

第一,各大类4项平均利润率指标高低不一(见表8)。其中,若以高于全国文化企业平均水平的大类数量计,则平均总资产报酬率较高的有4个大类,较低的有6个大类;平均净资产率较高的有3个大类,较低的有7个大类;平均营业利润率较高的有6个大类,较低的有4个大类;平均成本费用利润率较高的有7个大类,较低的有3个大类。

表8 2012年全部10个大类的主要利润率指标

单位:%

	总资产报酬率	净资产收益率	营业利润率	成本费用利润率
全国文化企业平均值	8.3	14.0	6.2	7.0
新闻出版发行服务	5.2	8.1	6.3	8.9
广播电视电影服务	6.6	7.9	14.8	19.7
文化艺术服务	3.5	5.8	5.0	9.9
文化信息传输服务	12.3	19.9	20.6	27.3
文化创意和设计服务	10.6	19.4	10.2	12.5
文化休闲娱乐服务	2.9	3.5	10.3	12.9
工艺美术品的生产	12.2	21.9	5.3	5.4
文化产品生产的辅助生产	8.7	12.6	8.2	9.3
文化用品的生产	7.3	13.5	4.1	4.3
文化专用设备的生产	7.5	13.8	3.4	3.7

第二，从全部 10 个大类各项利润率指标的分布来看，若以离散程度大小排序，则依次为成本费用利润率、净资产收益率、营业利润率、总资产报酬率。其中，在总资产报酬率方面，全部 10 个大类的最高值为 12.3%（文化信息传输服务），最低值为 2.9%（文化休闲娱乐服务），平均值为 7.7%，标准差为 3.1%，标准差系数为 0.41；在净资产收益率方面，全部 10 个大类的最高值为 21.9%（工艺美术品的生产），最低值为 3.5%（文化休闲娱乐服务），平均值为 12.6%，标准差为 6%，标准差系数为 0.48；在营业利润率方面，全部 10 个大类的最高值达 20.6%（文化信息传输服务），最低值为 3.4%（文化专用设备的生产），平均值为 8.8%，标准差为 5.1%，标准差系数为 0.58；在成本费用利润率方面，全部 10 个大类的最高值达 27.3%（文化信息传输服务），最低值为 3.7%（文化专用设备的生产），平均值为 11.4%，标准差为 6.9%，标准差系数为 0.61。

第三，从资产获利能力来看，文化信息传输服务、文化创意和设计服务大类、工艺美术品的生产 3 个大类的平均总资产报酬率和净资产收益率相对较高，广播电视电影服务、新闻出版发行服务、文化艺术服务、文化休闲娱乐服务 4 个大类相对较低，而文化产品生产的辅助生产、文化专用设备的生产、文化用品的生产 3 个大类则大致处于中游水平。

第四，从营业收益角度来看，文化信息传输服务、广播电视电影服务、文化休闲娱乐服务、文化创意和设计服务、文化产品生产的辅助生产等 5 个大类的平均营业利润率和成本费用利润率相对较高，工艺美术品的生产、文化用品的生产、文化专用设备的生产 3 个大类相对较低，而新闻出版发行服务、文化艺术服务 2 个大类则大致处于中游水平。

2. 各大类企业的亏损情况

2012 年，全国文化企业中有 6236 户亏损企业，亏损面为 17.1%；

亏损企业亏损金额达343.12亿元，相当于全国文化企业净利润10.7%。从大类层面来看，各大类企业的亏损情况分布大致有着如下两方面特点（见表9）：第一，有6个大类的企业亏损面高于全国文化企业平均水平，其中文化休闲娱乐服务、文化艺术服务、文化信息传输服务、广播电视电影服务、文化创意和设计服务5个大类的企业亏损面都超过了20%；第二，虽然各大类亏损企业亏损金额差距较大，但是文化休闲娱乐服务、文化艺术服务2个大类的企业亏损情况对各自大类的盈利造成的影响尤为突出，它们的亏损企业亏损金额分别相当于各大类合计净利润的48.0%、40.2%。

表9　2012年各大类文化企业的亏损情况

大　　类	亏损企业数量（户）	亏损面（％）	亏损企业亏损金额（亿元）	亏损金额/净利润（％）
新闻出版发行服务	429	16.1	25.82	13.7
广播电视电影服务	203	25.8	81.96	9.4
文化艺术服务	124	29.8	58.27	40.2
文化信息传输服务	289	27.8	38.91	9.8
文化创意和设计服务	1565	21.1	68.78	10.4
文化休闲娱乐服务	573	35.1	19.82	48.0
工艺美术品的生产	561	11.3	18.05	4.6
文化产品生产的辅助生产	795	13.8	31.96	7.6
文化用品的生产	1456	14.0	109.92	12.9
文化专用设备的生产	241	17.4	15.83	10.6

3. 不同产出规模大类的盈利性

观察表明，产出规模较多大类的资产获利能力总体上较强。如图23所示，营业收入占全国文化企业合计值比重较大的大类的平均净产收益率也大多较高，其中，当年营业收入最大的5个大类就有4个进入了净资产收益率的前5位；不仅如此，营业收入比重较小的大类的平均净资产收益率则都相对较低，其中当年营业收入最小的3个大类各自的平均净资产收益率也同样名列全部10个大类的最后3位。

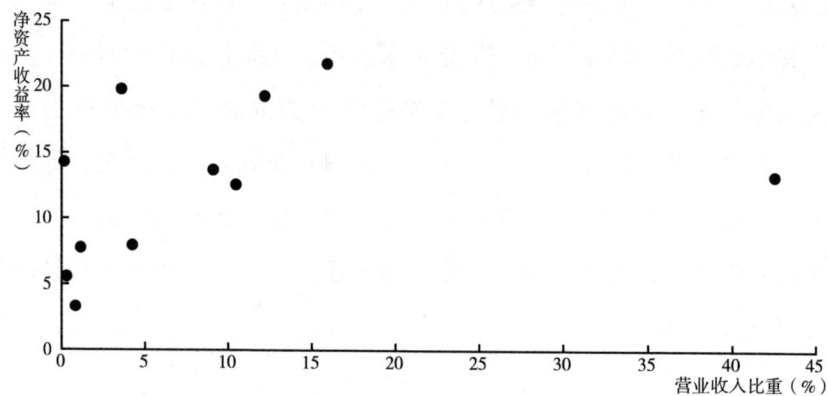

图23　2012年各大类文化企业营业收入所占全国合计值的
比重及平均净资产收益率

另一方面，产出规模的大小与营业收益之间似乎并不存在明显关联。如图24所示，在2012年营业收入最大的前5个大类中，只有2个进入了平均营业利润率前5位；与此同时，当年平均营业利润率最大的3个大类却同时名列营业收入的第7、第8、第9位。

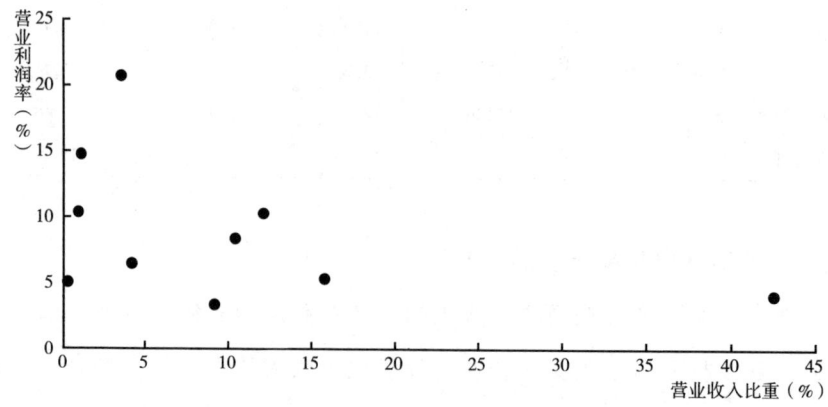

图24　2012年各大类文化企业营业收入所占全国合计值的
比重及平均营业利润率

（二）各中类企业的盈利性

1. 各中类企业的平均利润率

从中类层面来看，各中类的各项利润率指标分布同样有着较大的差异，具体表现在以下方面（见表10）。

表10 2012年各中类文化企业的主要平均利润率指标

单位：%

大类	序号	中类	总资产报酬率	净资产收益率	营业利润率	成本费用利润率
一	1	新闻服务	1.9	2.3	6.7	6.4
	2	出版服务	6.1	8.3	9.2	14.8
	3	发行服务	4.0	7.9	4.1	4.7
二	4	广播电视服务	7.3	8.9	12.9	17.3
	5	电影和影视录音服务	6.3	7.5	16.0	21.2
三	6	文艺创作与表演服务	2.7	4.5	0.3	8.5
	7	图书馆与档案馆服务	1.5	1.3	0.3	4.6
	8	文化遗产保护服务	4.4	4.1	27.0	43.2
	9	群众文化服务	4.8	5.5	5.0	6.4
	10	文化研究和社团服务	3.6	8.1	9.4	14.5
	11	文化艺术培训服务	6.3	16.6	8.9	7.9
	12	其他文化艺术服务	6.2	9.4	11.4	12.5
四	13	互联网信息服务	19.4	34.2	26.2	37.0
	14	增值电信服务（文化部分）	4.5	5.9	8.9	10.2
	15	广播电视传输服务	6.6	10.8	13.1	17.6
五	16	广告服务	9.5	21.4	6.2	6.9
	17	文化软件服务	13.5	20.2	15.1	20.7
	18	建筑设计服务	8.5	18.3	9.4	10.7
	19	专业设计服务	6.1	9.4	7.7	9.0
六	20	景区游览服务	2.8	3.1	11.7	15.1
	21	娱乐休闲服务	3.5	5.5	8.5	10.0
	22	摄影扩印服务	5.7	10.4	3.7	4.5
七	23	工艺美术品的制造	14.7	25.3	6.1	6.2
	24	园林、陈设艺术及其他陶瓷制品的制造	16.8	22.7	6.0	6.5
	25	工艺美术品的销售	6.4	11.9	3.0	3.1

续表

大类	序号	中类	总资产报酬率	净资产收益率	营业利润率	成本费用利润率
八	26	版权服务	8.3	17.3	16.7	21.5
	27	印刷复制服务	11.7	17.6	8.5	9.4
	28	文化经纪代理服务	6.5	13.7	17.1	23.4
	29	文化贸易代理与拍卖服务	6.2	17.5	3.1	3.6
	30	文化出租服务	0.9	0.7	2.6	2.4
	31	会展服务	7.5	9.4	15.8	19.5
	32	其他文化辅助生产	2.2	2.4	10.4	12.4
九	33	办公用品的制造	11.1	18.7	6.4	6.3
	34	乐器的制造	9.4	13.2	5.8	6.1
	35	玩具的制造	10.5	16.3	5.0	5.2
	36	游艺器材及娱乐用品的制造	15.8	26.7	8.3	9.1
	37	视听设备的制造	7.5	17.5	4.0	4.0
	38	焰火、鞭炮产品的制造	33.1	41.0	9.8	10.7
	39	文化用纸的制造	6.9	9.9	5.2	5.8
	40	文化用油墨颜料的制造	10.2	14.8	6.8	7.3
	41	文化用化学品的制造	3.8	3.8	2.8	3.3
	42	其他文化用品的制造	10.1	16.3	6.3	6.7
	43	文具乐器照相器材的销售	2.9	7.4	1.0	0.9
	44	文化用家电的销售	2.8	9.3	1.1	1.3
	45	其他文化用品的销售	5.4	13.8	2.2	2.3
十	46	印刷专用设备的制造	10.6	14.9	8.3	9.5
	47	广播电视电影专用设备的制造	10.5	17.9	7.9	9.0
	48	其他文化专用设备的制造	7.3	10.4	3.3	3.5
	49	广播电视电影专用设备的批发	4.3	15.6	1.0	1.0
	50	舞台照明设备的批发	5.0	9.2	2.7	3.2

第一，若以全国文化企业的平均值计，则在全部50个中类中，平均总资产报酬率较高的有17个中类，较低的有33个中类；平均净资产收益率较高的有20个中类，较低的有30个中类；平均营业利润率较高的有29个中类，较低的有31个中类；平均成本费用利润率较高的有26个中类，较低的有24个中类。

第二，从各中类各项平均利润率指标的分布来看，它们的离散程度均大于各大类相应利润率指标的分布。若以各项指标在中类层面分布的离散程度大小排序，则依次为成本费用利润率、营业利润率、总资产报酬率、净资产收益率。其中，在总资产报酬率方面，全部50个中类的最高值为33.1%（焰火、鞭炮产品的制造），最低值为0.9%（文化出租服务），平均值为7.7%，标准差约为5.4%，标准差系数约为0.7；在净资产收益率方面，全部50个中类的最高值为41%（焰火、鞭炮产品的制造），最低值为0.7%（文化出租服务），平均值为12.8%，标准差约为8.1%，标准差系数约为0.63；在营业利润率方面，全部50个中类的最高值为27%（文化遗产保护服务），最低值为0.3%（图书馆与档案馆服务），平均值为8%，标准差约为5.8%，标准差系数约为0.72；在成本费用利润率方面，全部50个中类的最高值为43.2%（文化遗产保护服务），最低值为0.9%（文具乐器照相器材的销售），平均值为10.1%，标准差约为8.4%，标准差系数约为0.83。

第三，以总资产报酬率和净资产收益率这2项主要资产获利指标计，在全部50个中类文化企业中，焰火、鞭炮产品的制造，互联网信息服务，园林、陈设艺术及其他陶瓷制品的制造，游艺器材及娱乐用品的制造，工艺美术品的制造，文化软件服务，印刷复制服务，办公用品的制造等8个中类明显较高；同时文具乐器照相器材的销售、文化用家电的销售、景区游览服务、文艺创作与表演服务、其他文化辅助生产、新闻服务、图书馆与档案馆服务、文化出租服务等8个中类则明显较低。

第四，以营业利润率和成本费用利润率这2项主要营业收益指标计，在全部50个中类文化企业中，文化遗产保护服务，互联网信息服务，文化经纪代理服务，版权服务，电影和影视录音服务，会展服务，文化软件服务，广播电视传输服务，广播电视服务，景区游览服务，其他文化艺术服务，其他文化辅助生产，焰火、鞭炮产品的制造，文化研究和社团服务，建筑设计服务，出版服务，文化艺术培训服务，增值电信服务（文化部分），印刷复制服务，娱乐休闲服务，游艺器材及娱乐用品的制造，印刷专用设备的制造等22个中类明显较高；同时，发行服务、视听设备的制造、摄影扩印服务、其他文化专用设备的制造、文化贸易代理与拍卖服务、工艺美术品的销售、文化用化学品的制造、舞台照明设备的批发、文化出租服务、其他文化用品的销售、文化用家电的销售、广播电视电影专用设备的批发、文具乐器照相器材的销售、文艺创作与表演服务、图书馆与档案馆服务等15个中类明显较低。

2. 各中类企业的亏损情况

据统计，2012年共有32个中类的亏损面高于全国文化企业平均水平，其中又有25个中类的亏损面超过了20%，它们包括文化出租服务（38.9%）、景区游览服务（36.8%）、娱乐休闲服务（33.6%）、群众文化服务（32%）、文艺创作与表演服务（31.7%）、摄影扩印服务（31.3%）、文化遗产保护服务（31%）、互联网信息服务（29.1%）、其他文化艺术服务（28.6%）、广播电视服务（28.5%）、增值电信服务（文化部分27.7%）、文化用化学品的制造（27.5%）、文化经纪代理服务（27.4%）、文化艺术培训服务（26.7%）、广播电视传输服务（26.3%）、文化软件服务（25.8%）、电影和影视录音服务（25.2%）、新闻服务（25%）、图书馆与档案馆服务（25%）、其他文化辅助生产（24.8%）、广告服务（23.8%）、工艺美术品的销售（23.6%）、会展服务（21.8%）、其他文化专用设备的制造（20.3%）、文具乐器照相器材的销售（20.1%）（见图25）。

另一方面，当年有29个中类的亏损企业亏损总额与净利润的比值超过了全国文化企业平均水平。其中，文化出租服务、文化用化学品的制造、摄影扩印服务、群众文化服务、文具乐器照相器材的销售、图书馆与档案馆服务、娱乐休闲服务、文化艺术培训服务、景区游览服务、增值电信服务（文化部分）、文艺创作与表演服务、文化用家电的销

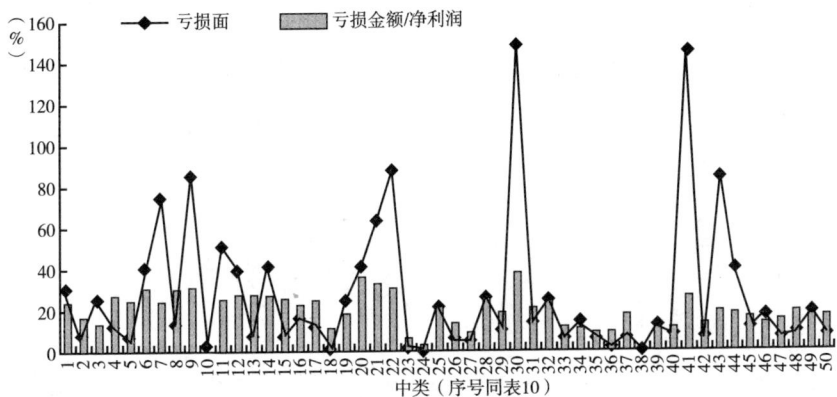

图 25　2012 年各中类文化企业亏损情况

售、其他文化艺术服务、新闻服务、文化经纪代理服务、发行服务、其他文化辅助生产、专业设计服务、工艺美术品的销售等 19 个中类企业亏损对各自产业赢利的影响尤为显著，其亏损企业亏损总额依次相当于各自中类净利润的 148.1%、145.1%、87.9%、85.5%、84%、74.8%、63.6%、52%、41.8%、40.6%、40.4%、39.3%、39.2%、31.1%、26.7%、25%、24.9%、24.7%、22%。

3. 不同产出规模中类的盈利性

分析显示（见图 26），2012 年各中类的产出规模大小与其资产获利能力之间似乎并无明显关联。其中，以营业收入与净资产收益率的关系而论，当年在营业收入最大的前 10 个中类中，只有 4 个中类净资产收益率排名进入了前 10 位，另有 3 个中类处于第 11~20 位，有 2 个中类处于第 21~30 位，其余 1 个中类居第 32 位；而在当年营业收入最小的 10 个中类中，有 1 个中类列净资产收益率第 15 位，有 2 个中类排名处于第 21~30 位，有 2 个中类处于第 31~40 位，其余 5 个中类分居第 41~50 位。

另一方面，在 2012 年净资产收益率最高的 10 个中类中，只有 4 个进入了营业收入最大的前 10 个中类之列，另有 3 个中类排名在第 11~

20 位，有 1 个中类在第 21～30 位，其余 2 个中类则处于第 31～40 位；而在当年净资产收益率最低的 10 个中类中，只有 5 个排名在营业收入比重第 41～50 位，另有 4 个中类处于第 31～40 位，还有 1 个居第 21 位。

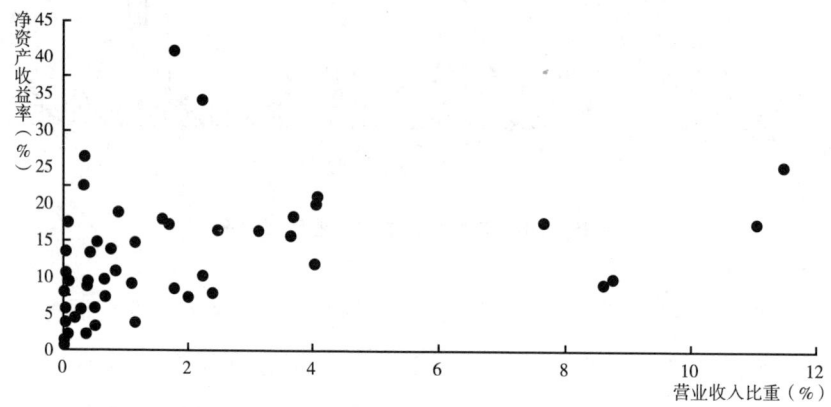

图 26　2012 年各中类的净资产收益率及其所占全国文化企业营业收入的比重

同样，2012 年各中类营业收入的大小与其营业利润率之间也似乎不存在明显关联（见图 27）。其中，在营业收入最大的 10 个中类中，营业利润率排名只有 1 个进入了前 10 位，另有 2 个中类处于第 11～20 位，有 2 个中类处于第 21～30 位，有 2 个中类处于第 31～40 位，其余 3 个中类则处于第 41～50 位；而在营业收入最小的 10 个中类中，只有 2 个营业利润率排名处于第 41～50 位，另有 2 个中类处于第 31～40 位，有 1 个中类处于第 21～30 位，有 3 个中类处于第 11～20 位，还有 2 个中类分列第 1、第 3 位。

另一方面，在当年营业利润率最高的 10 个中类中，只有 1 个排名处于第 1～10 位，有 1 个中类处于第 11～20 位，有 3 个中类处于第 21～30 位，有 3 个中类处于第 31～40 位，余下 2 个中类处于第 41～50 位；而在当年营业利润率最低的 10 个中类中，只有 2 个排名处于第 41～50 位，另

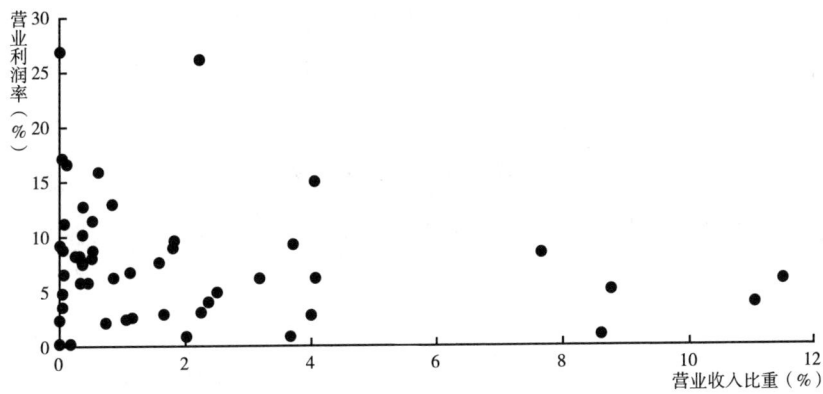

图 27　2012 年各中类的营业利润率及其所占
全国文化企业营业收入的比重

有 1 个中类处于第 31~40 位，有 3 个中类处于第 21~30 位，有 1 个中类处于第 11~20 位，还有 3 个中类则处于第 1~10 位。

五　各大类文化企业产出的区域分布

总体而言，在全国 10 个大类文化企业的产出中，北京、江苏、广东、上海、浙江、山东、陕西等省份都不同程度地拥有较大的份额。其中，北京企业在新闻出版发行服务、广播电视电影服务、文化信息传输服务、文化创意和设计服务 4 个大类企业营业收入中所占的份额最大，江苏企业在文化休闲娱乐服务、文化用品的生产 2 个大类企业营业收入中所占的份额最大，广东企业在工艺美术品的生产、文化产品生产的辅助生产 2 个大类企业营业收入中所占份额最大，上海和陕西企业则分别在文化专用设备的生产和文化艺术服务大类中排名营业收入第一。

（一）"文化产品的生产"部分各大类企业的区域分布

1. 北京占据了新闻出版发行服务大类企业 1/4 以上的产出

全国 31 个省份都有新闻出版发行服务大类企业。在 2012 年该大类营业收入中，北京所占比重高达25.4%，远远高于其他省份。此外，当年该大类营业收入较高的省份还包括江苏、广东、河南、浙江、湖南、湖北、上海、山东、安徽、四川等10个省份，它们占全国该大类文化企业营业收入的比重依次为8.2%、8.1%、5.5%、5.2%、4.7%、4.5%、4.0%、3.9%、3.6%、3.4%（见图28）。

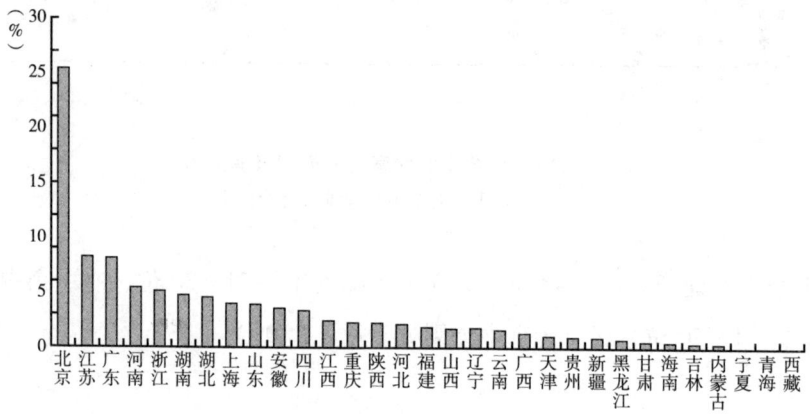

图28　2012年各省份在全国新闻出版发行服务大类企业营业收入中所占比重

另一方面，新疆、黑龙江、甘肃、海南、吉林、内蒙古、宁夏、青海、西藏9个省份的该大类企业营业收入明显偏小，它们占全国该大类文化企业营业收入的比重均不足1%。

2. 京、沪、浙三地广播电视电影服务大类企业的产出规模明显较大

全国共有28个省份拥有广播电视电影服务大类企业。在全国该大类营业收入中，北京、上海、浙江3个省份所占比重依次高达的29.3%、21.3%、20.1%，不仅远远高于其他25个省份，而且它们合计所占比重竟高达70.7%。此外，广东、江苏的该大类企业产出规模也达到了较高的水平，它们占全国该大类企业营业收入的比重分别为10.3%、5.0%（见图29）。

另一方面，除西藏、甘肃、青海3个省份未见有该大类企业统计之

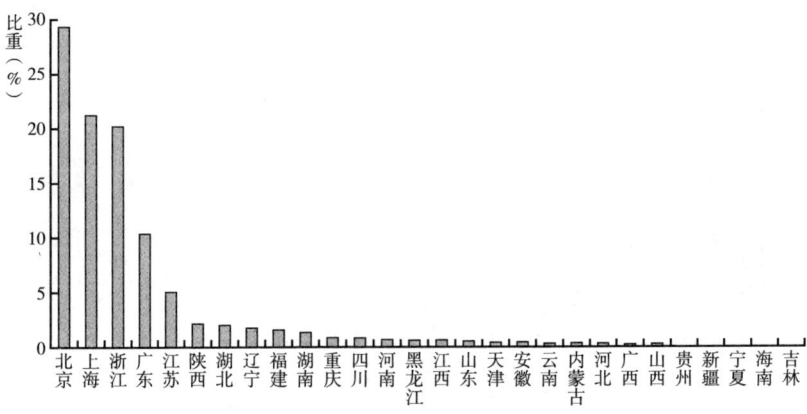

图29 2012年各省份在全国广播电视电影服务
大类企业营业收入中所占比重

外,重庆、四川、河南、黑龙江、江西、山东、天津、安徽、云南、内蒙古、河北、广西、山西、贵州、新疆、宁夏、海南、吉林等18个省份的该大类企业产出明显偏少,它们各自所占全国该大类企业营业收入的比重均不足1%。

3. 陕西、北京文化艺术服务大类企业的产出规模明显较大

全国共有26个省份拥有文化艺术大类企业。其中,陕西、北京该大类企业的产出规模明显较大,当年它们占全国该大类企业营业收入的比重分别高达27.6%、21.0%。与此同时,上海、江苏、广东、天津、山东、江西6个省份该大类企业的产出规模也达到了较高的水平,它们占当年全国该大类企业营业收入的比重依次为8.1%、8.0%、6.9%、4.4%、3.6%、3.1%(见图30)。

另一方面,除黑龙江、西藏、青海、宁夏、新疆未见有该大类企业统计之外,山西、湖南、四川、福建、重庆、湖北、河北、内蒙古、吉林、甘肃、贵州等11个省份该大类企业的产出规模明显偏小,它们各自所占当年全国该大类企业营业收入的比重均不足1%。

4. 北京企业占据了文化信息传输服务大类1/3以上的产出

2012年全国共有27个省份拥有文化信息传输服务大类企业。其

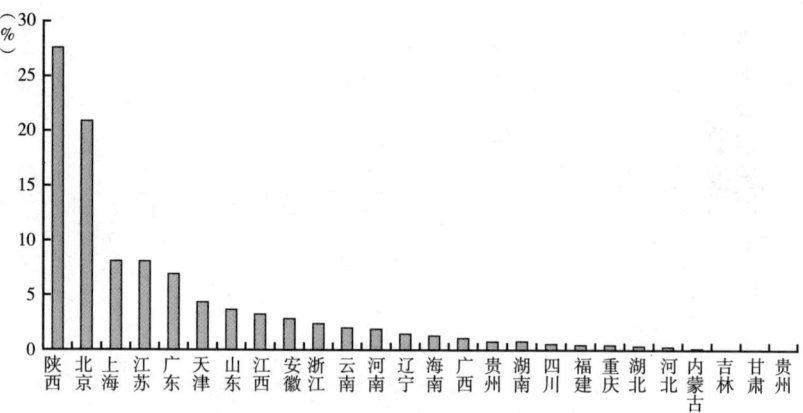

图30 2012年各省份在全国文化艺术服务大类企业营业收入中所占比重

中,北京企业占当年全国该大类企业营业收入的比重高达34.2%。与此同时,广东、浙江、上海、江苏、陕西5个省份的该大类企业产出规模也达到了较高水平,当年它们占全国该大类企业营业收入的比重依次为18.1%、14.1%、7.8%、7.2%、3.9%(见图31)。

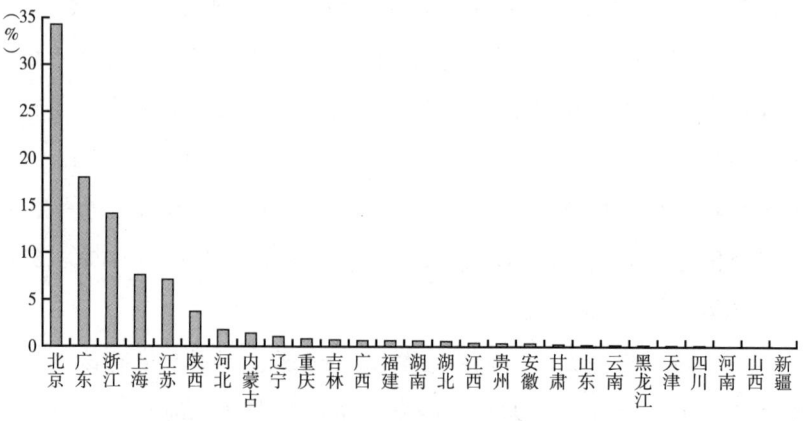

图31 2012年各省份在全国文化信息传输服务大类企业营业收入中所占比重

另一方面,除海南、西藏、青海、宁夏4个省份未见有该大类企业统计之外,吉林、广西、福建、湖南、湖北、江西、贵州、安徽、甘肃、山东、云南、黑龙江、天津、四川、河南、山西、新疆等 17 个省份该大类企业的产出规模明显偏小，它们各自所占全国该大类企业营业收入的比重均不足 1%。

5. 北京、上海文化创意和设计服务大类企业的产出规模明显较大

全国 31 个省份都拥有文化创意和设计服务大类企业。其中，北京、上海 2 个省份的产出规模明显较大，它们在当年全国该大类企业营业收入中所占的比重分别达到了 24.9%、23.2%。与此同时，广东、江苏、浙江、辽宁、四川 5 个省份的该大类企业产出规模也达到了较高的水平，它们占当年全国该大类企业营业收入的比重依次为 13.7%、9.0%、6.9%、3.4%、3.3%（见图 32）。

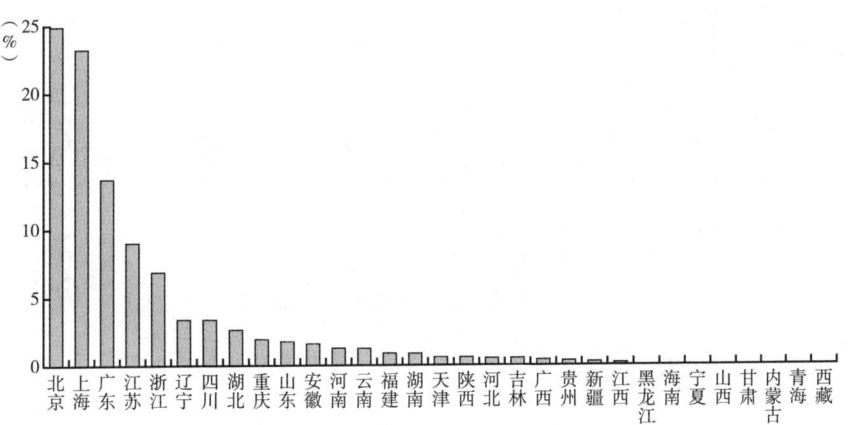

图 32　2012 年各省份在全国文化创意和设计服务大类企业营业收入中所占比重

另一方面，福建、湖南、天津、陕西、河北、吉林、广西、贵州、新疆、江西、黑龙江、海南、宁夏、山西、甘肃、内蒙古、青海、西藏等 18 个省份的该大类企业产出明显偏少，它们各自所占当年全国该大类企业营业收入的比重均不足 1%。

6. 苏、粤、浙 3 地文化休闲娱乐服务大类企业产出规模明显较大

2012 年全国共有 30 个省份拥有文化休闲娱乐服务大类企业。其中,江苏、广东、浙江3个省份的产出规模明显较大,它们在当年全国该大类企业营业收入中所占的比重依次达到了17.0%、12.5%、11.8%。与此同时,山东、北京、江西、上海、安徽、河南、辽宁7个省份的该大类企业产出也达到了较高的水平,它们占当年全国该大类企业营业收入的比重分别为7.0%、6.3%、5.8%、4.3%、3.9%、3.5%、3.3%(见图33)。

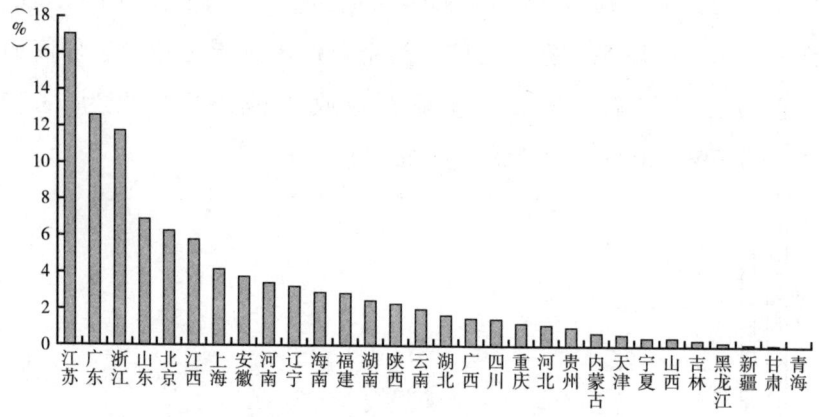

图33 2012年各省份在全国文化休闲娱乐服务
大类企业营业收入中所占比重

另一方面,除西藏未见有该大类企业统计之外,内蒙古、天津、宁夏、山西、吉林、黑龙江、新疆、甘肃、青海等9个省份的该大类企业产出明显偏少,它们各自占2012年全国该大类企业营业收入的比重均低于1%。

7. 广东企业占据了工艺美术品的生产大类1/4以上的产出

2012年全国共有30个省份拥有工艺美术品的生产大类企业。其中,广东的产出明显较大,它占当年全国该大类企业营业收入的比重高达28.5%。与此同时,山东、上海、福建、江苏、浙江、北京、河南7个省份的该大类企业产出规模也达到了较高的水平,它们占当年全国该大类企业营业收入的比重依次为13.3%、10.4%、8.5%、7.3%、6.4%、5.3%、4.8%(见图34)。

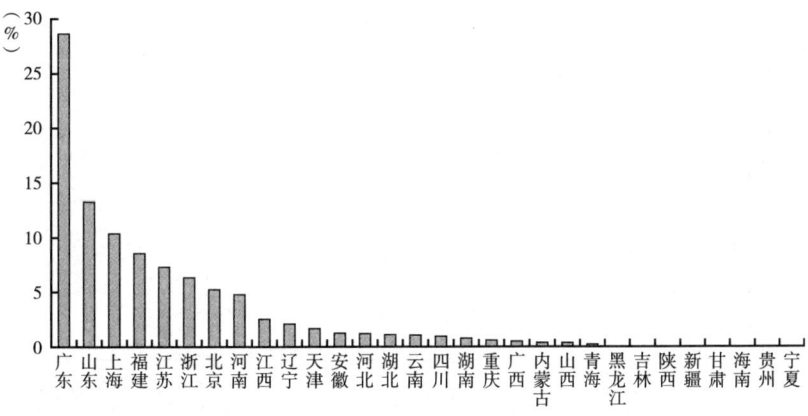

图 34　2012 年各省份在全国工艺美术品的生产大类企业营业收入中所占比重

另一方面，除西藏未见有该大类企业统计之外，2012 年四川、湖南、重庆、广西、内蒙古、山西、青海、黑龙江、吉林、陕西、新疆、甘肃、海南、贵州、宁夏等 15 个省份的该大类企业产出明显偏少，它们各自占当年全国该大类企业营业收入的比重均不足 1%。

（二）"文化相关产品的生产"部分各大类企业的区域分布

1. 广东、上海文化产品生产的辅助生产大类企业产出规模较大

2012 年全国 31 个省份都拥有文化产品的辅助生产大类企业。其中，广东、上海企业的产出规模明显较大，它们占全国该大类企业营业收入的比重分别达到了 19.2%、14.3%。与此同时，江苏、山东、浙江、北京、河南、河北、安徽、福建 8 个省份的该大类企业产出规模也达到了较高水平，它们占当年全国该大类企业营业收入的比重依次为 9.5%、8.7%、6.5%、6.4%、4.3%、3.6%、3.5%、3.2%（见图 35）。

另一方面，2012 年天津、吉林、黑龙江、内蒙古、山西、贵州、青海、新疆、宁夏、甘肃、西藏、海南等 12 个省份该大类企业的产出则明显偏少，它们各自占当年全国该大类企业营业收入的比重均不足 1%。

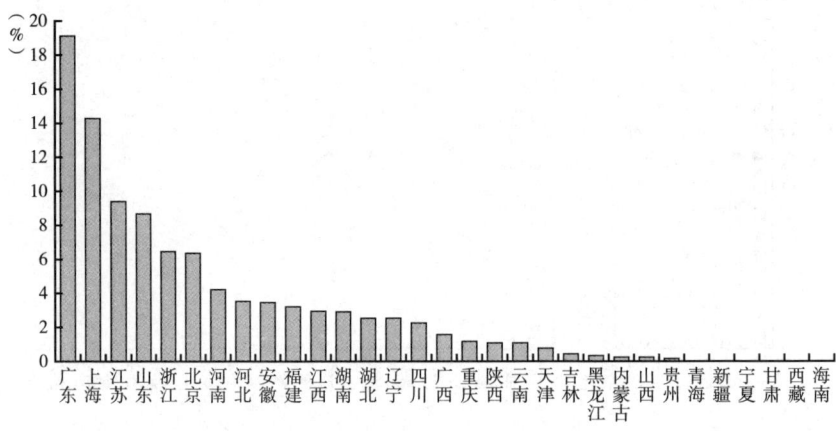

图35 2012年各省份在全国文化产品生产的辅助生产大类
企业营业收入中所占比重

2. 江苏、广东、山东企业在文化用品的生产大类中产出明显较大

2012年全国共有30个省份拥有文化用品的生产大类企业。其中，江苏、广东、山东的产出规模明显较大，它们占当年全国该大类企业营业收入的比重分别高达19.8%、17.5%、14.3%。与此同时，上海、浙江、湖南、河南、四川、北京6个省份该大类企业的产出规模也达到了较高的水平，它们占当年全国该大类企业营业收入的比重分别为7.9%、7.5%、4.1%、3.6%、3.5%、3.0%（见图36）。

另一方面，除西藏未见有该大类企业统计之外，2012年云南、内蒙古、黑龙江、吉林、陕西、海南、贵州、山西、新疆、宁夏、甘肃、青海等12个省份该大类企业的产出明显偏少，它们各自占当年全国该大类企业营业收入的比重均不足1%。

3. 上海、广东各自占据了文化专用设备的生产大类1/3左右的产出

2012年，全国共有26个省份拥有文化专用设备的生产大类企业。其中，上海、广东各自占据了1/3左右的产出，它们占当年全国该大类

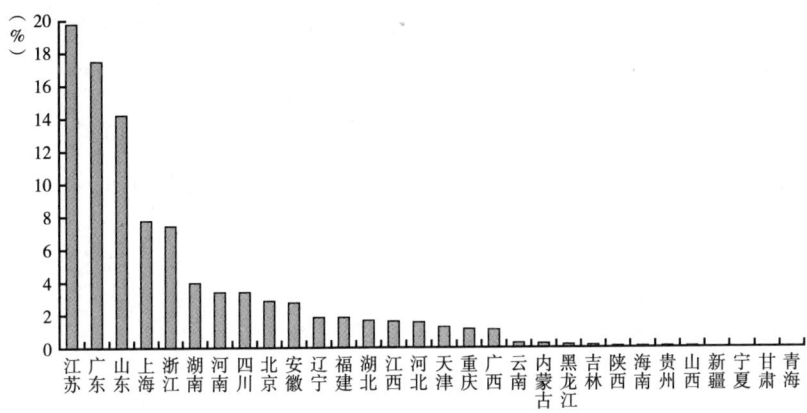

**图 36　2012 年各省份在全国文化用品的生产大类
企业营业收入中所占比重**

企业营业收入的比重分别高达 31.3%、29.0%。与此同时，江苏、浙江、山东 3 个省份该大类企业的产出规模也达到了较高的水平，它们占当年全国该大类企业营业收入的比重依次为 13.8%、6.8%、4.4%（见图 37）。

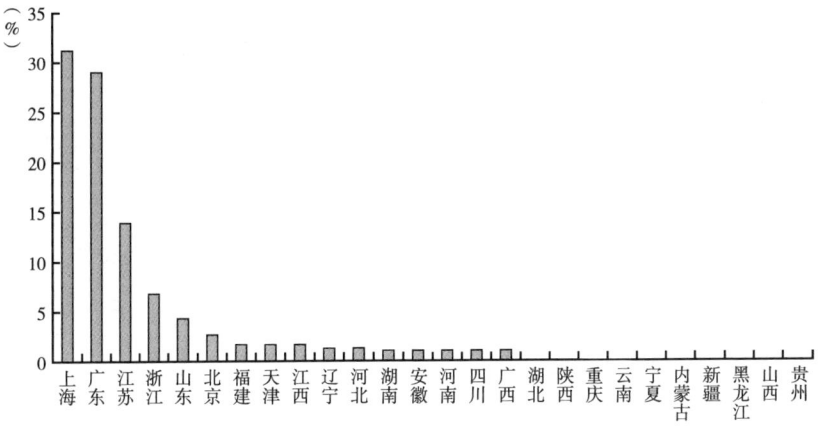

**图 37　2012 年各省份在全国文化专用设备的生产大类
企业营业收入中所占比重**

另一方面，除 2012 年吉林、海南、西藏、甘肃、青海 5 个省份未见有该大类企业统计之外，安徽、河南、四川、广西、湖北、陕西、重庆、云南、宁夏、内蒙古、新疆、黑龙江、山西、贵州等 14 个省份该大类企业的产出明显偏少，它们占当年全国该大类企业营业收入的比重均不足 1%。

专题报告二　不同地区文化企业的比较研究

根据惯例，在分地区研究中，除了以各省、自治区、直辖市（下简称为省份）为基本分析单位之外，我们将全国31个省份分为东、中、西三大地区，其中东部地区包括北京、天津、河北、辽宁、上海、江苏、浙江、福建、山东、广东、海南等11个省份，中部地区包括山西、吉林、黑龙江、安徽、江西、河南、湖北、湖南等8个省份，西部地区包括广西、内蒙古、四川、重庆、贵州、云南、西藏、陕西、甘肃、青海、宁夏、新疆等12个省份。

一　各地区文化企业的数量与资产规模

2012年我国文化企业数量和企业资产的3/4以上集中在东部地区。各省份之间的文化企业数量和资产规模都表现出明显差异，省域集中率很高，省际离散程度较强。其中广东、北京、江苏、浙江、上海的文化企业数量和资产规模较多，企业户均资产规模较大的省份则是海南、陕西、上海和四川。

（一）各地区文化企业的数量

1. 东中西部地区文化企业的数量分布

2012年我国共有36469户文化企业，其中东部地区共有27665户，占全国总数的75.9%；中部地区共有5955户，占16.3%；西部地区仅有2849户，占全国的7.8%（见图1）。

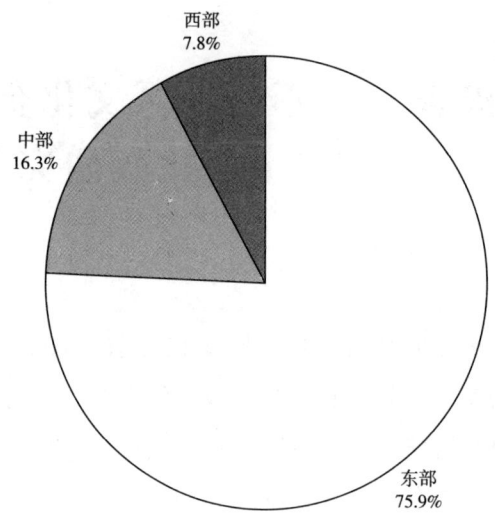

图1　2012年文化企业分地区数量构成

2. 各省份文化企业的数量分布

2012年各省份文化企业的数量差别很大（见表1），具体表现在以下几方面。

表1　2012年文化企业分省数量及占比

省份	数量(户)	占比(%)	省份	数量(户)	占比(%)	省份	数量(户)	占比(%)
广　东	5649	15.5	河　北	837	2.3	贵　州	190	0.5
北　京	4577	12.6	湖　北	754	2.1	吉　林	184	0.5
江　苏	4395	12.1	四　川	663	1.8	内蒙古	152	0.4
浙　江	3694	10.1	江　西	582	1.6	新　疆	100	0.3
上　海	2844	7.8	广　西	527	1.4	甘　肃	93	0.3
山　东	2610	7.2	天　津	398	1.1	海　南	80	0.2
湖　南	1628	4.5	重　庆	390	1.1	宁　夏	63	0.2
福　建	1523	4.2	陕　西	325	0.9	青　海	24	0.1
河　南	1320	3.6	云　南	316	0.9	西　藏	6	0.02
辽　宁	1058	2.9	山　西	296	0.8			
安　徽	985	2.7	黑龙江	206	0.6			

第一，2012年文化企业数量超过3000户的省份有4个，包括广东、北京、江苏、浙江，它们所拥有的文化企业数量依次为5649户、4577户、4395户、3694户，在全国的占比依次为15.5%、12.6%、12.1%、10.1%。

第二，除以上4个省份外，2012年文化企业数量超过1000户的还包括上海、山东、湖南、福建、河南和辽宁6个省份，它们所拥有的文化企业数量依次为2844户、2610户、1628户、1523户、1320户和1058户，占全国的比重依次为7.8%、7.2%、4.5%、4.2%、3.6%和2.9%。

第三，2012年文化企业数量不足100户的省份有5个，包括甘肃、海南、宁夏、青海和西藏，它们所拥有的文化企业数量依次为93户、80户、63户、24户和6户，占全国的比重依次为0.3%、0.2%、0.2%、0.1%和0.02%。

（二）各地区文化企业的资产规模

1. 东中西部地区文化企业的资产规模分布

2012年，我国文化企业年末资产总额共计50336.65亿元。其中东部地区文化企业年末资产总额为39545.33亿元，占全国的78.6%；中部地区文化企业年末资产总额为5947.11亿元，占全国的11.8%；而西部地区文化企业年末资产总额为4844.21亿元，仅占全国的9.6%（见图2）。

与此同时，我国文化企业所有者权益总额共计22792.70亿元。其中东部地区总计17813.55亿元，占全国的78.2%；中部地区总计3138.66亿元，占全国的13.8%，比其资产总额在全国的占比高2个百分点；而西部地区总计1840.49亿元，占全国的8.1%，略低于其资产总额在全国的占比。

2. 各省份文化企业资产规模的具体分布

2012年我国各省份文化企业资产规模具体分布如表2所示，主要特征有以下几方面。

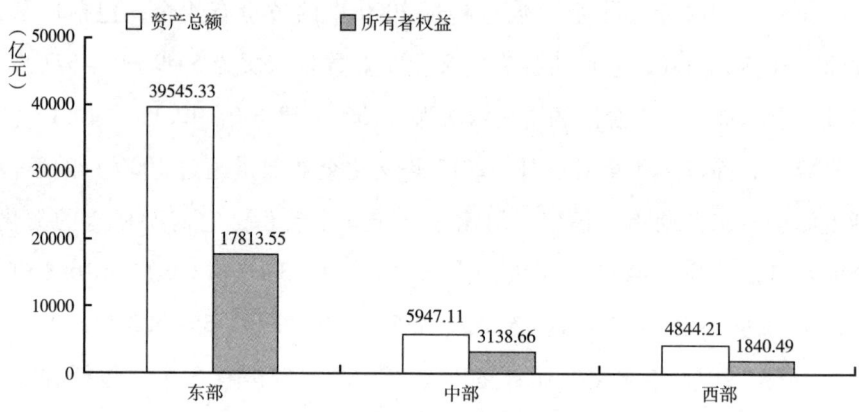

图 2 2012 年东中西部地区文化企业的资产规模

表 2 2012 年各省份文化企业的资产规模

省份	年末资产总额 总量（亿元）	年末资产总额 比重（%）	年末所有者权益 总量（亿元）	年末所有者权益 比重（%）	省份	年末资产总额 总量（亿元）	年末资产总额 比重（%）	年末所有者权益 总量（亿元）	年末所有者权益 比重（%）
广 东	8025.75	15.9	3387.77	14.9	江 西	578.81	1.1	327.85	1.4
江 苏	6687.38	13.3	3057.96	13.4	云 南	575.05	1.1	224.77	1.0
上 海	6328.89	12.6	2955.25	13.0	天 津	490.74	1.0	233.78	1.0
北 京	6085.30	12.1	3087.47	13.5	广 西	484.98	1.0	212.17	0.9
浙 江	4694.64	9.3	1892.32	8.3	海 南	448.16	0.9	187.25	0.8
山 东	3927.79	7.8	1638.15	7.2	内蒙古	220.91	0.4	66.64	0.3
河 南	1741.30	3.5	1069.06	4.7	贵 州	197.27	0.4	78.75	0.3
四 川	1459.15	2.9	521.69	2.3	吉 林	184.98	0.4	105.63	0.5
湖 北	1121.48	2.2	486.22	2.1	山 西	175.92	0.3	66.04	0.3
福 建	1099.60	2.2	531.06	2.3	黑龙江	133.48	0.3	64.16	0.3
辽 宁	1018.29	2.0	460.52	2.0	宁 夏	129.67	0.3	31.67	0.1
湖 南	1009.58	2.0	563.79	2.5	新 疆	87.15	0.2	36.97	0.2
安 徽	1001.58	2.0	455.90	2.0	甘 肃	82.51	0.2	35.72	0.2
陕 西	808.12	1.6	329.23	1.4	青 海	27.40	0.1	11.62	0.1
重 庆	768.06	1.5	289.08	1.3	西 藏	3.95	0.01	2.17	0.01
河 北	738.79	1.5	382.00	1.7					

第一,广东、江苏、上海、北京4个省份的资产规模明显较大。2012年我国文化企业年末资产总额超过6000亿元的省份有4个,包括广东、江苏、上海、北京,它们的年末资产总额依次为8025.75亿元、6687.38亿元、6328.89亿元、6085.30亿元,占全国文化企业年末资产总额的比重依次为15.9%、13.3%、12.6%、12.1%。以上4个省份同时也是2012年年末所有者权益在3000亿元左右的省份,其所有者权益从大到小排列依次是广东、北京、江苏、上海,它们的年末所有者权益依次为3387.77亿元、3087.47亿元、3057.96亿元、2955.25亿元,占全国文化企业年末所有者权益的比重依次为14.9%、13.5%、13.4%、13.0%。

第二,新疆、甘肃、青海、西藏省份的资产规模明显偏小。2012年,全国有4个省份的文化企业年末资产总额在100亿元以下,包括新疆、甘肃、青海和西藏,它们的年末资产总额依次为87.15亿元、82.51亿元、27.40亿元和3.95亿元,占全国文化企业年末资产总额的比重依次为0.2%、0.2%、0.1%和0.01%。与此同时,年末所有者权益在50亿元以下的省份有5个,包括新疆、甘肃、宁夏、青海、西藏,它们的年末所有者权益依次为36.97亿元、35.72亿元、31.67亿元、11.62亿元和2.17亿元,占全国文化企业年末所有者权益的比重依次为0.2%、0.2%、0.1%、0.1%和0.01%。

3. 文化企业资产规模的省域集中程度较高

第一,2012年我国文化企业资产规模的省域绝对集中程度较高。我们对全国31个省份文化企业资产规模集中比率①的计算结果显示

---

① 集中比率(concentration ratios)是样本产出或资产分布绝对集中程度的常用指标。它指的是全部样本中某项产出或资产指标最大的前 n 个样本的合计产出或资产占总产出或总资产的比重。用公式可表示为:$CRn = \dfrac{\sum_{i=1}^{n} X_i}{\sum_{i=1}^{N} X_i}$。其中,$CRn$ 为产出或资产最大的前 n 个样本的产出或资产集中比率,n 为全部样本数量,X_i 为产出或资产规模排在第 i 位的样本的相应指标值。

（见图3），以年末资产总额计算的 $CR2$、$CR4$、$CR6$、$CR10$ 指标值分别是 29.2%、53.9%、71.0% 和 81.8%，即 2012 年年末资产总额最大的前 2 个、4 个、6 个、10 个省份分别占了全国文化企业总计的 29.2%、53.9%、71.0% 和 81.8%；以年末所有者权益计算的 $CR2$、$CR4$、$CR6$、$CR10$ 指标值分别为 28.3%、54.8%、70.3% 和 82.1%，即 2012 年年末所有者权益最大的前 2 个、4 个、6 个、10 个省份分别占了全国总计的 28.3%、54.8%、70.3% 和 82.1%。

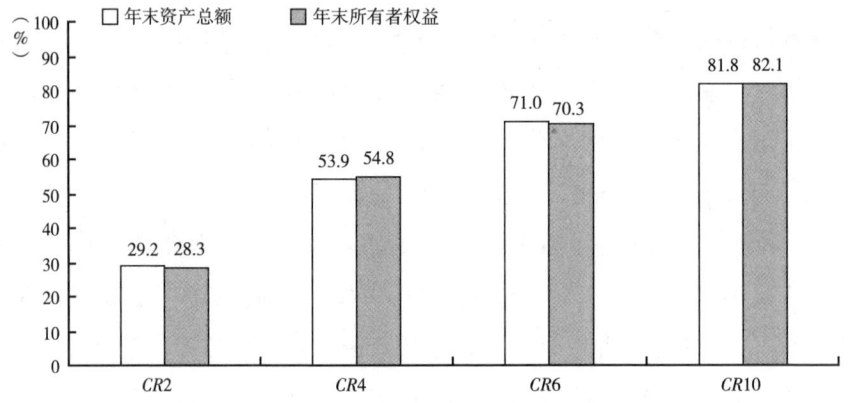

图3　2012年全国文化企业资产分布的省际集中比率

第二，2012 年我国文化企业资产规模的省域相对集中程度较高。我们以年末资产总额为指标，测算并绘制了各省份文化企业规模相对分布的洛伦兹曲线，并计算了相应的基尼系数（见图4），结果显示该项洛伦兹曲线偏离对角线的程度较大，我国 31 个省份文化企业年末资产总额分布的基尼系数也高达 0.64。

4. 各省份文化企业的资产负债率比较

2012 年，我国文化企业的平均资产负债率为 54.7%。如图 5 所示，在全国 31 个省份的文化企业中，资产负债率高于这一平均水平的有 18 个省份，包括辽宁（54.8%）、广西（56.3%）、湖北（56.6%）、甘肃

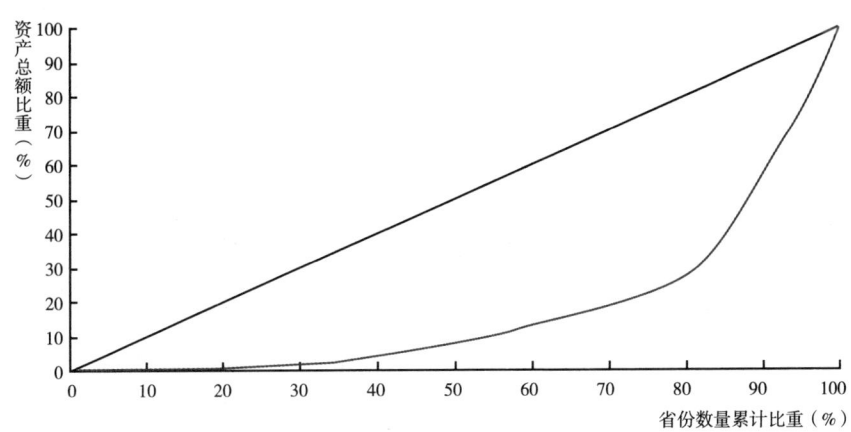

图 4 2012 年末我国 31 个省份文化企业资产总额分布的洛伦兹曲线

(56.7%)、新疆(57.6%)、青海(57.6%)、广东(57.8%)、海南(58.2%)、山东(58.3%)、陕西(59.3%)、浙江(59.7%)、贵州(60.1%)、云南(60.9%)、重庆(62.4%)、山西(62.5%)、四川(64.2%)、内蒙古(69.8%)、宁夏(75.6%);其余 13 个省份的资产负债率则相对较低,包括河南(38.6%)、吉林(42.9%)、江西(43.4%)、湖南(44.2%)、西藏(45.0%)、河北(48.3%)、北京(49.3%)、福建(51.7%)、黑龙江(51.9%)、天津(52.4%)、上海(53.3%)、江苏(54.3%)、安徽(54.5%)。

另据计算,当年全国 31 个省份中文化企业资产负债率最高的是宁夏(75.6%),最低的是河南(38.6%),平均值为 55.4%,标准差为 7.75%,标准差系数为 0.14,离散程度较小。

5. 文化企业户均资产规模的省际比较

据统计,2012 年全国文化企业户均年末资产总额为 13802.6 万元。与之相比较,在全国 31 个省份中有 12 个省份的文化企业户均年末资产总额相对较高,包括海南、陕西、上海、四川、宁夏、重庆、云南、江苏、山东、湖北、内蒙古、广东,它们依次比全国平均水平高出

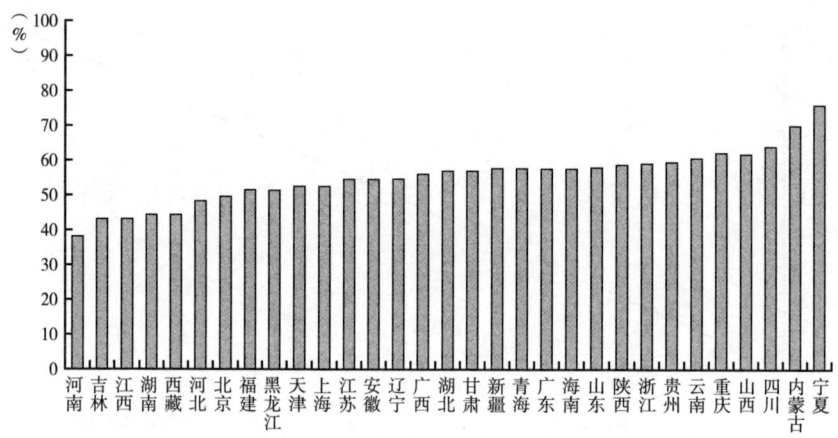

图 5 2012 年各省份文化企业平均资产负债率

305.9%、80.1%、61.2%、59.5%、49.1%、42.7%、31.8%、10.2%、9.0%、7.8%、5.3%、2.9%（见表3）。

表 3 2012 年末各省份文化企业户均资产规模

单位：万元

省 份	户均资产总额	户均所有者权益	省 份	户均资产总额	户均所有者权益
北 京	13295.4	6745.6	河 南	13191.7	8099.0
天 津	12330.1	5873.9	湖 北	14873.7	6448.6
河 北	8826.7	4563.9	湖 南	6201.3	3463.1
辽 宁	9624.6	4352.7	广 西	9202.7	4026.0
上 海	22253.5	10391.2	内蒙古	14533.4	4384.5
江 苏	15215.9	6957.8	重 庆	19693.8	7412.3
浙 江	12708.8	5122.7	四 川	22008.3	7868.7
福 建	7220.0	3487.0	贵 州	10382.6	4145.0
山 东	15049.0	6276.5	云 南	18197.9	7113.0
广 东	14207.4	5997.1	西 藏	6576.3	3617.7
海 南	56019.5	23406.4	陕 西	24865.2	10130.1
山 西	5943.1	2231.2	甘 肃	8871.6	3840.8
吉 林	10053.3	5740.6	青 海	11417.5	4840.9
黑龙江	6479.5	3114.8	宁 夏	20582.7	5026.6
安 徽	10168.3	4628.4	新 疆	8714.8	3697.2
江 西	9945.1	5633.2			

与此同时,当年全国文化企业户均年末所有者权益为6249.9万元。与此相比较,在全国31个省份中有11个省份的文化企业户均年末所有者权益相对较高,包括海南、上海、陕西、河南、四川、重庆、云南、江苏、北京、湖北、山东,它们依次比全国平均水平高出274.5%、66.3%、62.1%、29.6%、25.9%、18.6%、13.8%、11.3%、7.9%、3.2%、0.4%。

另据测算,全国31个省份文化企业户均资产规模分布的离散程度较大。其中,户均年末资产总额的最大值达56019.5万元(海南省),最小值仅为5943.1万元(山西省),最大值是最小值的9.4倍,全国各省份的平均值为14150.1万元,标准差为9293.1万元,标准差系数为0.66;户均年末所有者权益的最大值达23406.4万元(海南省),最小值仅为2231.2万元(山西省),最大值是最小值的10.5倍,全国各省份的平均值为6085.0万元,标准差为3754.0万元,标准差系数为0.62。

二 各地区文化企业的产出与赢利

2012年东部地区文化企业的产出规模占全国的比例超过4/5,其中广东、江苏、上海和山东贡献最大,而产出规模较小的省份主要在西部地区。一方面,产出规模的省域集中率依然较高,省际总体分布不均衡,多数省份的产出规模较小,但户均产出规模的总体差异小于资产规模的差异。另一方面,赢利水平的地区间差异略小于产出规模的地区间差异,但格局一致。广东、北京、江苏、浙江四省实现的利润总额占到全国的一半以上,宁夏回族自治区的文化企业利润总额小于零。虽然省份间赢利水平的差异较大,但户均赢利水平的省际分布较为均衡。

（一）各地区文化企业的产出规模

1. 东中西部地区文化企业的产出规模分布

2012年，我国文化企业的营业总收入为56261.54亿元。其中，东部地区营业总收入达45231.48亿元，占比80.4%；中部地区营业总收入为7083.54亿元，占比12.6%；西部地区营业总收入为3946.51亿元，占比仅为7.0%（见图6）。

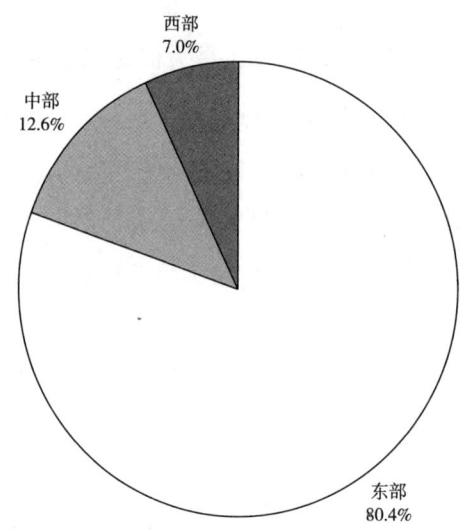

图6　2012年全国文化企业营业收入的地区分布

另外，2012年文化企业资产规模的地区间分布和产出规模的地区间分布的相互比较显示：东部地区所占营业收入比重比其所占年末资产总额比重、年末所有者权益比重分别高出1.8个、2.2个百分点；中部地区所占营业收入比重比其所占年末资产比重高0.8个百分点，却比其所占所有者权益比重低1.2个百分点；西部地区所占营业收入比重则比其所占年末资产总额比重、年末所有者权益比重分别低2.6个、1.1个百分点。

2. 各省份文化企业产出规模的具体分布

2012年各省份文化企业营业收入的具体分布如表4所示，其具体特点有以下几方面。

第一，广东、江苏、上海、山东4个省份文化企业的营业收入远大于其他省份。2012年，我国文化企业营业收入超过5000亿元的省份有4个，包括广东、江苏、上海、山东，它们的营业收入依次为10956.11亿、7727.48亿、7251.07亿、5602.19亿元，占全国文化企业总计的比重依次为19.5%、13.7%、12.9%、10.0%。其中排在第一位的广东省，其营业收入是排在第二位江苏省的1.4倍，是各省平均值的6.0倍，是排在中位天津市的15.7倍，更是排在最末位西藏自治区的3885.1倍。

表4 各省份文化企业的产出规模

排名	省份	数额(亿元)	比重(%)	排序	省份	数额(亿元)	比重(%)
1	广东	10956.11	19.5	17	重庆	652.97	1.2
2	江苏	7727.48	13.7	18	广西	546.06	1.0
3	上海	7251.07	12.9	19	云南	403.41	0.7
4	山东	5602.19	10.0	20	陕西	387.14	0.7
5	北京	4937.36	8.8	21	内蒙古	199.89	0.4
6	浙江	4152.16	7.4	22	吉林	158.57	0.3
7	河南	1818.57	3.2	23	山西	156.78	0.3
8	福建	1669.40	3.0	24	黑龙江	139.46	0.2
9	湖南	1475.42	2.6	25	贵州	128.49	0.2
10	四川	1419.13	2.5	26	海南	95.60	0.2
11	安徽	1280.42	2.3	27	新疆	89.92	0.2
12	辽宁	1222.38	2.2	28	宁夏	42.58	0.08
13	江西	1032.56	1.8	29	甘肃	40.89	0.07
14	湖北	1021.76	1.8	30	青海	33.21	0.06
15	河北	919.21	1.6	31	西藏	2.82	0.01
16	天津	698.54	1.2				

第二，宁夏、甘肃、青海、西藏4个省份文化企业的营业收入明显很小。2012年有4个省份文化企业的营业收入低于50亿元，包括宁夏、

甘肃、青海、西藏，它们的营业收入依次为42.58亿元、40.89亿元、33.21亿元、2.82亿元，占全国文化企业总计的比重分别只有0.08%、0.07%、0.06%、0.01%。

3. 全国文化企业产出的省域集中程度较高

以营业收入来衡量，2012年全国文化企业的营业收入大多为少数省份提供，多数省份的产出规模明显较小。

一方面，2012年我国文化企业营业收入的省域绝对集中程度较高。统计表明，当年全部31个省份文化企业营业收入的$CR2$、$CR4$、$CR6$、$CR8$、$CR10$分别达到了33.2%、56.1%、72.3%、78.4%、81.0%，即2012年营业收入最多的前2、4、6、8、10个省份分别占了全国文化企业总计的33.2%、56.1%、72.3%、78.4%、81.0%（见图7）。

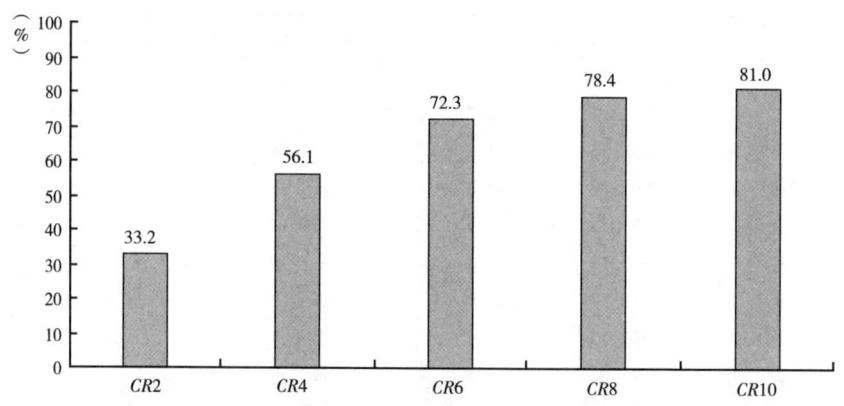

图7 2012年全国文化企业营业收入的省域集中比率

另一方面，2012年全国文化企业营业收入省际分布的相对集中程度也较高。我们测算并绘制了各省份文化企业营业收入相对分布的洛伦兹曲线，并计算了相应的基尼系数（见图8），结果显示该项洛伦兹曲线偏离对角线的程度明显较大，我国31个省份文化企业年末资产总额分布的基尼系数也高达0.67，并略高于各省份年末资产总额分布的基尼系数。

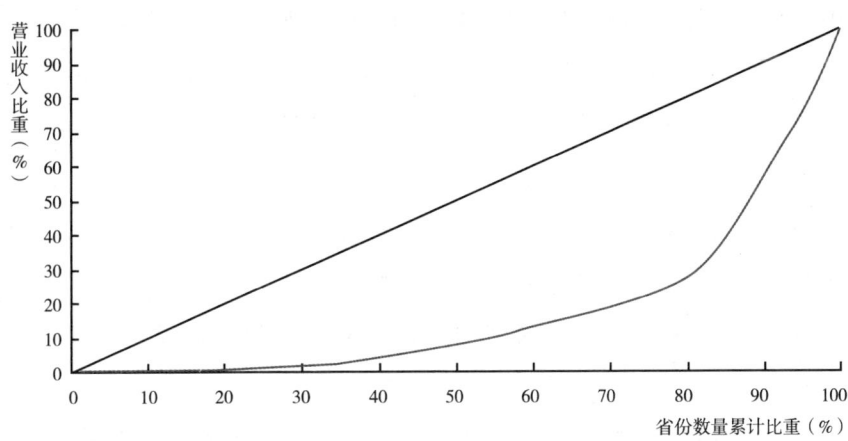

图 8 2012 年全国 31 个省份文化企业营业收入分布的洛伦兹曲线

4. 各省份文化企业户均产出规模的比较

2012 年全国文化企业户均营业收入为 15427.2 万元。从各省份的文化企业来看，它们户均营业收入之间的差异也较明显（见图 9）。具体表现在以下几方面。

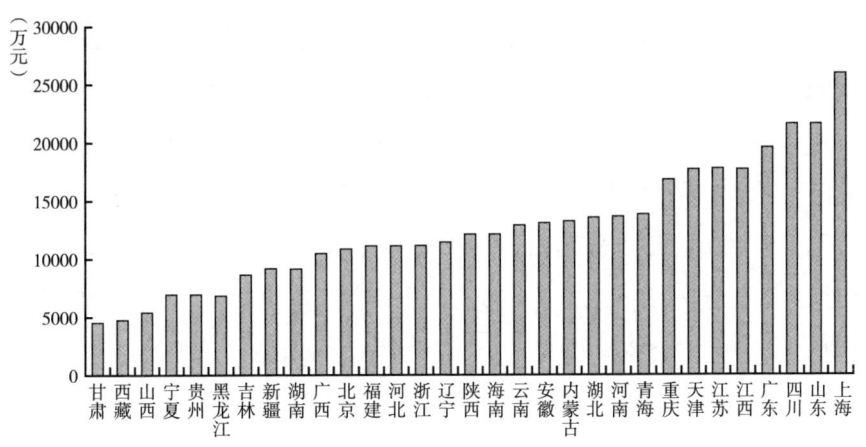

图 9 2012 年各省份文化企业户均营业收入

第一，在全国 31 个省份的文化企业中，户均营业收入高于全国平均水平的只有上海、山东、四川、广东、江西、江苏、天津、重庆 8 个省份。

其中上海、山东、四川、广东4个省份的文化企业户均营业收入明显较高，它们依次达到了25496.0万元、21464.3万元、21404.7万元、19394.8万元，分别相当于全国平均水平的2.0倍、1.7倍、1.7倍和1.6倍。

第二，在余下的文化企业户均营业收入低于全国平均水平的23个省份中，甘肃、西藏、山西、宁夏4个省份的文化企业户均营业收入明显较小，它们依次为4396.4万元、4702.1万元、5296.6万元、6759.1万元，仅分别相当于全国平均水平的35.1%、37.5%、42.3%、53.9%。

第三，各省份文化企业的户均产出规模分布的离散程度相对低于它们资产规模的分布。据统计，2012年全国31个省份中，文化企业户均营业收入最大的为25496.0万元（上海），最小的为4396.4万元（甘肃），平均值为12534.4万元，标准差为5110.8万元，标准差系数为0.41。

（二）各地区文化企业的赢利水平

1. 东中西部地区文化企业的赢利水平

据统计，2012年我国文化企业共实现利润总额3727.10亿元，取得净利润3201.85亿元。其中东部地区文化企业的利润总额、净利润分别为2928.62亿元、2490.30亿元，分别占全国文化企业总计的78.6%、77.8%；中部地区文化企业的利润总额、净利润分别为553.23亿元、497.00亿元，分别占全国文化企业总计的14.8%、15.5%；西部地区文化企业的利润总额、净利润分别为245.25亿元、214.55亿元，分别占全国文化企业总计的6.6%、6.7%（见图10）。

另外，综合各地区在全国文化企业年末资产总额、年末所有者权益、营业收入、利润总额、净利润等项指标中所占的比重来看，它们虽然各有差异，但总体上差距似乎并不显著（见图11）。

2. 各省份文化企业赢利水平的具体分布

2012年全国31个省份文化企业赢利水平如表5所示，各省份之间

专题报告二 不同地区文化企业的比较研究

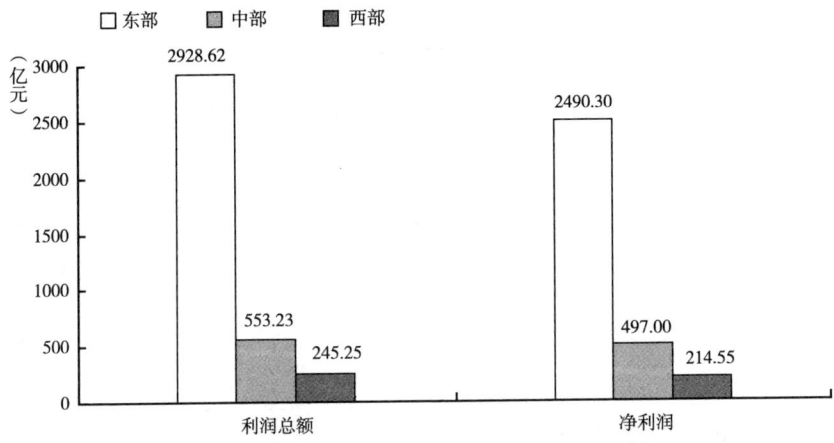

图 10　2012 年东、中、西部文化企业的利润总额和净利润

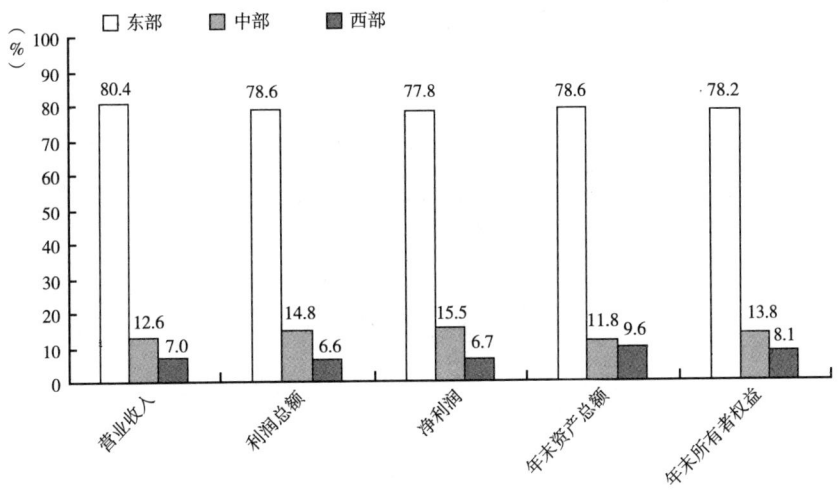

图 11　2012 年东、中、西部在全国文化企业主要经济指标中所占比重

的具体差异表现在以下几方面。

第一，广东、北京、江苏、浙江 4 个省份文化企业的赢利水平相对较高。其中，2012 年广东省文化企业共实现利润总额 636.06 亿元，取得净利润 541.42 亿元，分别占当年全国文化企业利润总额和净利润的

表5 2012年各省份文化企业利润总额与净利润

省份	利润总额 数值（亿元）	利润总额 比重（%）	净利润 数值（亿元）	净利润 比重（%）	省份	利润总额 数值（亿元）	利润总额 比重（%）	净利润 数值（亿元）	净利润 比重（%）
广 东	636.06	17.1	541.42	16.9	重 庆	43.50	1.2	38.99	1.2
北 京	511.93	13.7	429.68	13.4	云 南	35.48	1.0	29.93	0.9
江 苏	434.07	11.6	367.33	11.5	陕 西	29.20	0.8	25.22	0.8
浙 江	386.08	10.4	344.99	10.8	天 津	26.94	0.7	19.94	0.6
上 海	354.58	9.5	286.90	9.0	吉 林	20.22	0.5	19.35	0.6
山 东	315.73	8.5	268.86	8.4	内蒙古	9.95	0.3	9.37	0.3
河 南	153.12	4.1	132.76	4.1	贵 州	9.56	0.3	8.32	0.3
湖 南	112.13	3.0	100.87	3.2	海 南	7.30	0.2	5.72	0.2
福 建	111.25	3.0	98.54	3.1	山 西	5.82	0.2	4.93	0.2
安 徽	96.76	2.6	88.19	2.8	黑龙江	5.75	0.2	4.86	0.2
江 西	89.61	2.4	83.09	2.6	新 疆	4.23	0.1	3.28	0.1
辽 宁	73.67	2.0	64.08	2.0	青 海	1.78	0.05	1.73	0.1
河 北	71.00	1.9	62.96	2.0	甘 肃	0.95	0.03	0.84	0.03
湖 北	69.83	1.9	62.83	2.0	西 藏	0.32	0.01	0.28	0.01
四 川	67.39	1.8	57.57	1.8	宁 夏	-3.72	-0.1	-4.04	-0.1
广 西	46.61	1.3	43.07	1.3					

17.1%和16.9%，位居全国第一。除广东外，2012年利润总额和净利润在全国文化企业中所占比重超过10%的还有北京、江苏、浙江3个省份，它们当年实现利润总额分别为511.93亿元、434.07亿元、386.08亿元，分别占全国的13.7%、11.6%、10.4%；同时，它们分别取得净利润429.68亿元、367.33亿元、344.99亿元，分别占全国的13.4%、11.5%和10.8%。

第二，青海、甘肃、西藏3个省份文化企业的赢利水平很低。2012年青海、甘肃、西藏3个省份文化企业的利润总额分别只有1.78亿元、0.95亿元、0.32亿元，分别仅占全国的0.05%、0.03%、0.01%，合计也不足0.1%。此外，利润总额相对较低的省份还有海南、山西、黑龙江、新疆等，它们当年实现利润总额依次为7.30亿元、5.82亿元、5.75

亿元、4.23亿元，占全国的比重依次为0.2%、0.2%、0.2%和0.1%。

第三，宁夏回族自治区文化企业总体亏损。2012年全国只有宁夏1个省份的文化企业利润总额为负，亏损3.72亿元。

3. 各省份文化企业赢利水平的相对分布

2012年各省份文化企业赢利水平的相对差距很大，主要表现在以下两个方面。

第一，少数省份实现的利润总额占了全国大多数。计算显示，2012年以各省份利润总额衡量的 $CR2$、$CR4$、$CR6$、$CR10$ 依次达到了30.8%、52.8%、70.8%、83.5%，以各省份净利润衡量的这4个指标值也依次为30.3%、52.6%、69.9%、83.1%。也就是说，文化企业利润总额最大的前2、4、6、10个省份的利润总额合计依次占了全国总计的30.8%、52.8%、70.8%、83.5%；同时，文化企业净利润最大的前2、4、6、10个省份的净利润合计依次占了全国总计的30.3%、52.6%、69.9%、83.1%（见图12）。

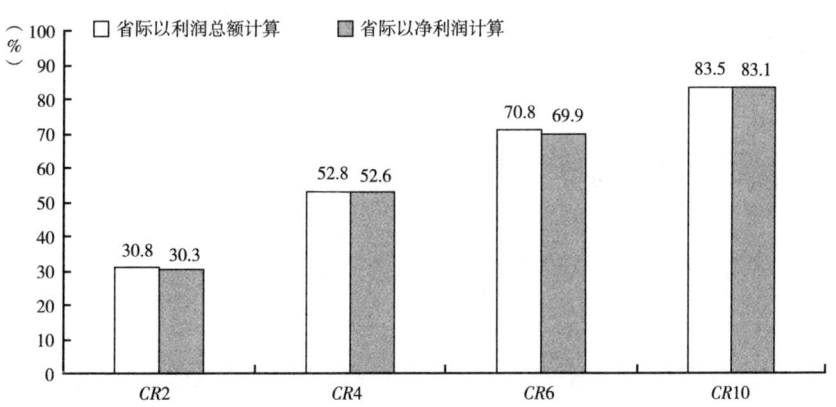

图12　2012年全国文化企业利润总额和净利润的省域集中比率

第二，各省份赢利水平高低差异悬殊。为了从总体上观察各省份文化企业利润总额和净利润分布的相对差别程度，我们分别绘制了利润总额和净利润省际分布的洛伦兹曲线（见图13），并计算了基尼系数。结果表明：反映31个省份文化企业利润总额和净利润总额省际相对分布的洛伦兹曲线偏离对角线的程度都较大，利润总额和净利润省际分布的基尼系数都高达0.66。

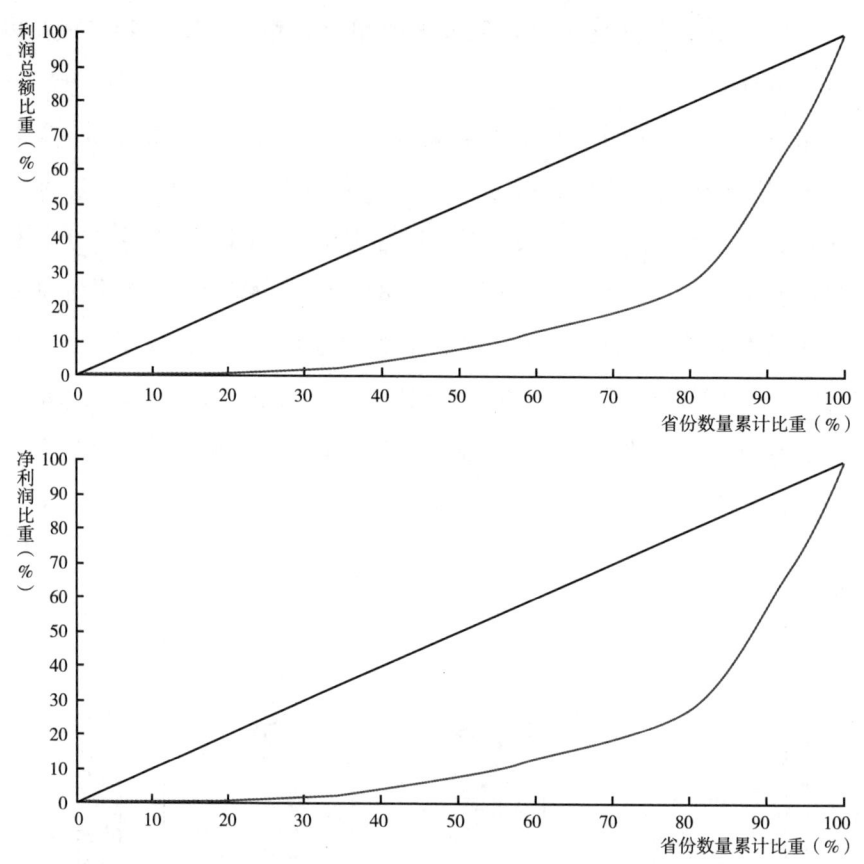

图13 2012年各省份文化企业利润总额和净利润分布的洛伦兹曲线

4. 户均赢利水平的省际比较

如图14所示，江西省是文化企业户均利润总额和户均净利润最高的省份，其2012年文化企业户均利润总额、户均净利润分别为1539.7万元、1427.6万元，分别是户均赢利最少的甘肃省户均利润总额、户均净利润的 15.0 倍和 15.8 倍。

宁夏回族自治区 2012 年户均利润总额、户均净利润分别为 -599.9 万元、-641.8 万元。除宁夏外，户均赢利水平最小（利润总额低于 500 万元）的 4 个省份还包括甘肃、山西、黑龙江、新疆，它们的户均利润总额依次为 102.4 万元、196.7 万元、279.1 万元、423.3 万元，户均净利润分别为 90.5 万元、166.5 万元、236.1 万元、327.9 万元。

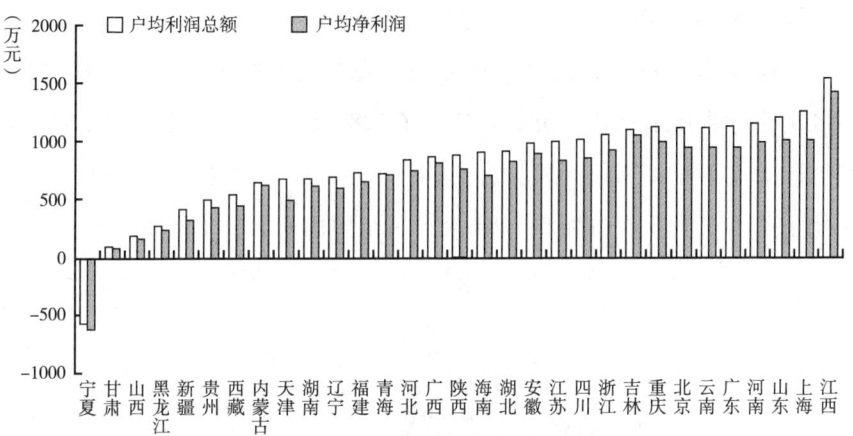

图 14　2012 年各省份文化企业户均赢利水平

另据计算，2012 年全国文化企业户均利润总额的平均值为 802.4 万元，标准差约为 409.2 万元，标准差系数约为 0.51；户均净利润的平均值为 696.2 万元，标准差约为 377.2 万元，标准差系数约为 0.54。换而言之，无论以上述何种指标衡量，全国 31 个省份文化企业户均赢利分布的离散程度相对大于它们户均营业收入的分布。

三　各地区文化企业的就业与生产率

2012 年，在全国文化企业中，东部地区继续保持吸纳就业、人均工资、人均赢利水平方面的优势，中部地区吸纳就业和人均赢利水平继续位居第二，但人均工资则在三大地区中居于最低水平。在省级层面上，广东、江苏、浙江3个省份的文化企业吸纳就业最多，上海、山东、天津、北京等省份的人均产出和人均创利相对较大。另外与前述资产、产出、赢利等项指标的省际差别相较而言，就业水平以及人均产出、人均工资指标的省际差别程度显得相对较小。

（一）各地区文化企业的就业规模

1. 东中西部地区文化企业的就业规模

2012年末，我国文化企业从业人员总数为6994335万人。其中东部地区文化企业年末从业人员数量达到了5288319人，占全国的75.6%；中部地区文化企业年末从业人员为1124532人，占全国的16.1%；西部地区文化企业年末从业人员为581484人，占全国的8.3%（见图15）。

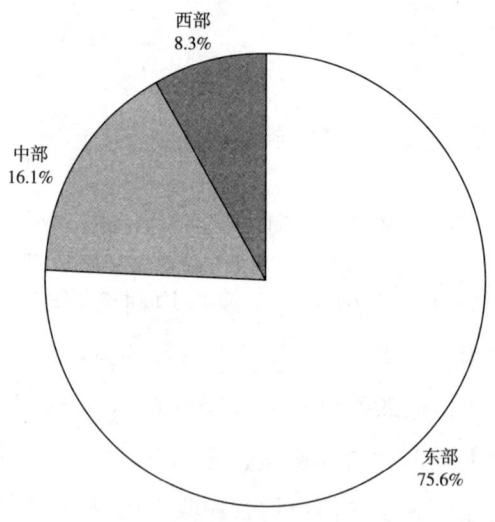

图15　2012年各地区在全国文化企业年末从业人员数量中所占比重

2. 各省份文化企业从业人员数量的具体分布

2012年末各省份文化企业从业人员数量如表6所示。其中较为突出的现象有以下两方面。

表6 2012年各省份文化企业年末从业人员数量及占全国总计的比重

省份	数量(人)	比重(%)	省份	数量(人)	比重(%)	省份	数量(人)	比重(%)
北京	493124	7.1	山西	31346	0.4	四川	165235	2.4
天津	67223	1.0	吉林	29678	0.4	贵州	18958	0.3
河北	137451	2.0	黑龙江	27867	0.4	云南	49533	0.7
辽宁	159570	2.3	安徽	155610	2.2	西藏	718	0.01
上海	430364	6.2	江西	150277	2.1	陕西	71212	1.0
江苏	894364	12.8	河南	308812	4.4	甘肃	9845	0.14
浙江	548658	7.8	湖北	137169	2.0	青海	6777	0.10
福建	307141	4.4	湖南	283773	4.1	宁夏	9975	0.14
山东	495015	7.1	广西	134431	1.9	新疆	14346	0.2
广东	1740162	24.9	内蒙古	22363	0.3			
海南	15247	0.2	重庆	78091	1.1			

第一，广东、江苏2个省份文化企业的从业人员规模明显超过其他省份。2012年它们年末从业人员数量依次达到了1740162人、894364人，并依次占全国文化企业总计的24.9%、12.8%。此外，占全国文化企业年末从业人员数量的比重超过5%的其他省份还包括浙江、山东、北京、上海，它们年末从业人员数量分别为548658人、495015人、493124人、430364人，所占比重也分别达到了7.8%、7.1%、7.1%、6.2%。

第二，西藏、青海、甘肃、宁夏4个省份文化企业的从业人员规模较小。2012年它们年末从业人员总数分别只有718人、6777人、9845人、9975人，仅分别相当于全国文化企业总计的0.01%、0.10%、0.14%、0.14%。

3. 各省份文化企业就业的相对分布

一方面，各省份文化企业年末从业人员数量分布的省域绝对集中程度较高。据统计，2012年各省份文化企业年末从业人员分布的 CR2、CR4、CR6、CR10 依次达到了37.7%、52.6%、65.8%、81.0%（见图16）。也就是说，2012年末文化企业从业人员最多的广东、江苏共吸纳了全国37.7%的从业人员，而广东、江苏、浙江、山东4个省份合计则吸纳了全国52.6%的文化企业从业人员。

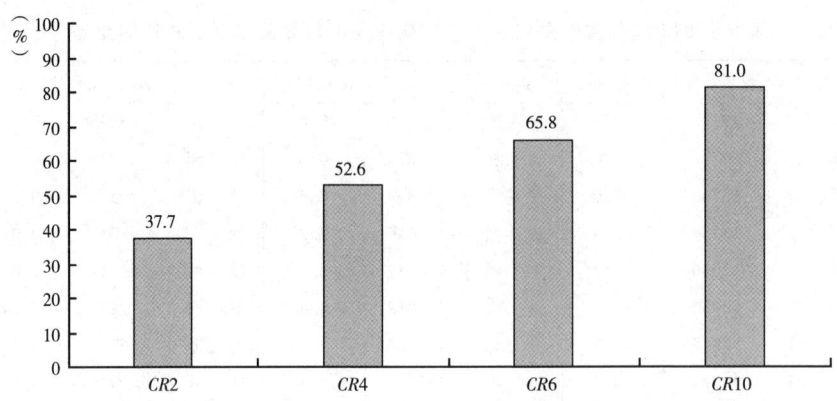

图 16　2012 年全国文化企业年末从业人员的省域集中比率

另一方面，各省份文化企业从业人员数量分布的差别很大。我们绘制了从业人员省际分布洛仑兹曲线（见图17），并计算了基尼系数。结果显示，洛仑兹曲线偏离均值线的程度较大，基尼系数约为0.64。

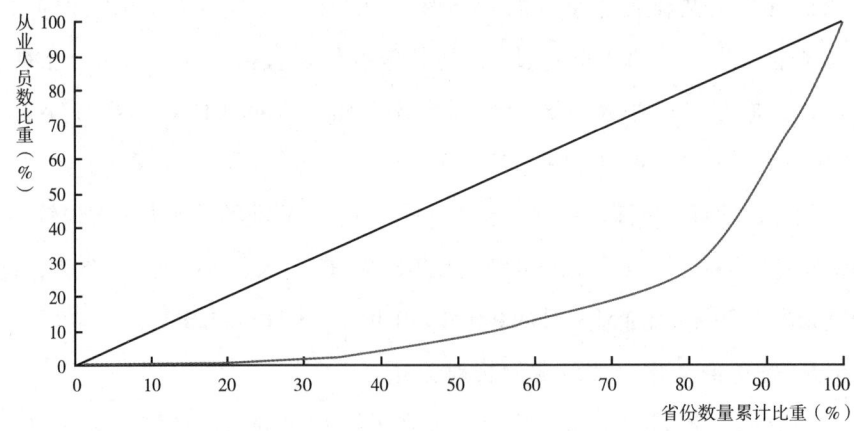

图 17　2012 年文化企业从业人员省际分布

4. 户均年末从业人员数量的省际比较

总体来看，2012年全国31个省份文化企业年末从业人员数量的省际差异相对小于前述户均资产、户均产出和户均赢利等指标（见

图18)。据计算,2012年末各省文化企业户均从业人员最大值为308人(广东),最小值为100人(贵州),算术平均值为178人,标准差为52人,标准差系数为0.29,离散程度无疑相对较小。

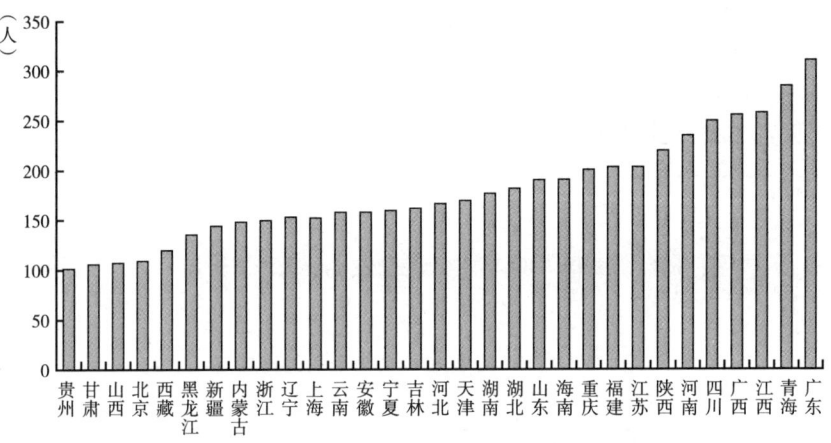

图18 2012年各省份文化企业户均年末从业人员数量

(二) 各地区文化企业的工资水平

1. 东中西部地区文化企业的工资水平

2012年文化企业全国人均工资①为5.82万元。其中,东部地区人均工资最高,达6.27万元;其次是西部地区,为5.74万元;而中部地区文化企业人均工资在三个地区中最低,为3.73万元,仅相当于东部地区的59.5%(见图19)。

2. 各省份文化企业工资水平的比较

2012年各省份文化企业人均工资如表7所示。比较而言,它们之间的差别大致包括以下几方面。

---

① 由数据可得性所致,本文所指的人均工资的计算公式是企业应付职工薪酬/年末从业人员数量。

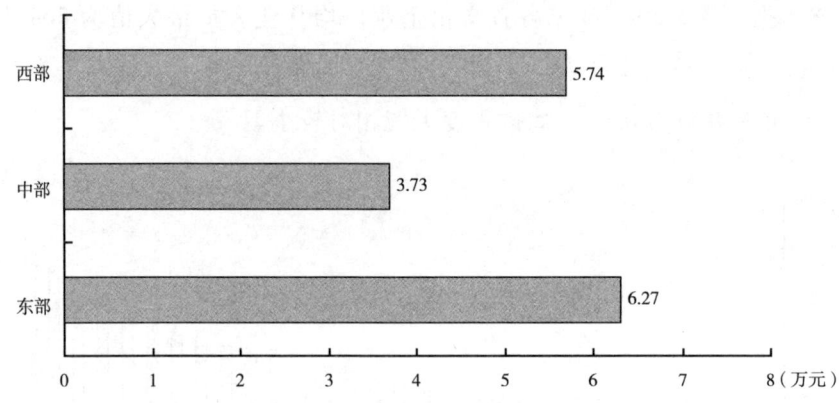

图19　2012年各地区文化企业人均工资

表7　2012年各省份文化企业人均工资

单位：万元

排名	省份	人均工资	排名	省份	人均工资	排名	省份	人均工资
1	北 京	12.42	12	宁 夏	5.68	23	河 北	4.07
2	上 海	10.93	13	江 苏	5.64	24	西 藏	3.80
3	贵 州	7.23	14	湖 北	5.63	25	广 西	3.74
4	四 川	7.02	15	海 南	5.47	26	湖 南	3.61
5	重 庆	6.41	16	甘 肃	5.23	27	江 西	3.31
6	辽 宁	6.20	17	吉 林	4.90	28	山 西	3.26
7	新 疆	6.11	18	广 东	4.87	29	黑龙江	3.18
8	云 南	6.05	19	内蒙古	4.86	30	河 南	2.91
9	浙 江	5.94	20	福 建	4.48	31	青 海	2.83
10	陕 西	5.74	21	山 东	4.37			
11	天 津	5.69	22	安 徽	4.31			

第一，北京、上海、贵州、四川4个省份文化企业的人均工资明显较高。在全国各省份中，文化企业人均工资最高的是北京，达12.42万元；其次是上海，为10.93万元；贵州和四川分别位居第3名和第4名，分别为7.23万元和7.02万元。这4个省份文化企业的人均工资分别相当于全国文化企业平均水平的2.13倍、1.88倍、1.24倍、1.21倍。

第二，青海和河南2个省份的文化企业人均工资最低，均不足3万元，分别只有2.83万元和2.91万元，仅分别相当于全国文化企业平均水平的50.0%和48.6%。

第三，各省份文化企业人均工资分布的离散程度并不低。据计算，当年全国31个省份中文化企业人均工资最高的为12.42万元，最低的仅为2.83万元，算术平均值为5.35万元，标准差为2.05万元，标准差系数为0.38。

（三）各地区文化企业的劳动生产率

严格说来，劳动生产率应由人均增加值反映。不过由数据可得性所致，本部分对企业劳动生产率的分析只能选取人均营业收入和人均利润总额指标，以近似地反映全国文化企业的劳动产出水平。

1. 东中西部地区文化企业的劳动生产率

2012年各地区文化企业的人均营业收入和人均利润总额如图20所示。其中，东部地区文化企业的人均营业收入、人均利润总额分别达到了85.5万元、5.5万元，比全国平均水平分别高出6.4%、4.5%。

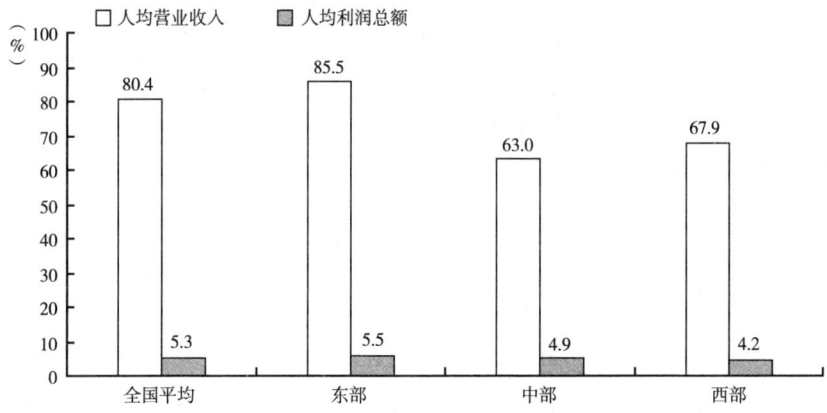

图20　2012年各地区文化企业人均营业收入和人均利润总额

与此同时，中部和西部地区的相应指标均低于全国平均水平。其中，中部地区文化企业的人均营业收入、人均利润总额分别比全国平均水平低21.7%、7.2%；西部地区文化企业的人均营业收入、人均利润总额则分别比全国平均水平低15.6%、20.4%。

若与东部地区文化企业的相应指标比较，则2012年中部、西部地区人均营业收入分别相当于东部地区的73.6%、88.8%，它们的人均利润总额也只分别相当于东部地区的79.4%、76.2%。

2. 各省份文化企业的人均营业收入比较

2012年各省份文化企业人均营业收入的差别主要表现在以下几方面（见表8）。

表8 2012年各省份文化企业人均营业收入

单位：万元

序号	省份	人均营业收入	序号	省份	人均营业收入	序号	省份	人均营业收入
1	上海	168.49	12	浙江	75.68	23	吉林	53.43
2	山东	113.17	13	湖北	74.49	24	湖南	51.99
3	天津	103.91	14	江西	68.71	25	黑龙江	50.05
4	北京	100.12	15	贵州	67.78	26	山西	50.02
5	内蒙古	89.39	16	河北	66.88	27	青海	49.00
6	江苏	86.40	17	广东	62.96	28	宁夏	42.69
7	四川	85.89	18	海南	62.70	29	甘肃	41.53
8	重庆	83.62	19	新疆	62.68	30	广西	40.62
9	安徽	82.28	20	河南	58.89	31	西藏	39.29
10	云南	81.44	21	陕西	54.37			
11	辽宁	76.60	22	福建	54.35			

第一，上海、山东、天津、北京4个省份文化企业的人均营业收入明显较高。据统计，2012年它们人均营业收入都超过了100万元，依次为168.49万元、113.17万元、103.91万元、100.12万元，分别比当年全国文化企业平均水平高109.5%、40.7%、29.2%、24.5%。另外，包括上述4个省份在内，2012年共有10个省份的人均营业收入超过全国文化企业平均水平。其中余下6个省份分别是内蒙古、江苏、四川、重庆、安

徽、云南，它们的人均营业收入依次为89.39万、86.40万、85.89万、83.62万、82.28万、81.44万元，分别比全国平均水平高出11.1%、7.4%、6.8%、3.9%、2.3%、1.2%。

第二，人均营业收入低于全国文化企业平均水平的省份有21个。其中，排名后5位的青海、宁夏、甘肃、广西、西藏文化企业的人均营业收入都不足50万元，依次只有49.00万、42.69万、41.53万、40.62万、39.29万元，仅分别相当于全国文化企业平均值的60.9%、53.1%、51.6%、50.5%、48.8%。

另外，各省份人均营业收入分布的离散程度显得相对较小。计算表明，2012年各省份文化企业人均营业收入的算术平均值为70.95万元，标准差为26.05万元，标准差系数仅为0.32，离散程度明显小于各省份文化企业户均营业收入的分布。

3. 各省份文化企业人均赢利水平的比较

2012年各省份文化企业的人均利润总额如表9所示。其中，具体差别主要有以下几方面。

第一，2012年全国文化企业人均利润总额为5.33万元，在全国31个省份的文化企业中，超过这一全国平均水平的只有9个省份。其中，北京、上海的文化企业人均利润总额分别达到了10.38万、8.24万元，分别比全国平均值高出94.8%、54.6%。此外，文化企业人均利润总额超过全国平均值的还有云南、浙江、吉林、山东、安徽、江西、重庆7个省份，它们的人均利润总额依次为7.16万、7.04万、6.81万、6.38万、6.22万、5.96万、5.57万元，分别比全国平均值高出34.4%、32.0%、27.8%、19.7%、16.7%、11.9%、4.5%。

第二，在22个文化企业人均利润总额低于全国平均水平的省份中，宁夏人均利润总额最低，仅为-3.73万元。此外甘肃、山西、黑龙江、青海4个省份文化企业的人均利润总额不足全国平均水平的一半，依次为0.97万、1.86万、2.06万、2.62万元，分别相当于全国平均水平的

18.2%、34.9%、38.7%、49.2%。

相对于人均营业收入的省际分布而言，2012 年各省份文化企业人均利润总额分布的离散程度明显较大。据统计，当年 31 个省份文化企业人均利润总额的算术平均值为 4.54 万元，标准差为 2.42 万元，标准差系数达 0.5322。

表9　2012 年各省份文化企业人均利润总额

单位：万元

序号	省份	人均利润总额	序号	省份	人均利润总额	序号	省份	人均利润总额
1	北京	10.38	12	贵州	5.04	23	广东	3.66
2	上海	8.24	13	河南	4.96	24	福建	3.62
3	云南	7.16	14	江苏	4.85	25	广西	3.47
4	浙江	7.04	15	海南	4.79	26	新疆	2.95
5	吉林	6.81	16	辽宁	4.62	27	青海	2.62
6	山东	6.38	17	内蒙古	4.45	28	黑龙江	2.06
7	安徽	6.22	18	西藏	4.44	29	山西	1.86
8	江西	5.96	19	陕西	4.10	30	甘肃	0.97
9	重庆	5.57	20	四川	4.08	31	宁夏	-3.73
10	河北	5.17	21	天津	4.01			
11	湖北	5.09	22	湖南	3.95			

4. 各省份人均工资与人均产出、人均赢利之间并无显著关联

在各省份文化企业人均工资与人均营业收入的分布方面，彼此似乎不存在明显关联，其相关系数约为 0.42（见图 21）。进一步分析还显示：在人均工资最高的 10 个省份中，只有 5 个省份同时进入了人均营业收入前 10 名，另有 5 个省份的人均营业收入排位在第 11～21 名；在人均工资最低的 10 个省份中，分别有 1 个和 3 个省份进入了人均营业收入前 10 位，另有 6 个省份人均营业收入排位在第 24～31 名；在人均工资水平居中的 11 个省份中，有 4 个省份进入了人均营业收入前 10 名，还有 4 个省份人均营业收入排名在最后 10 位。

另外，各省份文化企业人均工资与人均利润总额的关联显示，其相

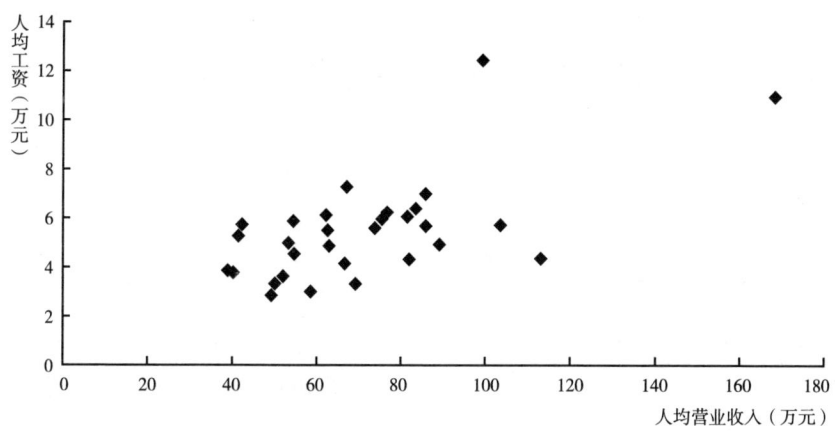

图 21　2012 年各省份文化企业人均工资与人均营业收入的分布

关系数只有 0.23（见图 22）。其中，在人均工资最高的 10 个省份中，只有 5 个省份进入了人均利润总额前 10 名，余下 5 个省份的人均利润总额排名则在第 12~26 位；在人均工资最低的 10 个省份中，有 3 个省份进入了人均利润总额前 10 名，只有 5 个省份的人均利润总额排名在最后 10 位；在人均工资水平居中的 11 个省份中，有 2 个省份进入了人均利润总额前 10 名，有 4 个省份的人均利润总额排名在最后 10 位。

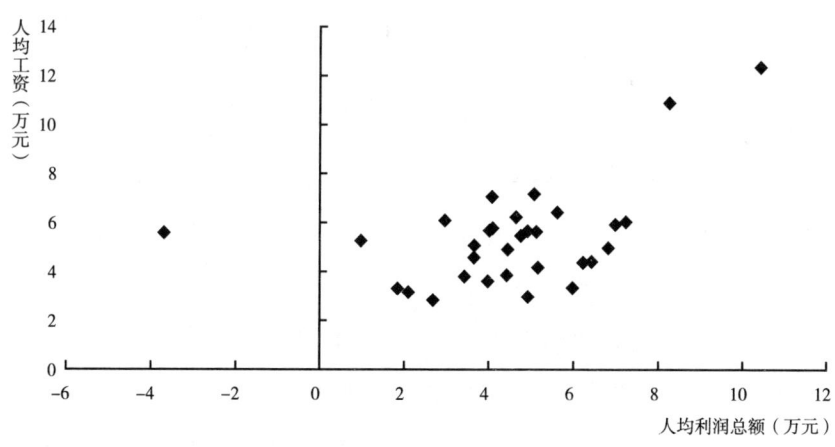

图 22　2012 年各省份文化企业人均工资与人均利润总额的分布

四 各地区文化企业的盈利性

2012年,我国文化企业主要利润率指标的地区间分布均以中部地区占优,这与前述资产、产出和赢利规模的分布情形似有明显不同。从省际比较来看,利润率水平较高的省份是江西、湖南、吉林、广西等,而在总量指标中一直排名居前的省份则少有出现在利润率排名前10位的。另一方面,中部地区文化企业的亏损面和亏损程度都较小,而东部地区亏损状况甚于中部和西部地区;同时,各省份之间的亏损状况在总体上并未有显著的差异。

(一) 各地区文化企业的利润率水平

1. 东中西部地区文化企业的利润率水平比较

从地区比较来看,2012年我国中部地区文化企业的利润率相对较高(见图23)。2012年,我国文化企业的平均总资产报酬率、净资产收益率、营业利润率、成本费用利润率分别为8.3%、14.0%、6.2%、7.0%。与此同时,中部地区的以上四个利润率指标分别高达10.3%、15.8%、7.7%、8.5%,比相应指标的全国平均水平分别高出2个、1.8个、1.5个、1.5个个百分点;东部地区的以上四个利润率指标与各自的全国平均水平十分接近,分别为8.3%、14.0%、6.1%、6.9%;而西部地区的以上四个利润率分别只有6.1%、11.7%、5.9%、6.5%,比相应指标的全国平均水平分别低2.2个、2.3个、0.3个、0.5个百分点。

2. 各省份文化企业的主要利润率指标比较

总体而言,在全国31个省份文化企业中,2012年江西、湖南、吉林、广西、河北、浙江6个省份的利润率水平相对较高,它们的各项主要利润率指标都进入了全国前10位(见表10)。

专题报告二 不同地区文化企业的比较研究

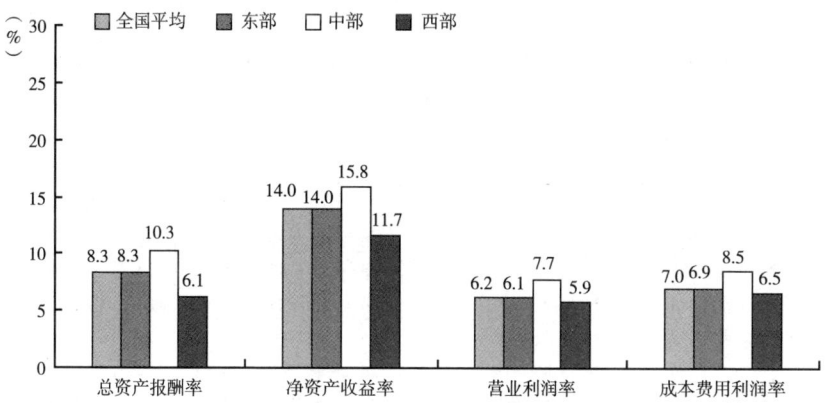

图 23　2012 年各地区文化企业主要利润率指标

表 10　2012 年各省份文化企业的主要利润率指标

单位：%

总资产报酬率			净资产收益率			营业利润率			成本费用利润率		
排名	省份	数值	排名	省份	数值	排名	省份	数值	排名	省份	数值
1	江西	16.6	1	江西	25.3	1	西藏	10.7	1	吉林	13.6
2	湖南	12.3	2	广西	20.3	2	云南	9.6	2	西藏	12.7
3	吉林	12.0	3	安徽	19.3	3	江西	8.9	3	北京	11.2
4	福建	11.3	4	福建	18.6	4	广西	8.7	4	浙江	10.1
5	广西	11.1	5	吉林	18.3	5	北京	8.7	5	江西	9.7
6	安徽	10.7	6	浙江	18.2	6	浙江	8.5	6	云南	9.6
7	河北	10.3	7	湖南	17.9	7	河南	8.1	7	广西	9.3
8	浙江	9.8	8	河北	16.4	8	湖南	7.9	8	河南	9.2
9	山东	9.7	9	山东	16.4	9	河北	7.8	9	湖南	8.4
10	河南	9.7	10	广东	16.0	10	吉林	7.8	10	河北	8.4
11	北京	8.8	11	青海	14.9	11	海南	7.6	11	安徽	8.1
12	广东	8.7	12	内蒙古	14.1	12	安徽	7.4	12	海南	8.0
13	西藏	8.3	13	北京	13.9	13	福建	7.1	13	陕西	8.0
14	辽宁	7.9	14	辽宁	13.9	14	湖北	6.7	14	贵州	7.9
15	江苏	7.3	15	重庆	13.5	15	贵州	6.5	15	湖北	7.2
16	湖北	7.0	16	云南	13.3	16	陕西	6.5	16	福建	7.1
17	云南	6.8	17	湖北	12.9	17	重庆	6.3	17	重庆	7.0
18	重庆	6.7	18	西藏	12.7	18	内蒙古	5.9	18	辽宁	6.3

续表

总资产报酬率			净资产收益率			营业利润率			成本费用利润率		
排名	省份	数值	排名	省份	数值	排名	省份	数值	排名	省份	数值
19	青海	6.6	19	河南	12.4	19	广东	5.7	19	广东	6.1
20	天津	6.0	20	江苏	12.0	20	辽宁	5.6	20	山东	6.0
21	上海	6.0	21	四川	11.0	21	江苏	5.5	21	江苏	5.9
22	四川	5.9	22	贵州	10.6	22	山东	5.5	22	青海	5.8
23	新疆	5.5	23	上海	9.7	23	天津	5.2	23	上海	5.1
24	贵州	5.5	24	新疆	8.9	24	青海	5.0	24	四川	5.0
25	内蒙古	5.1	25	天津	8.5	25	四川	4.3	25	内蒙古	5.0
26	黑龙江	4.8	26	陕西	7.7	26	上海	4.1	26	新疆	4.8
27	陕西	4.3	27	黑龙江	7.6	27	黑龙江	4.1	27	黑龙江	4.3
28	山西	4.2	28	山西	7.5	28	山西	3.5	28	天津	4.0
29	海南	3.1	29	海南	3.1	29	新疆	3.4	29	山西	3.8
30	甘肃	1.7	30	甘肃	2.4	30	甘肃	2.0	30	甘肃	2.4
31	宁夏	0.5	31	宁夏	-12.8	31	宁夏	-11.3	31	宁夏	-7.8

其中，在文化企业总资产报酬率方面，2012年在全国排名前10位的省份依次是江西、湖南、吉林、福建、广西、安徽、河北、浙江、山东、河南，它们的总资产报酬率依次为16.6%、12.3%、12.0%、11.3%、11.1%、10.7%、10.3%、9.8%、9.7%、9.7%，分别比全国平均水平高出8.3个、4.0个、3.7个、3.0个、2.8个、2.4个、2.0个、1.5个、1.4个百分点。此外，总资产报酬率高于全国平均水平的还有北京、广东、西藏3个省份，它们的总资产报酬率依次是8.8%、8.7%、8.3%。

在文化企业净资产收益率方面，2012年在全国排名前10位的省份依次是江西、广西、安徽、福建、吉林、浙江、湖南、河北、山东、广东，它们的资产收益率依次为25.3%、20.3%、19.3%、18.6%、18.3%、18.2%、17.9%、16.4%、16.4%、16.0%，分别比全国平均水平高出11.3个、6.3个、5.3个、4.6个、4.3个、4.2个、3.9个、2.4个、2.4个、2.0个百分点。此外，净资产收益率高于全国平均水平的还有青海、内蒙古2个省份，它们的净资产收益率分别为14.9%、14.1%。

在文化企业营业利润率方面，2012年在全国排名前10位的省份依次是西藏、云南、江西、广西、北京、浙江、河南、湖南、河北、吉林，它们的营业利润率依次为10.7%、9.6%、8.9%、8.7%、8.7%、8.5%、8.1%、7.9%、7.8%、7.8%，分别比全国平均水平高出4.5个、3.4个、2.7个、2.5个、2.5个、2.3个、1.9个、1.7个、1.6个、1.6个百分点。此外，营业利润率高于全国平均水平的还有海南、安徽、福建、湖北、贵州、陕西、重庆7个省份，它们的营业利润率分别是7.6%、7.4%、7.1%、6.7%、6.5%、6.5%、6.3%。

在文化企业成本费用利润率方面，2012年在全国排名前10位的省份依次是吉林、西藏、北京、浙江、江西、云南、广西、河南、湖南、河北，它们的成本费用率依次为13.6%、12.7%、11.2%、10.1%、9.7%、9.6%、9.3%、9.2%、8.4%、8.4%，分别比全国平均水平高出6.6个、5.7个、4.2个、3.1个、2.7个、2.6个、2.3个、2.2个、1.4个、1.4个百分点。此外，成本费用率高于全国平均水平的还有安徽、海南、陕西、贵州、湖北、福建、重庆等7个省份，它们的成本费用率依次是8.1%、8.0%、8.0%、7.9%、7.2%、7.1%、7.0%。

3. 各省份主要利润率指标分布的离散程度

进一步分析表明，2012年全国31个省份主要利润率指标分布的离散程度都达到了较高水平。其中，按离散程度相对高低排序，依次为营业利润率、净资产利润率、成本费用利润率、总资产报酬率，它们省际分布的标准差系数依次为0.63、0.54、0.54、0.44（见表11）。

表11 2012年文化企业主要利润率指标省际分布的离散程度

	总资产报酬率	净资产收益率	营业利润率	成本费用利润率
最大值（%）	16.6	25.3	10.7	13.6
最小值（%）	0.5	-12.8	-11.3	-7.8
算术平均值（%）	7.6	12.4	5.9	6.8
标准差（%）	3.3	6.7	3.7	3.7
标准差系数	0.44	0.54	0.63	0.54

4. 各省份文化企业盈利性与产出规模的关联

进一步分析表明，2012年各省份文化企业的盈利性水平与其在全国文化企业中的相对产出规模之间并不存在明显关联。其中，在各省份文化企业净资产收益率和其所占全国文化企业营业收入比重分布的方面，二者的相关系数仅为0.04（见图24）。不仅如此，在2012年净资产利润率最高的10个省份中，只有5个省份进入了营业收入的前10名，余下5个省份的营业收入排名分别为第11、13、15、18、22位；在当年净资产收益率最低的10个省份中，有1个省份在全国文化企业营业收入中排名第2，有2个省份的营业收入排名在第16、20位，余下7个省份的营业收入比重则位居全国最后10名；在净资产收益率处于中游的11个省份中，有4个省份进入了营业收入前10名，有2个省份列营业收入排名的最后2位，余下5个省份则位居营业收入排名的中游。

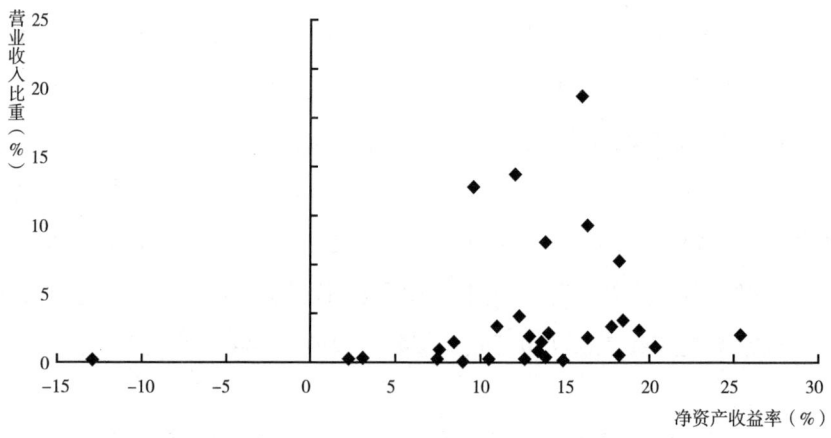

图24 2012年各省份文化企业净资产收益率和营业收入比重的分布

（二）各地区企业的亏损状况

1. 东中西部地区文化企业的亏损状况

2012年，我国文化企业中有6236户出现亏损，亏损面达17.1%；

亏损企业亏损金额为343.12亿元，相当于全国文化企业净利润合计值的10.7%。与全国平均水平相比，中部地区的亏损状况明显较好，其亏损面为10.9%，亏损企业亏损金额与净利润的比值为6.5%，分别比全国平均水平低7.2个、4.2个百分点（见表12）。

表12 东中西部地区文化企业的亏损状况

	亏损企业数量（户）	亏损面（%）	亏损企业亏损金额（亿元）	亏损金额与净利润之比（%）
东部	5071	18.3	-283.06	11.4
中部	652	10.9	-32.38	6.5
西部	513	18.0	-27.68	6.5
全国合计	6236	17.1	-343.12	10.7

另一方面，东部、西部地区文化企业的亏损状况则相对严重。其中，东部地区文化企业亏损面达18.3%，亏损企业亏损金额与净利润的比值为11.4%，分别比全国平均水平高出1.2个、0.7个百分点；西部地区文化企业亏损面为18%，比全国平均水平高0.9个百分点，但其亏损企业亏损金额与净利润之比值仅为6.5%，比全国平均水平低4.2个百分点。

2. 各省份文化企业的亏损状况

除西藏外，2012年我国有30个省份的文化企业出现了不同程度的亏损。主要表现在如下两个方面（见表13）。

表13 2012年各省份文化企业的亏损情况

	亏损企业数量（户）	亏损面（%）	亏损企业亏损金额（万元）	亏损金额/净利润（%）
北京	1101	24.1	737122.1	17.2
天津	84	21.1	66516.2	33.4
河北	106	12.7	51606.6	8.2
辽宁	223	21.1	91602.6	14.3

续表

	亏损企业数量（户）	亏损面（%）	亏损企业亏损金额（万元）	亏损金额/净利润（%）
上 海	666	23.4	523690.4	18.3
江 苏	739	16.8	464659.6	12.6
浙 江	603	16.3	271244.7	7.9
福 建	170	11.2	60883.2	6.2
山 东	296	11.3	114587.1	4.3
广 东	1055	18.7	432352.9	8.0
海 南	28	35.0	16303.6	28.5
山 西	48	16.2	13569.0	27.5
吉 林	25	13.6	7243.8	3.7
黑龙江	32	15.5	19196.0	39.5
安 徽	121	12.3	31070.4	3.5
江 西	56	9.6	17081.5	2.1
河 南	125	9.5	99001.4	7.5
湖 北	126	16.7	93158.2	14.8
湖 南	119	7.3	43462.0	4.3
广 西	105	19.9	28117.7	6.5
内蒙古	37	24.3	70404.4	75.2
重 庆	73	18.7	27460.2	7.0
四 川	91	13.7	28891.1	5.0
贵 州	33	17.4	6304.7	7.6
云 南	57	18.0	18896.6	6.3
陕 西	57	17.5	19820.5	7.9
甘 肃	14	15.1	2537.5	30.1
青 海	5	20.8	648.5	3.7
宁 夏	19	30.2	60748.0	-150.2
新 疆	22	22.0	12975.1	39.6

第一，有15个省份文化企业的亏损面高于全国文化企业的亏损面。这些省份包括海南、宁夏、内蒙古、北京、上海、新疆、天津、辽宁、青海、广西、重庆、广东、云南、陕西、贵州，它们文化企业的亏损面分别比全国水平高出17.9个、13.1个、7.2个、7.0个、6.3个、4.9个、4.0个、4.0个、3.7个、2.8个、1.6个、1.6个、0.9个、0.4

个、0.3个百分点；与此同时，江苏、湖北、浙江、山西、黑龙江、甘肃、四川、吉林、河北、安徽、山东、福建、江西、河南、湖南等15个省份文化企业的亏损相对较低，它们分别比全国水平低0.3个、0.4个、0.8个、0.9个、1.6个、2.0个、3.4个、3.5个、4.4个、4.8个、5.8个、5.9个、7.5个、7.6个、9.8个百分点。

第二，有12个省份文化企业的亏损金额相对赢利水平而言显得较高。这些省份包括内蒙古、新疆、黑龙江、天津、甘肃、海南、山西、上海、北京、湖北、辽宁、江苏，它们亏损企业亏损金额与净利润的比值依次比全国水平高出64.5个、28.9个、28.8个、22.7个、19.4个、17.8个、16.8个、7.6个、6.5个、4.1个、3.6个、1.9个百分点；与此同时，除宁夏文化企业净利润为负之外，其余河北、广东、浙江、陕西、贵州、河南、重庆、广西、云南、福建、四川、湖南、山东、青海、吉林、安徽、江西等17个省份亏损文化企业亏损金额与净利润的比值显得较低，并依次比全国水平低2.5个、2.7个、2.8个、2.8个、3.1个、3.2个、3.7个、4.2个、4.4个、4.5个、5.7个、6.4个、6.4个、7.0个、7.0个、7.2个、8.6个百分点。

五 各地区文化企业的产业结构

2012年大多数省份文化产业的大类构成和中类构成比较齐全。相对而言，"文化用品生产"大类在25个省份的营业收入中贡献最大，"工艺美术品生产"、"文化产品生产的辅助生产"2个大类次之。在中类层面上，对各省份文化企业营业收入贡献较大的包括文化用纸制造、视听设备制造、文化用家电销售和工艺美术品销售等4个中类。若以北京市文化企业的产业结构为基准，全国各省文化产业的大类和中类结构相似度都较低。另外，在文化企业营业收入较高的20个省份中，以区位商来衡量，大类产业比较优势明显的是陕西省和北京市，中类产业比较优势明显的依次是北京、重庆、辽宁、山东、陕西、天津等省份。

（一）各省份文化企业的"部分"构成

2012年我国文化企业营业收入中，"文化产品的生产"部分所占比重为38%，"文化相关产品的生产"部分所占比重为62.0%。若以此为基准，则当年全国31个省份文化企业营业收入构成的主要特点有（见图25）：

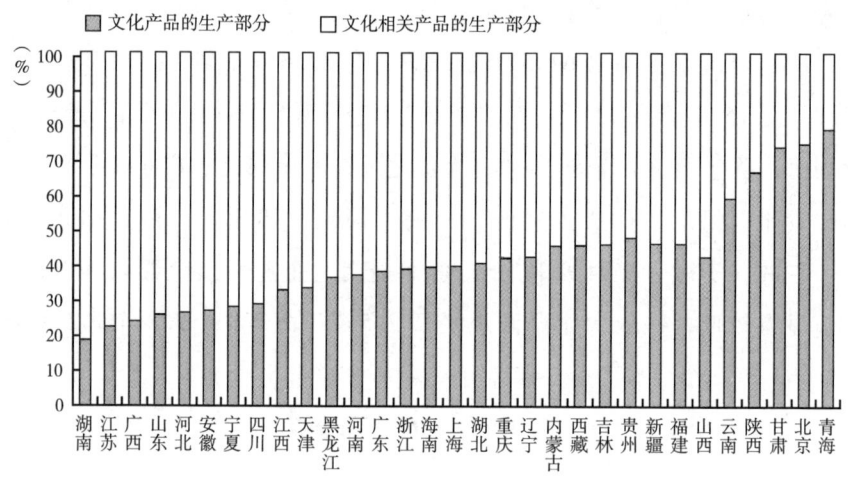

图25　2012年各省份文化企业营业收入中两大部分所占比重

1. 大多数省份"文化产品的生产"部分产出规模相对较大

据统计，在全国31个省份文化企业中，"文化产品的生产"部分营业收入相对较大的有19个省份。这些省份包括青海、北京、甘肃、陕西、云南、山西、福建、新疆、贵州、吉林、西藏、内蒙古、辽宁、重庆、湖北、上海、海南、浙江、广东，它们文化企业营业收入中"文化产品的生产"部分所占比重依次达到了79.1%、75.1%、74.6%、66.8%、59.0%、58.2%、54.3%、54.2%、47.7%、45.9%、45.7%、45.6%、42.0%、41.2%、41.1%、40.4%、39.8%、39.1%、

38.02%，并依次比全国水平高出41.1个、37.1个、36.6个、28.8个、21.0个、20.2个、16.3个、16.2个、9.7个、7.9个、7.7个、7.6个、4.0个、3.2个、3.1个、2.4个、1.8个、1.1个、0.02个百分点。

2. 少数省份"文化相关产品的生产"部分产出规模相对较大

在全国31个省份文化企业中，"文化相关产品的生产"部分营业收入相对较大的有12个省份。这些省份包括湖南、江苏、广西、山东、河北、安徽、宁夏、四川、江西、天津、黑龙江、河南，它们文化企业营业收入中"文化相关产品的生产"部分所占比重依次为81.1%、77.6%、75.8%、74.2%、73.4%、73.1%、72.0%、70.9%、67.1%、67.0%、63.8%、63.1%，并依次比全国水平高出19.1个、15.6个、13.8个、12.2个、11.4个、11.1个、10.0个、8.9个、5.1个、5.0个、1.8个、1.1个百分点。

（二）各省份文化企业的大类构成

1. 大多数省份文化企业的大类较为齐全

如图26所示，2012年全国有23个省份拥有全部10个大类的文化企业，占比74.2%；涉及9个大类的省份有3个，占全国省份总数的9.7%，它们包括吉林、黑龙江、新疆；涉及8个大类的省份也有3个，占比9.7%，它们包括海南、甘肃、宁夏；此外，青海省的文化企业涉及6个大类，西藏的文化企业则只涉及3个大类。

2. 文化用品的生产大类在25个省份文化企业营业收入中排名第一

以营业收入衡量，2012年各省份文化企业产出的大类构成主要有如下特点（见表14）。

第一，2012年"文化用品的生产"大类在25个省份各大类文化企业营业收入中所占比重最大，这些省份包括天津、河北、山西、内蒙古、辽宁、吉林、黑龙江、上海、江苏、浙江、安徽、江西、山东、河南、湖北、湖南、广东、广西、海南、重庆、四川、贵州、云南、宁

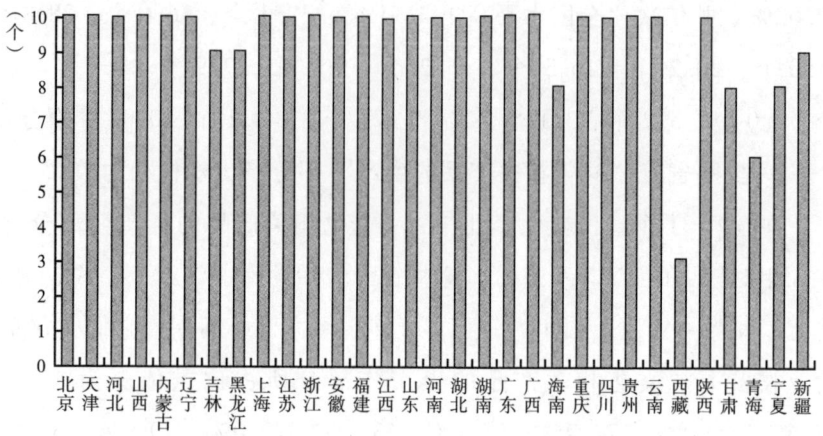

图26 2012年各省份文化企业涉及的产业大类数量

夏、新疆；同时，在北京、福建2个省份各大类文化企业的营业收入中，该大类排名第二；另外，该大类在甘肃、陕西2个省份各大类文化

表14 2012年各省份文化企业营业收入中排名前3位的大类及其占比

单位：%

省 份	比重最大的大类		比重第二的大类		比重第三的大类	
	大类	占比	大类	占比	大类	占比
北 京	五	34.6	九	14.6	四	14.1
天 津	九	47.3	七	20.2	十	13.0
河 北	九	43.7	八	22.7	七	12.0
山 西	九	31.1	一	27.8	七	22.3
内蒙古	九	45.6	七	19.4	四	17.1
辽 宁	九	39.9	五	19.0	七	15.0
吉 林	九	37.1	五	17.3	八	17.0
黑龙江	九	48.5	八	14.4	一	12.8
上 海	九	26.0	十	22.0	五	21.9
江 苏	九	61.3	十	9.1	七	8.4
浙 江	九	43.4	七	13.7	五	11.3
安 徽	九	53.8	八	16.0	七	9.0
福 建	七	45.6	九	28.7	八	11.3
江 西	九	42.2	七	21.5	八	16.9
山 东	九	61.1	七	21.2	八	9.1
河 南	九	47.1	七	23.4	八	13.8
湖 北	九	43.3	五	17.2	八	14.7

续表

省 份	比重最大的大类		比重第二的大类		比重第三的大类	
	大类	占比	大类	占比	大类	占比
湖 南	九	66.0	八	11.6	一	7.6
广 东	九	38.2	七	23.2	十	13.5
广 西	九	55.4	八	17.3	七	8.5
海 南	九	58.7	一	13.9	六	13.8
重 庆	九	47.7	五	20.5	八	10.4
四 川	九	59.5	五	16.2	八	9.5
贵 州	九	42.5	一	17.8	五	15.2
云 南	九	24.2	七	24.2	五	20.2
西 藏	八	54.3	一	40.6	五	5.1
陕 西	四	20.4	八	16.8	九	15.0
甘 肃	一	33.5	四	19.0	九	16.1
青 海	七	64.0	八	13.7	五	7.9
宁 夏	九	58.0	五	12.0	八	9.1
新 疆	九	39.5	一	24.6	五	15.8

注：表中"一"为新闻出版发行服务大类，"二"为广播电视电影服务大类，"三"为文化艺术服务大类，"四"为文化信息传输服务大类，"五"为文化创意和设计服务大类，"六"为文化休闲娱乐服务大类，"七"为工艺美术品的生产大类，"八"为文化产品生产的辅助生产大类，"九"为文化用品的生产大类，"十"为文化专用设备的生产大类。

企业营业收入中排名第三。

第二，工艺美术品的生产大类在青海、福建2个省份各大类文化企业营业收入中排名第一；同时，在浙江、云南、内蒙古、天津、广东、江西、山东、河南8个省份各大类文化企业营业收入中，该大类所占比重位居第二；另外，在山西、辽宁、江苏、河北、安徽、广西6个省份文化企业营业收入中，该大类位列各大类第三位。

第三，文化产品生产的辅助生产大类在西藏各大类文化企业营业收入中所占比重最大；同时，在黑龙江、湖南、青海、河北、安徽、广西、陕西7个省份各大类文化企业中，该大类的营业收入排名第二；另外，在吉林、湖北、重庆、四川、宁夏、江西、山东、河南、福建9个省份各大类文化企业营业收入中，该大类排名第三。

第四，文化创意和设计服务大类在北京各大类文化企业营业收入中排名第一；同时，在辽宁、吉林、湖北、重庆、四川、宁夏6个省份各大类文化企业中，该大类营业收入位居第二；另外，在贵州、新疆、西藏、上海、浙江、云南、青海7个省份各大类文化企业中，该大类排营业收入第三位。

第五，新闻出版发行服务大类在甘肃各大类文化企业营业收入中排名第一；同时，在贵州、新疆、西藏、山西、海南5个省份各大类文化企业中，该大类的营业收入排名第二；另外，在黑龙江、湖南2个省份文化企业中，该大类列各大类营业收入的第三位。

第六，文化信息传输服务大类的营业收入在陕西文化企业中居各大类之首；同时，在甘肃各大类文化企业营业收入中，该大类排名第二；另外，在内蒙古、北京2个省份文化企业营业收入中，该大类列各大类第三位。

第七，文化专用设备的生产大类的营业收入在上海、江苏2个省份文化企业中居各大类第二位；同时，在天津、广东2个省份各大类文化企业中，该大类列营业收入第三位。

3. 各省份文化企业大类产出结构的相似度不高

2012年各省份文化企业以营业收入衡量的产出结构如表15所示。

表15　2012年各省份文化企业营业收入中各大类所占比重

单位：%

省份\大类代码	一	二	三	四	五	六	七	八	九	十
北京	12.2	3.4	0.8	14.1	34.6	0.6	9.5	7.6	14.6	2.7
天津	3.8	0.3	1.2	0.8	6.4	0.4	20.2	6.7	47.3	13.0
河北	5.7	0.1	0.1	4.4	3.7	0.6	12.0	22.7	43.7	7.0
山西	27.8	0.6	0.9	1.9	3.0	1.6	22.3	10.0	31.1	0.7
内蒙古	4.9	0.7	0.3	17.1	1.4	1.8	19.4	8.1	45.6	0.8
辽宁	3.5	0.8	0.2	2.2	19.0	1.2	15.0	12.2	39.9	5.9
吉林	6.1	0.1	0.1	12.4	17.3	1.2	8.7	17.0	37.1	0.0

续表

省份\大类代码	一	二	三	四	五	六	七	八	九	十
黑龙江	12.8	2.2	0.0	3.9	6.1	1.1	10.3	14.4	48.5	0.9
上海	1.3	1.7	0.2	2.2	21.9	0.3	12.8	11.6	26.0	22.0
江苏	2.5	0.4	0.2	1.9	8.0	1.0	8.4	7.2	61.3	9.1
浙江	3.0	2.8	0.1	6.9	11.3	1.3	13.7	9.2	43.4	8.4
安徽	6.6	0.2	0.4	0.9	8.3	1.4	9.0	16.0	53.8	3.3
福建	2.6	0.5	0.1	1.1	3.6	0.8	45.6	11.3	28.7	5.7
江西	5.5	0.3	0.6	1.3	1.1	2.6	21.5	16.9	42.2	8.0
山东	1.7	0.05	0.1	0.1	2.1	0.6	21.2	9.1	61.1	4.0
河南	7.2	0.2	0.1	0.2	4.8	0.9	23.4	13.8	47.1	2.2
湖北	10.5	1.1	0.1	1.6	17.2	0.8	9.8	14.7	43.3	0.9
湖南	7.6	0.4	0.1	1.2	3.7	0.1	5.1	11.6	66.0	3.5
广东	1.8	0.5	0.1	3.3	8.6	0.5	23.2	10.3	38.2	13.5
广西	6.0	0.2	0.4	3.4	4.5	1.3	8.5	17.3	55.4	3.1
海南	13.9	0.2	2.6	0.0	5.9	13.8	3.3	1.6	58.7	0.0
重庆	8.4	0.7	0.1	3.3	20.5	0.9	7.2	10.4	47.7	0.7
四川	5.6	0.1	0.1	0.3	16.2	0.9	6.2	9.4	59.5	1.8
贵州	17.8	0.6	0.02	9.7	15.2	3.8	0.6	9.4	42.5	0.4
云南	9.6	0.4	0.9	1.4	20.2	2.4	24.2	15.9	24.2	0.9
西藏	40.6	0.0	0.0	0.0	5.1	0.0	0.0	54.2	0.0	0.0
陕西	13.9	3.1	13.4	20.4	9.8	2.7	3.5	16.8	15.0	1.4
甘肃	33.5	0.0	0.1	19.0	9.0	1.4	11.5	9.4	16.1	0.0
青海	7.0	0.0	0.0	0.0	7.9	0.2	64.0	13.7	7.2	0.0
宁夏	8.4	0.7	0.0	0.0	12.0	6.0	1.0	9.1	58.0	4.9
新疆	24.6	0.4	0.0	3.3	15.8	0.9	9.2	4.9	39.5	1.4

注：表中"一"为新闻出版发行服务大类，"二"为广播电视电影服务大类，"三"为文化艺术服务大类，"四"为文化信息传输服务大类，"五"为文化创意和设计服务大类，"六"为文化休闲娱乐服务大类，"七"为工艺美术品的生产大类，"八"为文化产品生产的辅助生产大类，"九"为文化用品的生产大类，"十"为文化专用设备的生产大类。

一般而言，不同国家或是地区之间产出结构的相似程度可以所谓的产业结构相似系数来衡量，其计算公式为：

$$S_{ij} = \frac{\sum (X_{in} X_{jn})}{\sqrt{(\sum X_{in}^2)(\sum X_{jn}^2)}}$$

其中，S_{ij}表示结构相似系数，X_{in}与X_{jn}分别表示部门n在地区i和地区j的产出或是其他指标中所占的比重。$0 \leq S_{ij} \leq 1$，当$S_{ij}=1$时，说明两个地区的产业结构完全相同；当$S_{ij}=0$时，则表明两个地区的产业结构完全不同。

我们运用结构相似系数公式，以北京市文化企业的产业结构为基准，测算每个省份与北京的产业结构相似系数（见图27）。结果显示除了少数省份之外，大多数省份文化企业的产出结构与北京之间并不存在明显的相似性，具体表现在以下方面。

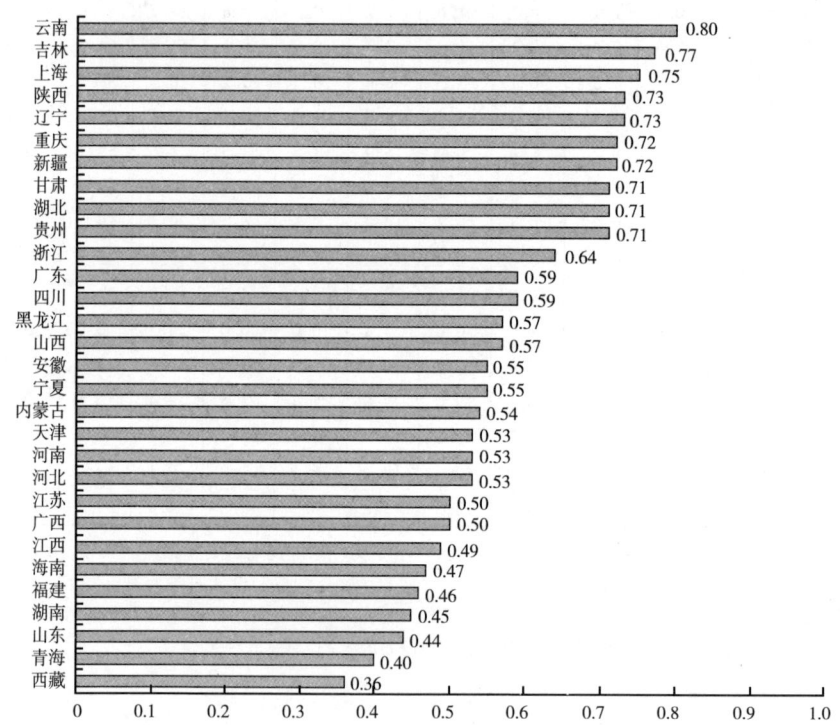

图27 2012年以大类营业收入衡量的各省份文化企业产业结构相似系数

第一，云南省相似系数最大，达到0.80，表明其与北京文化企业在产出结构方面有着较高程度的相似性。

第二，相似系数处于 0.71~0.80 的省份有 9 个，包括吉林、上海、辽宁、陕西、新疆、重庆、贵州、湖北、甘肃，它们的相似系数依次为 0.77、0.75、0.73、0.73、0.72、0.72、0.71、0.71、0.71。

第三，相似系数处于 0.61~0.70 的省份有 1 个，即浙江，其相似系数为 0.64。

第四，相似系数处于 0.51~0.60 的省份有 10 个，包括四川、广东、山西、黑龙江、宁夏、安徽、内蒙古、河北、河南、天津，它们的相似系数依次为 0.59、0.59、0.57、0.57、0.55、0.55、0.54、0.53、0.53、0.53。

第五，相似系数不超过 0.50 的省份有 9 个，包括广西、江苏、江西、海南、福建、湖南、山东、青海、西藏，它们的相似系数依次为 0.50、0.50、0.49、0.47、0.46、0.45、0.44、0.40、0.36。

4. 陕西、北京 2 个省份的大类比较优势相对显著

为进一步分析各省份在文化企业发展中的大类优势，我们尝试计算了各省份各大类产业的区位商。区位商是衡量产业比较优势的一种常用指标，其计算公式为：

$$LQ_{ij} = \frac{\dfrac{L_{ij}}{\sum_j L_{ij}}}{\dfrac{\sum_i L_{ij}}{\sum_i \sum_j L_{ij}}}$$

其中，LQ_{ij} 表示 i 地区 j 产业的区位商，L_{ij} 表示 i 地区 j 产业的产出指标。如果 $LQ_{ij} > 1$，则意味着 i 地区 j 产业相对于其他地区而言具有比较优势，通常认为 LQ_{ij} 的值越大，其比较优势越显著。这个比较优势一方面可以从产业布局角度理解，用以判断各类产业的优势区位，另一方面可以从省份内部产业结构优化角度理解，用以判断各省份的优势产业。后一种角度已经在各省份文化企业营业收入排名中得以反映，这里我们只就前一种角度加以分析，即判断各大类的优势区位。

由于本次研究中没有增加值的统计，为此我们使用营业收入作为参数，计算各省份各大类产业在本省的营业收入占比与该大类产业在全国的营业收入占比之比值，结果如表16所示。

表16 2012年各省份文化企业中各大类的区位商

省份\大类代码	一	二	三	四	五	六	七	八	九	十
北京	2.889	3.333	2.389	3.899	2.838	0.715	0.599	0.727	0.344	0.300
天津	0.889	0.322	3.514	0.213	0.525	0.537	1.276	0.645	1.112	1.430
河北	1.340	0.125	0.232	1.218	0.307	0.745	0.756	2.179	1.027	0.777
山西	6.585	0.562	2.796	0.541	0.249	1.951	1.411	0.959	0.731	0.074
内蒙古	1.150	0.731	0.774	4.753	0.112	2.180	1.229	0.773	1.073	0.085
辽宁	0.839	0.806	0.731	0.601	1.558	1.513	0.950	1.173	0.938	0.646
吉林	1.453	0.062	0.339	3.431	1.423	1.429	0.548	1.633	0.873	0.000
黑龙江	3.017	2.127	0.000	1.079	0.499	1.327	0.649	1.382	1.140	0.099
上海	0.308	1.653	0.626	0.603	1.801	0.332	0.809	1.110	0.612	2.431
江苏	0.595	0.365	0.584	0.528	0.655	1.241	0.530	0.689	1.443	1.008
浙江	0.703	2.719	0.317	1.916	0.930	1.594	0.865	0.878	1.021	0.924
安徽	1.566	0.158	1.239	0.261	0.684	1.697	0.570	1.539	1.266	0.360
福建	0.626	0.504	0.177	0.307	0.299	0.969	2.881	1.083	0.676	0.625
江西	1.311	0.275	1.710	0.369	0.094	3.170	1.357	1.619	0.994	0.879
山东	0.396	0.044	0.365	0.030	0.175	0.699	1.338	0.873	1.436	0.444
河南	1.694	0.189	0.594	0.057	0.397	1.075	1.483	1.323	1.108	0.240
湖北	2.493	1.067	0.246	0.457	1.408	0.962	0.619	1.413	1.018	0.102
湖南	1.793	0.438	0.237	0.346	0.302	0.953	0.319	1.116	1.553	0.383
广东	0.416	0.528	0.353	0.928	0.704	0.644	1.464	0.984	0.899	1.489
广西	1.417	0.177	1.116	0.940	0.369	1.605	0.535	1.654	1.304	0.342
海南	3.298	0.201	7.714	0.000	0.483	16.969	0.211	0.151	1.380	0.000
重庆	1.989	0.646	0.417	0.921	1.684	1.135	0.456	1.000	1.122	0.076
四川	1.329	0.286	0.222	0.092	1.326	0.603	0.389	0.915	1.401	0.199
贵州	4.210	0.558	0.057	2.686	1.249	4.700	0.037	0.898	1.000	0.047
云南	2.260	0.372	2.811	0.377	1.660	2.914	1.528	1.522	0.570	0.099
西藏	9.599	0.000	0.000	0.000	0.417	0.000	0.000	5.211	0.000	0.000

续表

省份\大类代码	一	二	三	四	五	六	七	八	九	十
陕西	3.299	3.022	40.177	5.649	0.805	3.361	0.220	1.612	0.352	0.159
甘肃	7.935	0.000	0.427	5.261	0.741	1.702	0.727	0.898	0.378	0.000
青海	1.648	0.000	0.000	0.000	0.647	0.249	4.049	1.313	0.170	0.000
宁夏	1.985	0.646	0.000	0.000	0.988	7.360	0.061	0.869	1.364	0.543
新疆	5.821	0.431	0.000	0.905	1.295	1.120	0.581	0.466	0.930	0.159

注：表中"一"为新闻出版发行服务大类，"二"为广播电视电影服务大类，"三"为文化艺术服务大类，"四"为文化信息传输服务大类，"五"为文化创意和设计服务大类，"六"为文化休闲娱乐服务大类，"七"为工艺美术品的生产大类，"八"为文化产品生产的辅助生产大类，"九"为文化用品的生产大类，"十"为文化专用设备的生产大类。

以上计算结果显示，各大类区位商较大的省份中有不少是产出规模很小且产业门类较少的省份，如西藏、青海、海南等，这显然不能反映这些省份相关大类的真实优势区位。为此，我们决定选择营业收入在全国占比较高的20个省份来进行大类区位商的比较。在计算时我们将这20个省份的营业收入和各省的大类营业收入分别汇总，以反映由这20个省份构成的样本中各省份的比较优势（见表17）。

表17 营业总收入排名前20位的省份文化企业产出的大类区位商

一		二		三		四		五	
省份	区位商	省份	区位商	省份	区位商	省份	区位商	省份	区位商
陕西	3.468	北京	3.310	陕西	40.412	陕西	5.783	北京	2.822
北京	3.037	陕西	3.001	天津	3.535	北京	3.992	上海	1.791
湖北	2.621	浙江	2.700	云南	2.827	浙江	1.962	重庆	1.674
云南	2.376	上海	1.641	北京	2.403	河北	1.247	云南	1.651
重庆	2.091	湖北	1.059	江西	1.720	广西	0.963	辽宁	1.550
湖南	1.885	辽宁	0.800	安徽	1.246	广东	0.950	湖北	1.400
河南	1.781	重庆	0.642	广西	1.122	重庆	0.943	四川	1.318
安徽	1.646	广东	0.524	辽宁	0.735	上海	0.618	浙江	0.924
广西	1.490	福建	0.501	上海	0.630	辽宁	0.616	陕西	0.801
河北	1.409	湖南	0.435	河南	0.598	江苏	0.540	广东	0.700
四川	1.397	云南	0.370	江苏	0.587	湖北	0.468	安徽	0.680

续表

一		二		三		四		五	
省份	区位商	省份	区位商	省份	区位商	省份	区位商	省份	区位商
江西	1.378	江苏	0.363	重庆	0.420	云南	0.386	江苏	0.652
天津	0.934	天津	0.320	山东	0.367	江西	0.377	天津	0.522
辽宁	0.883	四川	0.284	广东	0.355	湖南	0.354	河南	0.395
浙江	0.739	江西	0.274	浙江	0.319	福建	0.314	广西	0.367
福建	0.658	河南	0.187	湖北	0.247	安徽	0.267	河北	0.305
江苏	0.625	广西	0.176	湖南	0.238	天津	0.218	湖南	0.301
广东	0.437	安徽	0.157	河北	0.233	四川	0.094	福建	0.297
山东	0.416	河北	0.124	四川	0.223	河南	0.058	山东	0.174
上海	0.323	山东	0.044	福建	0.178	山东	0.030	江西	0.093

六		七		八		九		十	
省份	区位商	省份	区位商	省份	区位商	省份	区位商	省份	区位商
陕西	3.539	福建	2.870	河北	2.178	湖南	1.552	上海	2.387
江西	3.338	云南	1.523	广西	1.653	江苏	1.442	广东	1.462
云南	3.069	河南	1.477	江西	1.618	山东	1.435	天津	1.405
安徽	1.788	广东	1.459	陕西	1.611	四川	1.400	江苏	0.990
广西	1.690	江西	1.352	安徽	1.538	广西	1.303	浙江	0.908
浙江	1.679	山东	1.333	云南	1.522	安徽	1.265	江西	0.863
辽宁	1.593	天津	1.271	湖北	1.412	重庆	1.121	河北	0.763
江苏	1.306	辽宁	0.947	河南	1.322	天津	1.111	辽宁	0.634
重庆	1.195	浙江	0.862	辽宁	1.172	河南	1.107	福建	0.614
河南	1.132	上海	0.806	湖南	1.115	河北	1.027	山东	0.436
福建	1.021	河北	0.754	上海	1.109	浙江	1.020	湖南	0.376
湖北	1.013	湖北	0.616	福建	1.082	湖北	1.017	安徽	0.353
湖南	1.004	北京	0.596	重庆	1.000	江西	0.993	广西	0.336
河北	0.785	安徽	0.568	广东	0.983	辽宁	0.937	北京	0.294
北京	0.753	广西	0.533	四川	0.915	广东	0.899	河南	0.235
山东	0.736	江苏	0.528	浙江	0.878	福建	0.675	四川	0.196
广东	0.679	重庆	0.454	山东	0.873	上海	0.612	陕西	0.156
四川	0.635	四川	0.387	北京	0.727	云南	0.570	湖北	0.100
天津	0.565	湖南	0.318	江苏	0.688	陕西	0.352	云南	0.097
上海	0.350	陕西	0.219	天津	0.645	北京	0.343	重庆	0.075

注：表中"一"为新闻出版发行服务大类，"二"为广播电视电影服务大类，"三"为文化艺术服务大类，"四"为文化信息传输服务大类，"五"为文化创意和设计服务大类，"六"为文化休闲娱乐服务大类，"七"为工艺美术品的生产大类，"八"为文化产品生产的辅助生产大类，"九"为文化用品的生产大类，"十"为文化专用设备的生产大类。

第一，有4个大类的区位商最高值都在陕西省，分别是新闻出版发行服务大类、文化艺术服务大类、文化信息传输服务大类、文化休闲娱乐服务大类；有2个大类的区位商最高值在北京市，分别是广播电视电影服务大类、文化创意和设计服务大类；工艺美术品的生产、文化产品生产的辅助生产、文化用品的生产、文化专用设备4个大类的区位商最高值分别在福建、河北、湖南、上海。

第二，在20个省份中，拥有不同程度比较优势的大类数量最多的是陕西、湖北、云南3个省份，它们分别有6个大类的区位商大于1；其次是北京、河南、安徽、广西、江西5个省份，它们分别有5个大类的区位商大于1；再次是重庆、湖南、河北、天津、浙江、上海6个省份，它们分别有4个大类的区位商大于1；另外，四川、辽宁、福建3个省份分别有3个大类的区位商大于1，而江苏、广东、山东3个省份仅分别有2个大类的区位商大于1。

第三，在10个大类中，拥有不同程度比较优势的省份数量最多的是文化休闲娱乐服务大类，该大类中区位商大于1的省份有13个；其次是新闻出版发行服务大类、文化产品生产的辅助生产，文化用品的生产3个大类，这些大类中区位商大于1的省份分别有12个；再次是文化艺术服务、文化创意和设计服务、工艺美术品的生产3个大类，这些大类中区位商大于1的省份分别有7个；另外，广播电视电影服务大类中区位商大于1的省份有5个，文化信息传输服务大类中区位商大于1的省份有4个，文化专用设备的生产大类中区位商大于1的省份有3个。

（三）各省份文化企业的中类构成

1. 大多数省份文化产业的中类构成比较齐全

我国文化企业共分为50个中类。在全部31个省份中，有7个份省份拥有45个以上的中类，它们包括广东、江苏、辽宁、上海、浙江、北京、山东。其中,广东拥有除焰火、鞭炮产品的制造之外的49个中类,江苏拥有除图书馆与档案馆服务、文化研究和社团服务之外的48个中类(见图28)。

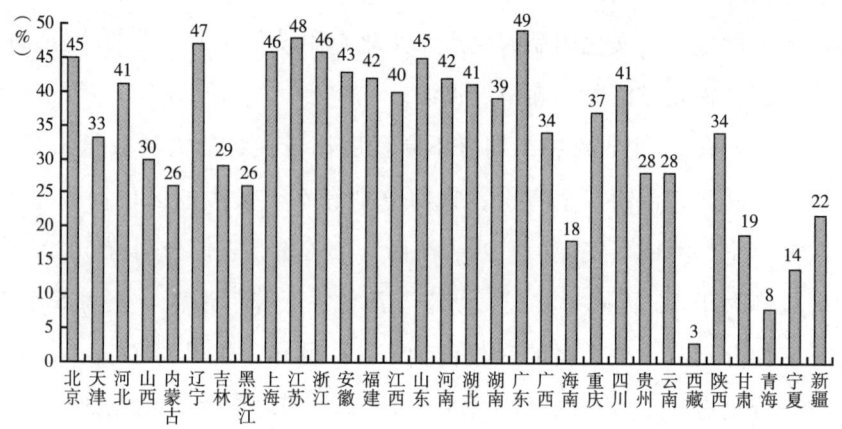

图28 2012年各省份文化企业涉及的产业中类数量

在余下的24个省份中,有6个省份拥有的中类数量在41～45个,它们包括安徽、福建、河南、河北、湖北、四川;有6个省份拥有的中类数量在31～40个,它们包括江西、湖南、天津、广西、重庆、陕西;有7个省份拥有的中类数量在21～30个,它们包括山西、内蒙古、吉林、黑龙江、贵州、云南、新疆;而海南、西藏、甘肃、青海、宁夏5个省份拥有的中类数量不足20个。

2. 各省份文化企业的中类产出结构相似度较低

我们以北京文化企业的中类产出结构为基准,测算每个省份文化企业的中类产出结构与北京的相似系数,结果显示各省与北京的相似系数都较小,它们的中类产出结构可以说差别较大(见图29)。

第一,相似系数最高的是上海,不过其相似系数也只有0.65。

第二,相似系数为0.5～0.6的有2个省份,即云南、新疆,它们的相似系数依次为0.55、0.54。

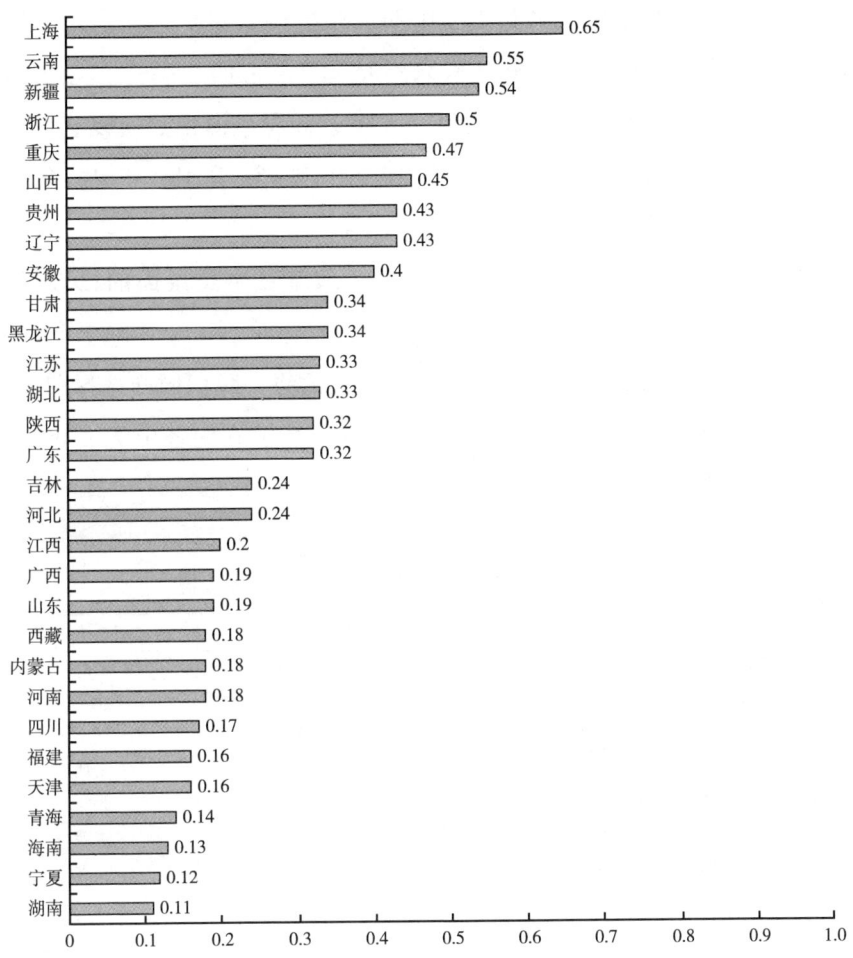

图 29　2012 年各省份文化企业的中类产出结构与北京的相似系数

第三，相似系数为 0.4~0.5 的有 5 个省份，包括浙江、重庆、山西、贵州、辽宁，它们的相似系数依次为 0.50、0.47、0.45、0.43、0.43。

第四，相似系数为 0.3~0.4 的有 7 个省份，包括安徽、甘肃、黑龙江、江苏、湖北、陕西、广东，它们的相似系数依次为 0.40、0.37、0.34、0.33、0.33、0.32、0.32。

第五，相似系数为 0.2~0.3 的有 3 个省份，包括吉林、河北、江西,它们的相似系数依次为0.24、0.24、0.20。

第六,有12个省份的相似系数不足0.2,它们包括广西、山东、西藏、内蒙古、河南、四川、福建、天津、青海、海南、宁夏、湖南,它们的相似系数依次为0.19、0.19、0.18、0.18、0.18、0.17、0.16、0.16、0.14、0.13、0.12、0.11。

3. 北京、重庆、辽宁、山东、陕西、天津在中类层面的比较优势相对显著

为了进一步观察各省份中类产业的比较优势,我们同样选择营业收入较多的前20个省份,以营业收入为参数计算了它们各中类文化企业的区位商,结果见表18。

表18 2012年各中类区位商最大的省份及最大值

序号	中类	区位商最大值	区位商最大的省份
1	新闻服务	22.79	上海
2	出版服务	3.99	北京
3	发行服务	10.56	辽宁
4	广播电视服务	5.98	陕西
5	电影和影视录音服务	3.35	北京
6	文艺创作与表演服务	73.62	陕西
7	图书馆与档案馆服务	20.80	江苏
8	文化遗产保护服务	71.57	辽宁
9	群众文化服务	3.82	广东
10	文化研究和社团服务	42.97	重庆
11	文化艺术培训服务	4.76	北京
12	其他文化艺术服务	18.22	天津
13	互联网信息服务	4.85	北京
14	增值电信服务(文化部分)	37.00	陕西
15	广播电视传输服务	14.46	浙江
16	广告服务	4.60	北京
17	文化软件服务	2.53	北京
18	建筑设计服务	4.86	重庆
19	专业设计服务	2.55	北京
20	景区游览服务	4.11	云南
21	娱乐休闲服务	2.83	江苏
22	摄影扩印服务	9.94	重庆

续表

序号	中类	区位商最大值	区位商最大的省份
23	工艺美术品的制造	1.91	江西
24	园林、陈设艺术及其他陶瓷制品的制造	19.85	辽宁
25	工艺美术品的销售	4.92	云南
26	版权服务	7.23	北京
27	印刷复制服务	2.91	河北
28	文化经纪代理服务	9.22	北京
29	文化贸易代理与拍卖服务	3.94	山东
30	文化出租服务	2.61	湖南
31	会展服务	4.41	北京
32	其他文化辅助生产	3.63	北京
33	办公用品的制造	11.65	福建
34	乐器的制造	9.68	天津
35	玩具的制造	2.20	湖南
36	游艺器材及娱乐用品的制造	2.25	广东
37	视听设备的制造	3.68	四川
38	焰火、鞭炮产品的制造	26.06	湖北
39	文化用纸的制造	3.39	安徽
40	文化用油墨颜料的制造	3.74	辽宁
41	文化用化学品的制造	6.72	重庆
42	其他文化用品的制造	2.87	重庆
43	文具乐器照相器材的销售	4.72	辽宁
44	文化用家电的销售	2.56	重庆
45	其他文化用品的销售	2.35	山东
46	印刷专用设备的制造	4.65	湖北
47	广播电视电影专用设备的制造	2.66	河北
48	其他文化专用设备的制造	3.71	天津
49	广播电视电影专用设备的批发	4.28	山东
50	舞台照明设备的批发	4.65	山东

第一，在全部50个中类中，北京在11个中类拥有最显著的比较优势，包括出版服务、电影和影视录音服务、文化艺术培训服务、互联网信息服务、广告服务、文化软件服务、专业设计服务、版权服务、文化

经纪代理服务、会展服务、其他文化辅助生产,这些中类中北京文化企业的区位商依次为 3.99、3.35、4.76、4.85、4.60、2.53、2.55、7.23、9.22、4.41、3.63。

第二,重庆文化企业在 6 个中类中的区位商最高,这些中类及重庆的区位商是:文化研究和社团服务(42.97)、建筑设计服务(4.86)、摄影扩印服务(9.94)、文化用化学品的制造(6.72)、其他文化用品的制造(2.87)、文化用家电的销售(2.56)。

第三,辽宁文化企业在 5 个中类中的区位商最高,这些中类及辽宁的区位商是:发行服务(10.56)、文化遗产保护服务(71.57)、园林、陈设艺术及其他陶瓷制品的制造(19.85)、文化用油墨颜料的制造(3.74)、文具乐器照相器材的销售(4.72)。

第四,山东文化企业在 4 个中类中的区位商最高,这些中类及山东的区位商是:文化贸易代理与拍卖服务(3.94)、其他文化用品的销售(2.35)、广播电视电影专用设备的批发(4.28)、舞台照明设备的批发(4.65)。

第五,陕西、天津各自在 3 个中类中的区位商最高。其中陕西在广播电视服务、文艺创作与表演服务、增值电信服务(文化部分)3 个中类的区位商分别达到了 5.98、73.62、37.00,而天津在其他文化艺术服务、乐器的制造、其他文化专用设备的制造 3 个中类的区位商分别达到了 18.22、9.68、3.71。

第六,广东在群众文化服务、游艺器材及娱乐用品的制造 2 个中类的区位商最高,分别为 3.82、2.25;河北在印刷复制服务、广播电视电影专用设备的制造 2 个中类的区位商最高,分别为 2.91、2.66;湖北在焰火、鞭炮产品的制造、印刷专用设备的制造 2 个中类中区位最高,分别为 26.06、4.65;湖南在文化出租服务、玩具的制造 2 个中类中区位商最高,分别为 2.61、2.20;江苏在图书馆与档案馆服务、娱乐休闲服务 2 个中类中的区位商最高,分别为 20.80、2.83;云南在景区游览服务、工艺美术品的销售2个中类中区位最高，分别为4.11、4.92。

第七，安徽、福建、江西、上海、四川、浙江的区位商依次在文化用纸的制造、办公用品的制造、工艺美术品的制造、新闻服务、视听设备的制造、广播电视传输服务等中类中排名第一，它们各自的区位商是3.39、11.65、1.91、22.79、3.68、14.46。

专题报告三　不同控股类型文化企业的比较研究

按照国家统计局的相关规定,本报告所指的不同控股类型文化企业包括如下六类。

(1) 国有控股。包括:在企业的全部实收资本中,国有经济成分的出资人拥有的实收资本(股本)所占企业全部实收资本(股本)的比例大于50%的国有绝对控股;在企业的全部实收资本中,国有经济成分的出资人拥有的实收资本(股本)所占比例虽未大于50%,但相对大于其他任何一方经济成分的出资人所占比例的国有相对控股;或者虽不大于其他经济成分,但根据协议规定拥有企业实际控制权的国有协议控股;投资双方各占50%,且未明确由谁绝对控股的企业,若其中一方为国有经济成分,一律按国有控股处理。

(2) 集体控股。包括:在企业的全部实收资本中,集体经济成分的出资人拥有的实收资本(股本)所占企业全部实收资本(股本)的比例大于50%的集体绝对控股;在企业的全部实收资本中,集体经济成分的出资人拥有的实收资本(股本)所占比例虽未大于50%,但相对大于其他任何一方经济成分的出资人所占比例的集体相对控股;或者虽不大于其他经济成分,但根据协议规定拥有企业实际控制权的集体协议控股。

(3) 私人控股。包括:在企业的全部实收资本中,私人经济成分的出资人拥有的实收资本（股本）所占企业全部实收资本（股本）的比例大于50%的私人绝对控股；在企业的全部实收资本中，私人经济成分的出资人拥有的实收资本（股本）所占比例虽未大于50%，但相对大于其他任何一方经济成分的出资人所占比例的私人相对控股；或者虽不大于其他经济成分，但根据协议规定拥有企业实际控制权的私人协议控股。

（4）港澳台商控股。包括：在企业的全部实收资本中，港澳台商经济成分的出资人拥有的实收资本（股本）所占企业全部实收资本（股本）的比例大于50%的港澳台商绝对控股；在企业的全部实收资本中，港澳台商经济成分的出资人拥有的实收资本（股本）所占比例虽未大于50%，但相对大于其他任何一方经济成分的出资人所占比例的港澳台商相对控股；或者虽不大于其他经济成分，但根据协议规定拥有企业实际控制权的港澳台商协议控股。

（5）外商控股。包括：在企业的全部实收资本中，外商经济成分的出资人拥有的实收资本（股本）所占企业全部实收资本（股本）的比例大于50%的外商绝对控股；在企业的全部实收资本中，外商经济成分的出资人拥有的实收资本（股本）所占比例虽未大于50%，但相对大于其他任何一方经济成分的出资人所占比例的外商相对控股；或者虽不大于其他经济成分，但根据协议规定拥有企业实际控制权的外商协议控股。

（6）其他：除上述五类以外的企业控股情况。

一　不同控股类型文化企业的数量与资产规模

根据《文化及相关产业分类（2012）》所规定的行业范围，在国家统计局联网直报平台上确认为文化及相关产业法人单位共计36469户[①]，

[①] 为表述简便，本报告对这些企业一概称为"文化企业"，并以"全国文化企业"表示该直报平台所统计的文化企业。

其中私人控股企业占62.9%，国有控股、集体控股、港澳台商控股、外商控股、其他5类企业所占比重则分别为14.8%、3.0%、6.9%、4.5%、7.9%。不仅如此，除新闻出版发行服务大类为国有控股企业所主导之外，私人控股企业在其余9个大类中都居于数量优势；同时，私人控股企业数量占据第一的有42个中类，国有控股企业数量最多的则有9个中类。

尽管如此，国有控股企业在2012年末全国各控股类型文化企业资产规模中却高居榜首，其所占资产总额和年末所有者权益的比重分别为33.6%和37.1%。在大类层面上，国有控股企业在新闻出版发行服务、文化艺术服务、文化休闲娱乐服务、广播电视电影服务、文化信息传输服务、文化创意和设计服务等6个大类中的总资产规模最大，而私人控股企业在工艺美术品的生产、文化产品生产的辅助生产、文化专用设备的生产、文化用品的生产4个大类中的总资产规模最大；在中类层面上，在各中类年末资产总额最大的控股类型企业中，国有控股、私人控股、港澳台商控股、外商控股以及其他控股类型企业分别占了20、22、1、2、5个中类。另外，全部国有控股企业的平均资产规模不仅明显较大，而且在29个中类中国有控股企业的户均资产总额也大于其余5类企业。

（一）不同控股类型文化企业的数量

2012年，在全国文化企业中，国有控股、集体控股、私人控股、港澳台商控股、外商控股、其他6类企业依次有5394户、1084户、22941户、2520户、1644户、2886户，它们占全国文化企业数量的比重依次为14.8%、3.0%、62.9%、6.9%、4.5%、7.9%（见图1）。

1. 各部分文化企业中不同控股类型企业的数量

2012年，私人控股企业在两大部分文化企业数量中都占据了一半以上的份额，其中"文化产品的生产"部分私人控股企业数量有10556

专题报告三 不同控股类型文化企业的比较研究

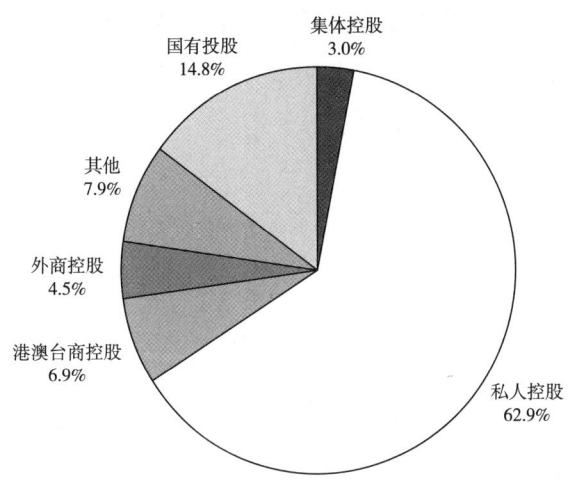

图 1　2012 年全国文化企业数量中不同控股类型企业所占比重

户,所占比重为 55.8%;在"文化相关产品的生产"部分中私人控股企业有 12385 户,所占比重更是高达 70.6%。此外,在"文化产品的生产"部分企业数量中,国有控股、集体控股、港澳台商控股、外商控股以及其他 5 类企业所占比重分别为 23.6%、3.2%、5.0%、4.7%、7.7%;在"文化相关产品的生产"部分企业数量中,国有控股、集体控股、港澳台商控股、外商控股以及其他 5 类企业所占比重分别为 5.3%、2.8%、8.9%、4.3%、8.1%(见表 1)。

表 1　2012 年两大部分文化企业中各控股类型企业数量及其所占比重

企业类别	文化产品的生产		文化相关产品的生产	
	数量(户)	所占比重(%)	数量(户)	所占比重(%)
国有控股	4464	23.6	930	5.3
集体控股	598	3.2	486	2.8
私人控股	10556	55.8	12385	70.6
港澳台商控股	953	5.0	1567	8.9
外商控股	887	4.7	757	4.3
其　他	1458	7.7	1428	8.1

2. 各大类文化企业中不同控股类型企业的数量

从大类层面来看，2012年各大类不同控股类型文化企业数量构成的主要特点包括以下几方面（见表2）。

表2 2012年各大类文化企业数量中各类控股企业所占比重

单位：%

大类	国有控股	集体控股	私人控股	港澳台商控股	外商控股	其他
一、新闻出版发行服务	79.0	2.3	12.2	0.2	0.3	6.1
二、广播电视电影服务	34.7	4.8	44.9	2.9	1.0	11.7
三、文化艺术服务	30.0	6.3	47.8	2.6	1.0	12.3
四、文化信息传输服务	36.2	2.7	49.8	2.1	2.9	6.3
五、文化创意和设计服务	15.5	3.0	61.7	4.6	8.7	6.5
六、文化休闲娱乐服务	19.0	8.0	57.0	4.1	2.6	9.4
七、工艺美术品的生产	2.6	2.0	73.7	9.8	3.0	9.1
八、文化产品生产的辅助生产	10.2	3.0	70.4	6.3	5.6	4.5
九、文化用品的生产	2.7	2.8	71.8	9.9	3.3	9.5
十、文化专用设备的生产	4.3	1.8	61.6	12.8	6.5	13.1

第一，除新闻出版发行服务大类之外，私人控股企业在其余9个大类中都有数量优势。其中，工艺美术品的生产、文化用品的生产、文化产品生产的辅助生产、文化创意和设计服务、文化专用设备的生产、文化休闲娱乐服务6个大类中的私人控股企业数量都处于绝对多数地位，该类企业数量所占比重分别达到了73.7%、71.8%、70.4%、61.7%、61.6%、57.0%；同时，在文化信息传输服务、文化艺术服务、广播电视电影服务大类中私人控股企业数量所占比重也都在40%以上，分别为49.8%、47.8%、44.9%。

第二，国有控股企业占新闻出版发行服务大类企业数量的比重高达79.0%。此外，在文化信息传输服务、广播电视电影服务、文化艺术服务、文化休闲娱乐服务、文化创意和设计服务、文化产品生产的辅助生产6个大类中，国有控股企业数量也都超过了10%，其所占比重依次为36.2%、34.7%、30.0%、19.0%、15.5%、10.2%。

第三，港澳台商控股和外商控股这两类企业在文化专用设备的生产、文化创意和设计服务、文化用品的生产、工艺美术品的生产、文化产品生产的辅助生产5个大类中合计数量也较多，依次占各大类企业数量的19.3%、13.3%、13.2%、12.8%、11.9%。

3. 各中类文化企业中不同控股类型企业的数量

从中类层面来看，2012年各中类不同控股类型文化企业数量构成的主要特点有以下几方面（见表3）。

表3 2012年各中类文化企业数量中各类控股企业所占比重

单位：%

大类	序号	中类	国有控股	集体控股	私人控股	港澳台商控股	外商控股	其他
一	1	新闻服务	75.0	—	—	—	—	25.0
	2	出版服务	83.1	2.6	4.4	0.2	0.2	9.4
	3	发行服务	76.5	2.1	17.0	—	0.2	3.8
二	4	广播电视服务	49.3	6.9	27.8	—	0.7	15.3
	5	电影和影视录音服务	31.4	4.4	48.7	3.6	1.1	10.9
三	6	文艺创作与表演服务	43.6	4.0	37.1	2.5	0.5	12.4
	7	图书馆与档案馆服务	25.0	25.0	25.0	—	—	25.0
	8	文化遗产保护服务	51.7	13.8	17.2	—	3.4	13.8
	9	群众文化服务	28.0	4.0	48.0	—	4.0	16.0
	10	文化研究和社团服务	60.0	—	20.0	—	—	20.0
	11	文化艺术培训服务	6.7	11.7	56.7	6.7	1.7	16.7
	12	其他文化艺术服务	7.7	5.5	78.0	2.2	—	6.6
四	13	互联网信息服务	12.0	1.3	74.1	3.6	5.1	3.9
	14	增值电信服务（文化部分）	31.7	2.5	57.9	2.0	1.5	4.5
	15	广播电视传输服务	69.4	4.6	14.6	0.3	0.8	10.3
五	16	广告服务	12.6	1.7	73.7	3.4	3.1	5.5
	17	文化软件服务	6.9	2.1	56.0	8.0	19.8	7.1
	18	建筑设计服务	31.1	5.0	52.9	1.5	2.2	7.3
	19	专业设计服务	11.4	6.3	61.7	6.3	7.9	6.3

续表

大类	序号	中类	国有控股	集体控股	私人控股	港澳台商控股	外商控股	其他
六	20	景区游览服务	31.7	12.0	42.8	2.9	1.4	9.2
	21	娱乐休闲服务	5.1	3.4	73.8	3.2	4.2	10.3
	22	摄影扩印服务	5.2	4.5	66.4	15.7	2.2	6.0
七	23	工艺美术品的制造	0.8	1.5	73.8	11.5	3.6	8.8
	24	园林、陈设艺术及其他陶瓷制品的制造	1.1	1.1	79.9	11.1	2.1	4.8
	25	工艺美术品的销售	7.8	3.4	72.3	4.7	1.2	10.6
八	26	版权服务	14.6	2.8	67.4	6.9	4.9	3.5
	27	印刷复制服务	7.2	3.0	73.7	7.1	4.6	4.3
	28	文化经纪代理服务	26.0	—	64.4	2.7	5.5	1.4
	29	文化贸易代理与拍卖服务	12.1	2.3	61.8	3.8	15.0	4.9
	30	文化出租服务	16.7	5.6	61.1	—	5.6	11.1
	31	会展服务	22.0	1.8	62.5	3.9	5.5	4.3
	32	其他文化辅助生产	12.6	5.6	63.4	4.8	6.8	6.8
九	33	办公用品的制造	1.4	1.4	67.6	13.4	3.6	12.6
	34	乐器的制造	3.4	2.4	58.2	8.7	4.8	22.6
	35	玩具的制造	0.3	1.7	56.3	27.7	2.8	11.1
	36	游艺器材及娱乐用品的制造	2.3	1.5	76.3	12.2	1.5	6.1
	37	视听设备的制造	3.2	1.3	46.0	24.9	4.6	19.9
	38	焰火、鞭炮产品的制造	0.1	6.2	89.7	1.0	2.2	0.8
	39	文化用纸的制造	3.1	4.2	81.4	4.1	3.4	3.8
	40	文化用油墨颜料的制造	2.4	3.0	65.5	13.1	4.0	12.0
	41	文化用化学品的制造	6.9	2.1	54.5	11.1	9.0	16.4
	42	其他文化用品的制造	1.3	1.9	65.0	15.2	3.8	12.8
	43	文具乐器照相器材的销售	5.9	2.9	81.5	0.9	3.1	5.7
	44	文化用家电的销售	3.6	2.4	80.1	1.0	2.1	10.8
	45	其他文化用品的销售	7.1	0.3	78.7	3.8	5.5	4.6
十	46	印刷专用设备的制造	5.4	2.7	66.3	8.9	3.1	13.6
	47	广播电视电影专用设备的制造	4.4	1.0	59.8	16.7	5.6	12.6
	48	其他文化专用设备的制造	0.9	0.5	40.1	24.4	2.3	31.8
	49	广播电视电影专用设备的批发	7.1	1.6	73.5	6.7	4.3	6.7
	50	舞台照明设备的批发	2.9	3.7	66.3	6.2	17.7	3.3

第一，私人控股企业在42个中类中的数量位居第一。其中，在焰火、鞭炮产品的制造、文具乐器照相器材的销售、文化用纸的制造、文

化用家电的销售、园林、陈设艺术及其他陶瓷制品的制造、其他文化用品的销售、其他文化艺术服务、游艺器材及娱乐用品的制造、互联网信息服务、工艺美术品的制造、娱乐休闲服务、印刷复制服务、广告服务、广播电视电影专用设备的批发、工艺美术品的销售、办公用品的制造、版权服务、摄影扩印服务、印刷专用设备的制造、舞台照明设备的批发、文化用油墨颜料的制造、其他文化用品的制造、文化经纪代理服务、其他文化辅助生产、会展服务、文化贸易代理与拍卖服务、专业设计服务、文化出租服务、广播电视电影专用设备的制造、乐器的制造、增值电信服务（文化部分）、文化艺术培训服务、玩具的制造、文化软件服务、文化用化学品的制造、建筑设计服务等38个中类中，私人控股企业数量更是占据绝对多数。

第二，国有控股企业数量在9个中类中位居第一，包括出版服务、发行服务、新闻服务、广播电视传输服务、文化研究和社团服务、文化遗产保护服务、广播电视服务、文艺创作与表演服务、图书馆与档案馆服务，其在这些中类的企业数量中所占比重依次为83.1%、76.5%、75.0%、69.4%、60.0%、51.7%、49.3%、43.6%、25.0%。另外，在景区游览服务、增值电信服务（文化部分）、电影和影视录音服务、建筑设计服务、群众文化服务、文化经纪代理服务、图书馆与档案馆服务、会展服务、文化出租服务、版权服务、广告服务、其他文化辅助生产、文化贸易代理与拍卖服务、互联网信息服务、专业设计服务15个中类中，国有控股企业数量所占比重也都超过了10%。

第三，港澳台商控股和外商控股两类企业虽然都不是任何一个中类企业数量最多的，但在玩具的制造、视听设备的制造、文化软件服务、其他文化专用设备的制造、舞台照明设备的批发、广播电视电影专用设备的制造、文化用化学品的制造、其他文化用品的制造、文化贸易代理与拍卖服务、摄影扩印服务、文化用油墨颜料的制造、办公用品的制造、工艺美术品的制造、专业设计服务、游艺器材及娱乐用品的制造、乐器的制造、园林、陈设艺术及其他陶瓷制品的制造、印刷专用设备的制造、版权服务、印刷复制服务、其他文化辅助生产、广播电视电影专用设备的批发22个中类中，这两类企业数量合计所占的比重也都超过了10%。

（二）不同控股类型文化企业的资产规模

2012年，国有控股企业在全国各控股类型文化企业资产规模中位列第一。一方面，据统计，全国文化企业年末资产总额达50336.65亿元，其中国有控股、集体控股、私人控股、港澳台商控股、外商控股、其他6类企业分别达到了16920.31亿、1568.44亿、15663.52亿、5610.65亿、3487.46亿、7086.27亿元，它们所占比重分别为33.6%、3.1%、31.1%、11.1%、6.9%、14.1%；另一方面，当年年末全国文化企业所有者权益合计达22792.7亿元，其中国有控股、集体控股、私人控股、港澳台商控股、外商控股、其他6类企业分别达到了8447.77亿、656.82亿、6569.41亿、2557.96亿、1295.58亿、3265.15亿元，它们所占比重分别为37.1%、2.9%、28.8%、11.2%、5.7%、14.3%（见图2）。

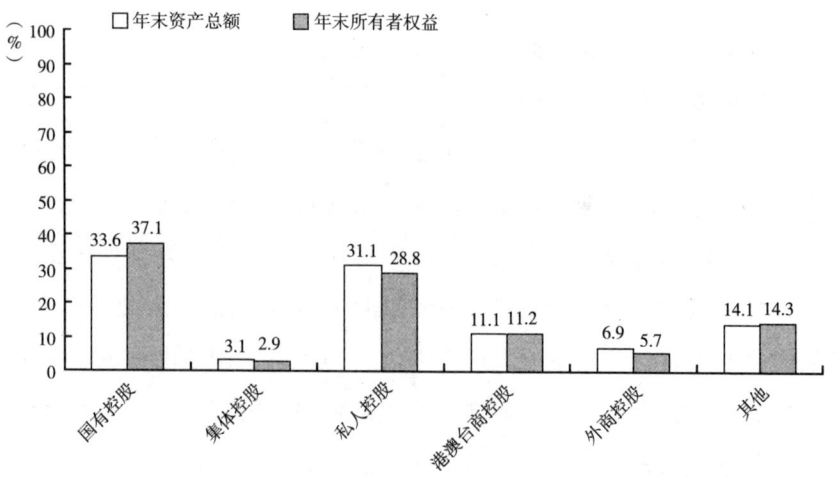

图2　2012年末各类控股企业在全国文化企业资产总额和所有者权益中所占比重

另外，当年年末全国文化企业平均资产负债率为54.5%。在各类控股企业中，国有控股、集体控股、私人控股、港澳台商控股、外商控股、其他6类企业的平均资产负债率则分别为50%、58%、57.7%、54.3%、62.7%、53.7%。

1. 各部分文化企业中不同控股类型企业的资产规模

从部分层面来看（见表4），在"文化产品的生产"部分中，2012年国有控股企业的资产规模相对最大，其占该部分企业年末资产总额和所有者权益的比重分别达到了46.1%和47.8%。与此同时，集体控股、私人控股、港澳台商控股、外商控股、其他5类企业所占该部分企业年末资产总额的比重分别为2.7%、28.3%、10.6%、5.1%、7.4%，它们占该部分企业年末所有者权益的比重则分别为2.5%、25.3%、10.7%、4.8%、8.8%。

表4　2012年两大部分文化企业中各控股类型企业的主要资产指标

企业类别	文化产品的生产				文化相关产品的生产			
	资产总额		所有者权益		资产总额		所有者权益	
	金额（万元）	比重（%）	金额（万元）	比重（%）	金额（万元）	比重（%）	金额（万元）	比重（%）
国有控股	11303.50	46.1	5757.45	47.8	5616.81	21.8	2690.32	25.0
集体控股	651.00	2.7	295.00	2.5	917.44	3.6	361.83	3.4
私人控股	6933.82	28.3	3052.02	25.3	8729.70	33.8	3517.39	32.7
港澳台商控股	2592.93	10.6	1289.66	10.7	3017.72	11.7	1268.30	11.8
外商控股	1250.04	5.1	581.24	4.8	2237.42	8.7	714.34	6.6
其他	1809.06	7.4	1065.30	8.8	5277.21	20.5	2199.85	20.5

在"文化相关产品的生产"部分中，2012年私人控股企业的资产规模相对最大，其占该部分企业年末资产总额和所有者权益的比重分别达到了33.8%和32.7%。同时，国有控股、集体控股、港澳台商控股、外商控股、其他5类企业所占该部分企业年末资产总额的比重分别为21.8%、3.6%、11.7%、8.7%、20.5%，它们占该部分企业年末所有

者权益的比重则分别为25.0%、3.4%、11.8%、6.6%、20.5%。

至于在资产负债率方面,两大部分中各控股类型企业的平均资产负债率有着一定程度的差别。在"文化产品的生产"部分中,私人控股企业的平均资产负债最高,其分别比国有控股、集体控股、港澳台商控股、外商控股、其他5类企业高出6.8个、1.2个、5.7个、2.4个、14.8个百分点;在"文化相关产品的生产"部分中,外商控股企业的平均资产负债率最高,其分别比国有控股、集体控股、私人控股、港澳台商控股、其他5类企业高出15.8个、7.5个、8.6个、10个、9.8个百分点(见图3)。

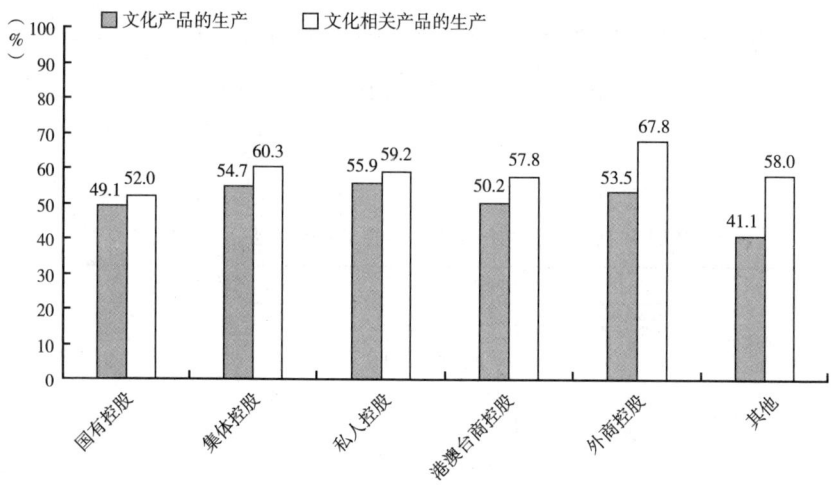

图3 2012年两大部分中不同控股类型企业的平均资产负债率

2. 各大类文化企业中不同控股类型企业的资产规模

从大类层面来看,2012年各大类文化企业中不同控股类型企业资产规模相对分布的主要特点包括以下几方面(见表5)。

第一,国有控股企业在新闻出版发行服务、文化艺术服务、文化休闲娱乐服务、广播电视电影服务、文化信息传输服务、文化创意和设计服务等6个大类中的总资产规模最大,其占这些大类企业年末资产总额的比重依次达到了88.4%、70.2%、53.2%、49.9%、47.3%、37.2%;

表5 2012年不同控股类型企业在各大类主要资产指标中所占的比重

单位：%

大类	年末资产总额					年末所有者权益				
	国有	集体	私人	港澳台商	外商	国有	集体	私人	港澳台商	外商
一、新闻出版发行服务	88.4	0.8	3.7	—	2.1	92.3	0.7	2.0	—	-0.2
二、广播电视电影服务	49.9	2.4	18.2	2.6	0.2	48.3	0.3	13.5	1.5	0.2
三、文化艺术服务	70.2	0.8	22.0	2.5	0.6	67.4	1.2	26.0	1.1	0.7
四、文化信息传输服务	47.3	0.5	24.3	17.4	6.7	50.5	0.2	17.6	18.9	9.0
五、文化创意和设计服务	37.2	2.6	30.6	13.4	9.2	31.7	2.7	33.8	15.4	8.9
六、文化休闲娱乐服务	53.2	10.2	25.7	4.2	1.6	56.1	11.7	24.0	2.3	1.8
七、工艺美术品的生产	10.4	2.3	57.7	17.8	3.9	8.5	2.4	56.6	19.2	4.4
八、文化产品生产的辅助生产	35.9	3.7	37.7	9.4	5.4	45.3	3.4	30.1	10.0	4.6
九、文化用品的生产	18.7	3.7	32.0	12.5	8.1	17.5	3.8	33.5	12.4	6.9
十、文化专用设备的生产	6.9	2.2	35.7	11.4	19.8	7.1	0.6	36.1	13.8	11.7

与此同时，国有控股企业在新闻出版发行服务、文化艺术服务、文化休闲娱乐服务、文化信息传输服务、广播电视电影服务、文化产品生产的辅助生产6个大类中的净资产规模最大，其占这些大类企业年末所有者权益的比重依次达到了92.3%、67.4%、56.1%、50.5%、48.3%、45.3%。

第二，私人控股企业在工艺美术品的生产、文化产品生产的辅助生产、文化专用设备的生产、文化用品的生产4个大类中的总资产规模最大，其占这些大类年末资产总额的比重依次达到了57.7%、37.7%、35.7%、32%；同时，私人控股企业在工艺美术品的生产、文化专用设备的生产、文化创意和设计服务、文化用品的生产4个大类中的净资产规模最大，其占这此地大类年末所有者权益的比重依次达到了56.6%、36.1%、33.8%、33.5%。

第三，港澳台商和外商控股企业在文化专用设备的生产、文化信息传输服务、文化创意和设计服务、工艺美术品的生产、文化用品的生产

5个大类中的资产规模合计较大,它们合计占这些大类企业年末资产总额的比重依次为31.1%、24%、22.6%、21.6%、20.6%,同时它们合计在这些年末所有者权益中所占的比重也分别达到了25.5%、27.9%、24.4%、23.5%、19.3%。

至于各大类中不同控股类型企业的资产负债率,可以说总体上处于较为正常的水平,彼此之间的差距也较有限(见图4)。其中,国有控股企业资产负债率在新闻出版发行服务、文化产品生产的辅助生产2个大类中最低,集体控股企业的资产负债率在文化艺术服务、文化休闲娱乐服务2个大类中最低,私人控股企业的负债率在文化用品的生产大类中最低,港澳台商控股企业资产负债率在文化创意和设计服务大类中最低,外商控股企业资产负债率在文化信息传输服务、工艺美术品的生产2个大类中最低,其他类企业资产负债率则在广播电视电影服务、文化专用设备的生产大类中最低。

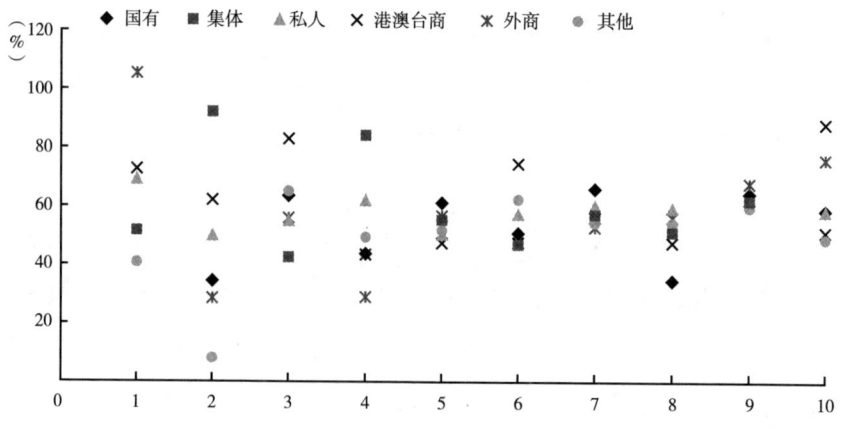

图4 2012年各大类中不同控股类型企业的资产负债率

另据测算,各大类中不同控股类型企业资产负债率分布的离散程度大多较小,按大小程度排序依次为文化用品的生产、文化创意和设计服务、工艺美术品的生产、文化产品生产的辅助生产、文化休闲娱乐服务、文化艺术服务、文化专用设备的生产、文化信息传输服务、新闻出版发行服务、广播电视电影服务，它们资产负债率分布的标准差系数依次为 0.04、0.08、0.08、0.15、0.17、0.2、0.22、0.33、0.35、0.59。

3. 各中类文化企业中不同控股类型企业的总资产规模

如表 6 所示，2012 年各中类中不同控股类型企业的总资产规模分布的主要特点大致包括。

表 6　2012 年末各中类资产总额中不同控股类型企业所占的比重

单位：%

大类	序号	中类	国有控股	集体控股	私人控股	港澳台商控股	外商控股	其他
一	1	新闻服务	94.4	—	—	—	—	5.6
	2	出版服务	92.0	0.9	0.5	—	—	6.5
	3	发行服务	82.4	0.6	8.8	0.1	5.5	2.5
二	4	广播电视服务	62.4	2.4	12.8	—	—	22.4
	5	电影和影视录音服务	44.7	2.4	20.5	3.7	0.3	28.4
三	6	文艺创作与表演服务	85.2	0.1	10.5	0.7	0.8	2.6
	7	图书馆与档案馆服务	14.7	25.0	—	—	—	60.3
	8	文化遗产保护服务	70.6	1.7	12.7	—	0.1	14.9
	9	群众文化服务	24.1	0.3	66.6	—	0.2	8.8
	10	文化研究和社团服务	82.8	—	17.2	—	—	0.1
	11	文化艺术培训服务	2.3	4.6	56.1	31.1	0.1	5.9
	12	其他文化艺术服务	21.2	2.3	73.4	1.9	—	1.2
四	13	互联网信息服务	4.8	0.2	43.6	35.6	11.4	4.5
	14	增值电信服务（文化部分）	80.0	0.4	11.2	2.4	3.5	2.5
	15	广播电视传输服务	88.8	1.2	4.5	—	1.8	3.8
五	16	广告服务	22.4	1.0	41.7	13.6	15.7	5.5
	17	文化软件服务	11.3	1.8	37.0	25.4	13.3	11.1
	18	建筑设计服务	75.1	4.3	16.3	0.3	0.5	3.5
	19	专业设计服务	57.2	5.3	25.4	2.1	5.9	4.1
六	20	景区游览服务	56.3	11.5	22.5	4.3	1.1	4.4
	21	娱乐休闲服务	42.7	5.8	37.3	2.9	3.9	7.7
	22	摄影扩印服务	20.5	2.9	46.1	26.2	1.9	2.4

续表

大类	序号	中类	国有控股	集体控股	私人控股	港澳台商控股	外商控股	其他
七	23	工艺美术品的制造	4.4	2.5	61.5	19.0	4.9	7.8
	24	园林、陈设艺术及其他陶瓷制品的制造	1.6	1.2	79.2	11.1	1.0	5.9
	25	工艺美术品的销售	24.1	1.9	48.1	15.5	1.9	8.6
八	26	版权服务	69.0	0.1	21.8	0.6	8.0	0.6
	27	印刷复制服务	15.2	4.6	52.4	15.0	5.2	7.5
	28	文化经纪代理服务	40.1	—	23.7	0.7	1.7	33.9
	29	文化贸易代理与拍卖服务	19.5	1.3	43.8	9.4	18.6	7.4
	30	文化出租服务	76.9	1.3	15.1	—	1.4	5.3
	31	会展服务	75.2	0.6	17.3	2.4	1.9	2.6
	32	其他文化辅助生产	72.1	4.8	9.4	1.8	2.1	9.8
九	33	办公用品的制造	2.8	1.5	59.3	13.2	3.5	19.7
	34	乐器的制造	18.2	1.9	30.0	13.5	5.4	31.0
	35	玩具的制造	0.2	1.5	38.1	44.1	3.5	12.5
	36	游艺器材及娱乐用品的制造	2.4	2.5	75.4	12.6	2.0	5.2
	37	视听设备的制造	36.8	2.4	12.2	24.0	2.2	22.5
	38	焰火、鞭炮产品的制造	0.3	3.4	93.3	0.6	2.0	0.5
	39	文化用纸的制造	20.0	5.6	31.1	8.1	7.8	27.4
	40	文化用油墨颜料的制造	8.9	2.2	54.1	11.0	3.8	20.0
	41	文化用化学品的制造	22.1	1.0	21.2	10.1	5.6	40.2
	42	其他文化用品的制造	6.3	2.2	46.7	15.5	4.1	25.2
	43	文具乐器照相器材的销售	12.0	0.9	59.2	1.4	21.0	5.6
	44	文化用家电的销售	9.6	5.3	32.0	0.5	19.8	32.9
	45	其他文化用品的销售	7.0	—	55.1	6.7	29.2	1.9
十	46	印刷专用设备的制造	19.1	2.3	44.9	8.0	1.9	23.9
	47	广播电视电影专用设备的制造	8.9	0.4	58.1	14.0	4.4	14.1
	48	其他文化专用设备的制造	3.1	—	13.7	18.5	3.6	61.0
	49	广播电视电影专用设备的批发	5.9	0.6	30.7	4.0	44.3	14.5
	50	舞台照明设备的批发	2.3	11.7	26.9	8.5	49.4	1.4

第一，国有控股企业在20个中类中的总资产规模最大。这些中类及国有控股企业所占年末资产总额的比重依次是：新闻服务（94.4%）、出版服务（92%）、广播电视传输服务（88.8%）、文艺创

作与表演服务（85.2%）、文化研究和社团服务（82.8%）、发行服务（82.4%）、增值电信服务（文化部分，80%）、文化出租服务（76.9%）、会展服务（75.2%）、建筑设计服务（75.1%）、其他文化辅助生产（72.1%）、文化遗产保护服务（70.6%）、版权服务（69%）、广播电视服务（62.4%）、专业设计服务（57.2%）、景区游览服务（56.3%）、电影和影视录音服务（44.7%）、娱乐休闲服务（42.7%）、文化经纪代理服务（40.1%）、视听设备的制造（36.8%）。

第二，私人控股企业在22个中类的总资产规模最大。这些中类及私人控股企业所占年末资产总额的比重是：焰火、鞭炮产品的制造（93.3%）、园林、陈设艺术及其他陶瓷制品的制造（79.2%）、游艺器材及娱乐用品的制造（75.4%）、其他文化艺术服务（73.4%）、群众文化服务（66.6%）、工艺美术品的制造（61.5%）、办公用品的制造（59.3%、文具乐器照相器材的销售（59.2%）、广播电视电影专用设备的制造（58.1%）、文化艺术培训服务（56.1%）、其他文化用品的销售（55.1%）、文化用油墨颜料的制造（54.1%）、印刷复制服务（52.4%）、工艺美术品的销售（48.1%）、其他文化用品的制造（46.7%）、摄影扩印服务（46.1%）、印刷专用设备的制造（44.9%）、文化贸易代理与拍卖服务（43.8%）、互联网信息服务（43.6%）、广告服务（41.7%）、文化软件服务（37.0%）、文化用纸的制造（31.1%）。

第三，在余下的8个中类中，港澳台商控股企业在玩具的制造中类中的总资产规模最大，其所占年末资产总额的比重达到了44.1%；外商控股企业在舞台照明设备的批发、广播电视电影专用设备的批发2个中类中的总资产规模最大，其所占这2个中类年末资产总额的比重依次为49.4%、44.3%；其他控股类型企业在其他文化专用设备的制造、图书馆与档案馆服务、文化用化学品的制造、文化用家电的销售、乐器的制造 5 个中类中的总资产规模最大，其占这些中类年末资产总额的比重依次达到了 61%、60.3%、40.2%、32.9%、31.0%。

4. 不同控股类型企业的平均资产规模

2012 年末，全国文化企业户均资产总额达 13802.59 万元，户均所有者权益为 6249.88 万元。其中，国有控股企业的平均规模明显高于其他 5 个控股类型企业。当年末，国有控股企业户均资产总额为 31368.75 万元，分别比集体控股、私人控股、港澳台商控股、外商控股、其他 5 类企业高出 116.8%、359.4%、40.9%、47.9%、27.8%；国有控股企业户均所有者权益为 15661.42 万元，分别比上述 5 类企业高出 158.5%、446.9%、54.3%、98.7%、38.4%（见图 5）。

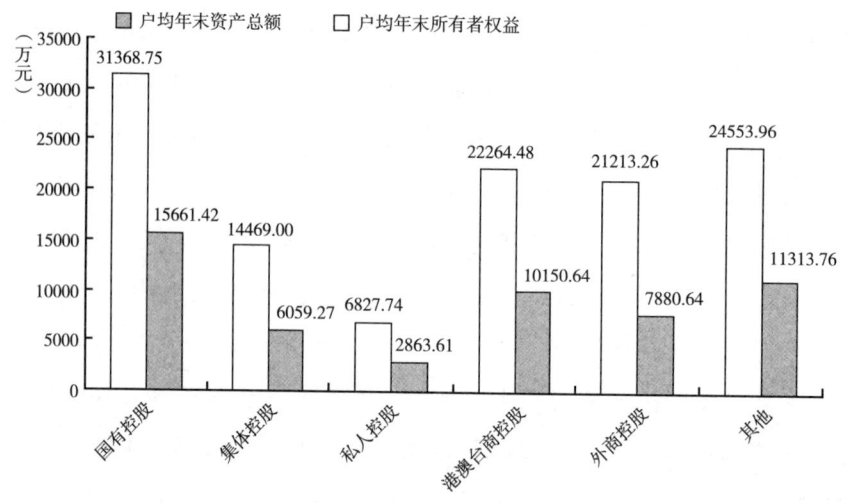

图 5 2012 年不同控股类型文化企业的平均资产规模

从中类层面来看，不同控股类型企业平均资产规模分布的一个突出特征，便是大多数中类中国有控股企业的平均资产规模不同程度地大于其余 5 个控股类型企业（见表 7）。据统计，在全部 50 个中类中，2012 年末国有控股企业户均资产总额相对最大的中类有 29 个，占比高达

58%。不仅如此，在其中26个中类中，国有控股企业户均资产总额高出其余5个控股类型企业的幅度都超过了20%。此外，当年末集体控股企业户均资产总额最大的中类有2个，私人控股企业户均资产总额最大的中类有1个，港澳台商控股企业户均资产总额最大的中类有6个，外商控股企业户均资产总额最大的中类有7个，其他控股企业户均资产总额最大的则有5个。

表7　2012年末各中类中不同控股类型企业的户均资产总额指数

大类	序号	中类	国有	集体	私人	港澳台商	外商	其他
一	1	新闻服务	100	—	—	—	—	17.8
	2	出版服务	100	32.5	10.9	10.7	21.4	62.2
	3	发行服务	100	26.6	48.3	39.1	1212.6	60.5
二	4	广播电视服务	100	27.3	36.5	—	0.9	115.8
	5	电影和影视录音服务	100	39.1	29.6	73.3	17.1	183.3
三	6	文艺创作与表演服务	100	1.0	14.4	14.7	86.9	10.9
	7	图书馆与档案馆服务	100	169.9	—	—	—	409.7
	8	文化遗产保护服务	100	8.9	53.8	—	1.9	79.2
	9	群众文化服务	100	8.0	161.4	—	6.2	63.8
	10	文化研究和社团服务	100	—	62.2	—	—	0.2
	11	文化艺术培训服务	100	110.9	281.2	1324.8	14.1	100.7
	12	其他文化艺术服务	100	15.1	34.1	31.1	—	6.6
四	13	互联网信息服务	100	31.3	147.6	2455.3	557.2	293.6
	14	增值电信服务（文化部分）	100	5.8	7.7	48.0	93.3	21.8
	15	广播电视传输服务	100	19.5	23.8	0.5	170.8	28.7
五	16	广告服务	100	31.5	31.8	228.1	282.5	57.2
	17	文化软件服务	100	53.5	40.5	194.1	41.2	95.6
	18	建筑设计服务	100	36.2	12.7	7.4	9.8	20.0
	19	专业设计服务	100	16.7	8.2	6.5	15.0	13.0
六	20	景区游览服务	100	53.9	29.6	82.8	44.6	26.8
	21	娱乐休闲服务	100	20.2	6.0	10.6	10.5	8.9
	22	摄影扩印服务	100	16.7	17.7	42.6	21.2	10.2
七	23	工艺美术品的制造	100	31.4	15.4	30.6	24.8	16.4
	24	园林、陈设艺术及其他陶瓷制品的制造	100	74.3	64.8	65.5	30.2	81.5
	25	工艺美术品的销售	100	17.5	21.4	105.3	49.6	26.1

续表

大类	序号	中类	国有	集体	私人	港澳台商	外商	其他
八	26	版权服务	100	0.7	6.9	1.8	34.6	3.5
	27	印刷复制服务	100	71.8	33.6	99.5	53.5	82.5
	28	文化经纪代理服务	100	—	23.9	16.7	19.9	1606.2
	29	文化贸易代理与拍卖服务	100	34.8	44.2	156.3	77.4	93.9
	30	文化出租服务	100	5.3	5.3	—	5.6	10.3
	31	会展服务	100	10.2	8.1	18.0	10.3	17.2
	32	其他文化辅助生产	100	15.2	2.6	6.4	5.4	25.0
九	33	办公用品的制造	100	54.9	44.2	49.5	49.2	78.8
	34	乐器的制造	100	14.3	9.6	28.9	20.6	25.4
	35	玩具的制造	100	118.4	88.5	208.7	160.3	147.3
	36	游艺器材及娱乐用品的制造	100	158.2	95.0	99.3	123.2	82.0
	37	视听设备的制造	100	16.0	2.3	8.4	4.1	9.9
	38	焰火、鞭炮产品的制造	100	16.9	32.4	18.7	27.5	18.4
	39	文化用纸的制造	100	20.9	5.9	30.5	35.9	113.6
	40	文化用油墨颜料的制造	100	19.7	22.2	22.5	25.9	45.0
	41	文化用化学品的制造	100	14.2	12.1	28.3	19.3	76.4
	42	其他文化用品的制造	100	24.2	14.6	20.7	21.9	40.0
	43	文具乐器照相器材的销售	100	14.6	35.4	71.3	331.8	47.8
	44	文化用家电的销售	100	84.1	15.1	16.2	356.5	115.4
	45	其他文化用品的销售	100	12.3	70.9	178.2	542.4	41.9
十	46	印刷专用设备的制造	100	24.1	19.2	25.3	17.0	49.9
	47	广播电视电影专用设备的制造	100	19.2	47.4	40.8	38.9	54.6
	48	其他文化专用设备的制造	100	1.8	10.2	22.5	45.8	56.9
	49	广播电视电影专用设备的批发	100	45.9	50.1	71.9	1224.0	259.6
	50	舞台照明设备的批发	100	391.5	51.3	173.7	352.8	52.0

注：以国有控股企业为100。

二 不同控股类型文化企业的产出与赢利

2012年，全国文化企业营业收入达到了56261.54亿元，其中私人控股企业占了近40%，而国有控股企业仅占18.4%。不仅如此，在部分、大类、中类三个层面上，私人控股企业的产出优势都十分明显，其在2大部分、6个大类、30个中类的营业收入中都位居各控股类型企业之首；同时，国有控股企业仅在3个大类、13个中类营业收入中相对最大。另据统计，2012年全国文化企业利润总额达3727.1亿元，其中私人控股企业同样占了近40%，而国有控股企业只占了21.9%；同时，私人控股企业在2大部分、7个大类、25个中类的利润总额排名各控股类型企业之首，国有控股企业则在2个大类、14个中类的利润总额中占据了最大份额。

（一）不同控股类型文化企业的产出

在全国文化企业中，私人控股企业的产出规模明显大于其他5个控股类型企业，其2012年营业收入达到了22453.62亿元，所占比重高达39.9%。与此同时，国有控股、集体控股、港澳台商控股、外商控股、其他5类文化企业的营业收入分别为10358.32亿、1895.33亿、6898.74亿、5989.41亿、8666.11亿元，分别占全国文化企业营业收入的18.4%、3.4%、12.3%、10.6%、15.4%（见图6）。另外，与前述各控股类型企业所占全国文化企业年末资产总额的比重相比，国有控股企业的营业收入比重低了15.2个百分点，而集体控股、私人控股、港澳台商控股、外商控股、其他5类企业的营业收入比重则分别高出0.3个、8.8个、1.1个、3.7个、1.3个百分点。

1. 各部分文化企业中不同控股类型企业的产出

从部分层面来看，私人控股企业在两大部分中的产出优势十分明显，可以说是各部分文化企业中不同控股类型企业产出分布的首要特征。据统计，2012年私人控股企业在"文化产品的生产"部分营业收入中所占比重达到了41.4%，分别比国有控股、集体控股、港澳台商控股、外商控股、其他5类企业高出12.3个、38.8个、28.2个、35个、34个百分点；同时，私人控股企业在"文化相关产品的生产"部分营业收入中所占比重也达到了39%，分别比国有控股、集体控股、

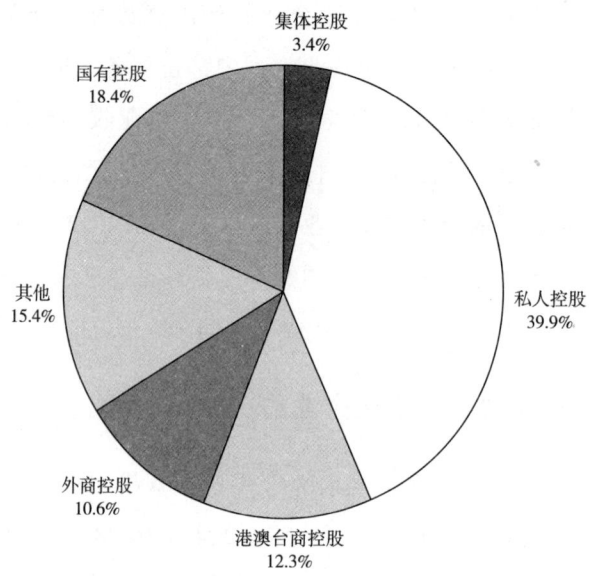

图 6　2012 年不同控股类型企业占全国文化企业营业收入的比重

港澳台商控股、外商控股、其他 5 类企业高出 27.2 个、35.1 个、27.3 个、25.7 个、18.7 个百分点（见表 8）。

表 8　2012 年两大部分中不同控股类型企业的营业收入及其所占比重

企业类别	文化产品的生产		文化相关产品的生产	
	金额（亿元）	比重（%）	金额（亿元）	比重（%）
国有控股	6227.26	29.1	4131.06	11.8
集体控股	546.18	2.6	1349.15	3.9
私人控股	8853.77	41.4	13599.85	39.0
港澳台商控股	2817.13	13.2	4081.61	11.7
外商控股	1363.78	6.4	4625.64	13.3
其他	1572.39	7.4	7093.72	20.3
合　计	21380.50	100.0	34881.04	100.0

另一方面，在两大部分的不同控股类型企业中，似乎只有国有控股企业所占产出比重明显低于其所占资产比重。如图 7 所示，国有控股企

业所占"文化产品的生产"和"文化相关产品的生产"部分的营业收入比重分别比其所占相应部分年末资产总额的比重低16.9个和9.9个百分点。与此同时,私人控股企业占两大部分营业收入的比重则分别高出13.2个和5.1个百分点。在余下的4个控股类型企业中,或者营业收入比重略有所提高,或者也与其所占各部分年末所有资产总额的比重相差无几。

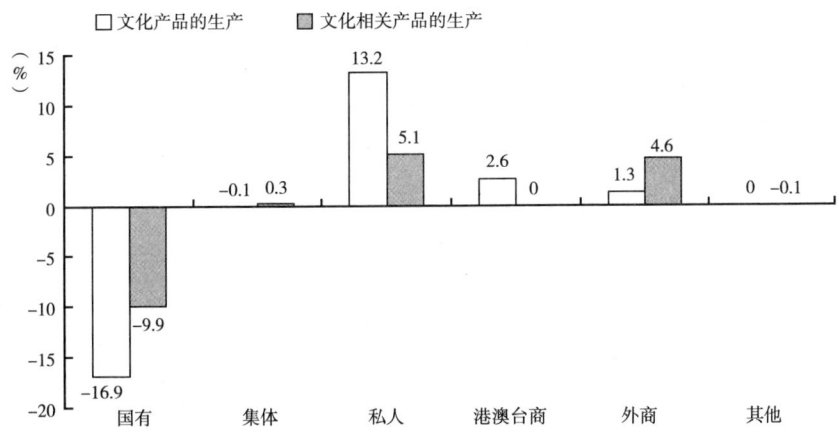

图7　2012年两大部分中不同控股类型企业所占营业收入
比重与年末资产总额比重之差

2. 各大类文化企业中不同控股类型企业的产出

从大类层面来看,2012年各大类文化企业中不同控股类型企业产出规模分布的具体特征主要包括以下几方面(见表9)。

第一,国有控股企业在新闻出版发行服务、广播电视电影服务、文化艺术服务3个大类中产出规模最大,其营业收入依次为1894.05亿元、306.38亿元、80.7亿元,所占这些大类营业收入的比重则依次达到了79.6%、53.3%、43.2%。另外,国有控股企业在文化信息传输服务、文化创意和设计服务、文化休闲娱乐服务3个大类的产出中也拥有较大的份额,其所占这些大类营业收入的比重分别为32.7%、30.7%、

37.6%。

第二,私人控股企业在工艺美术品的生产、文化产品生产的辅助生产、文化休闲娱乐服务、文化用品的生产、文化创意和设计服务、文化信息传输服务6个大类中的产出规模最大,其营业收入依次为5114.86亿、3359.39亿、167.96亿、8833.6亿、2356.64亿、661.46亿元,所占这些大类营业收入的比重则依次达到了57.7%、57.7%、38%、37.2%、35.4%、32.8%。另外,私人控股企业在广播电视电影服务、文化艺术服务2个大类中的产出也达到了较大规模,其所占这2个大类营业收入的比重分别为29.3%、39.8%。

第三,外商控股企业在文化专用设备的生产大类中的产出最大,其营业收入达到了1512亿元,占比则为29.7%。如果合计外商控股和港澳台商控股企业,那么它们在文化专用设备的生产、文化信息传输服务、文化创意和设计服务、文化用品的生产、工艺美术品的生产、文化产品生产的辅助生产6个大类中都占据了较大的产出份额,其合计所占这些大类营业收入的比重分别达到了39.9%、28.7%、23.7%、23.5%、20.2%、18%。

表9 2012年不同控股类型企业在各大类文化企业营业收入中所占比重

单位:%

大类	国有	集体	私人	港澳台商	外商	其他
一.新闻出版发行服务	79.6	1.6	8.9	0.1	4.4	5.4
二.广播电视电影服务	53.3	2.5	29.3	2.4	0.5	12.0
三.文化艺术服务	43.2	1.7	39.8	6.1	0.4	8.8
四.文化信息传输服务	32.7	0.4	32.8	20.3	8.4	5.4
五.文化创意和设计服务	30.7	2.7	35.4	11.7	12.0	7.5
六.文化休闲娱乐服务	37.6	7.8	38.0	6.9	2.7	7.1
七.工艺美术品的生产	11.3	2.9	57.7	17.4	2.8	7.9
八.文化产品生产的辅助生产	14.2	3.9	57.7	9.9	8.1	6.2
九.文化用品的生产	12.9	4.3	37.2	12.5	11.0	22.1
十.文化专用设备的生产	4.0	1.8	25.8	10.2	29.7	28.5

3. 不同控股类型企业在各大类产出份额与资产份额的差异

在各类控股企业所占各大类产出份额与资产份额的差异方面，国有控股、私人控股、港澳台商和外商控股3类企业的差距显得较大（见图8）。其中，国有控股企业所占营业收入比重低于年末资产总额比重的有8个大类，包括文化艺术服务、文化产品生产的辅助生产、文化休闲娱乐服务、文化信息传输服务、新闻出版发行服务、文化创意和设计服务、文化用品的生产、文化专用设备的生产。这些大类中国有控股企业所占营业收入比重依次比年末资产总额比重低27.1个、21.7个、15.7个、14.6个、8.8个、6.4个、5.8个、2.9个百分点。只是在工艺美术品的生产、广播电视电影服务2个大类中，国有控股企业的营业收入比重才分别比年末资产总额比重高出0.9个、3.4个百分点。

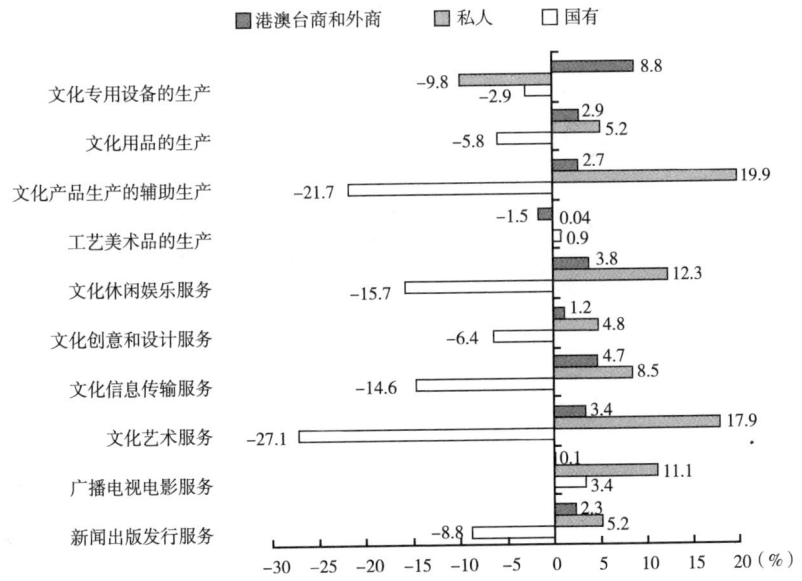

图8　2012年部分控股类型企业所占各大类营业收入比重与年末资产总额比重之差

与之相反的是，私人控股企业、港澳台商和外商控股企业的产出份额高于资产份额的却有9个大类。其中，私人控股企业在文化产品生产的辅助生产、文化艺术服务、文化休闲娱乐服务、广播电视电影服务、文化信息传输服务、新闻出版发行服务、文化用品的生产、文化创意和设计服务、工艺美术品的生产9个大类所占营业收入比重依次比年末资产总额比重高出19.9个、17.9个、12.3个、11.1个、8.5个、5.2个、5.2个、4.8个、0.04个百分点；港澳台商和外商控股企业在文化专用设备的生产、文化信息传输服务、文化休闲娱乐服务、文化艺术服务、文化用品的生产、文化产品生产的辅助生产、新闻出版发行服务、文化创意和设计服务、广播电视电影服务9个大类所占营业收入比重依次比年末资产总额比重高出8.8个、4.7个、3.8个、3.4个、2.9个、2.7个、2.3个、1.2个、0.1个百分点。

4. 各中类文化企业中不同控股类型企业的产出

从中类层面来看，不同控股类型企业在各中类的产出分布主要有着如下特点（见表10）。

表10　2012年不同控股类型企业在各中类文化企业营业收入中所占的比重

单位：%

大类	序号	中类	国有	集体	私人	港澳台商	外商	其他
一	1	新闻服务	89.7	—	—	—	—	10.3
	2	出版服务	88.3	2.3	1.1	—	0.1	8.2
	3	发行服务	72.8	1.1	15.0	0.1	7.8	3.2
二	4	广播电视服务	58.9	3.1	15.5	—	0.1	22.5
	5	电影和影视录音服务	49.9	2.2	37.7	3.8	0.8	5.7
三	6	文艺创作与表演服务	65.5	0.2	24.1	1.6	0.4	8.2
	7	图书馆与档案馆服务	45.2	54.8	—	—	—	—
	8	文化遗产保护服务	48.8	9.7	19.6	—	1.8	20.1
	9	群众文化服务	8.4	0.3	57.7	—	0.6	33.0
	10	文化研究和社团服务	81.1	—	18.3	—	—	0.6
	11	文化艺术培训服务	2.2	4.5	57.8	27.4	0.5	7.6
	12	其他文化艺术服务	24.3	2.1	68.1	3.0	—	2.4
四	13	互联网信息服务	4.0	0.1	47.4	32.2	11.4	4.8
	14	增值电信服务（文化部分）	70.5	0.7	16.7	2.5	1.0	8.5
	15	广播电视传输服务	84.5	1.0	4.6	—	5.1	4.8

续表

大类	序号	中类	国有	集体	私人	港澳台商	外商	其他
五	16	广告服务	16.0	1.5	43.2	15.2	17.8	6.3
	17	文化软件服务	10.0	2.1	39.7	19.2	16.6	12.4
	18	建筑设计服务	69.1	4.3	21.5	0.5	0.9	3.7
	19	专业设计服务	34.9	5.8	39.9	4.5	10.6	4.3
六	20	景区游览服务	45.0	10.1	29.5	7.0	1.9	6.5
	21	娱乐休闲服务	27.3	4.0	52.5	2.6	4.6	9.0
	22	摄影扩印服务	9.4	2.1	54.8	28.4	1.7	3.6
七	23	工艺美术品的制造	5.5	2.5	62.4	19.5	3.4	6.7
	24	园林、陈设艺术及其他陶瓷制品的制造	0.4	0.8	82.3	9.8	0.9	5.9
	25	工艺美术品的销售	28.8	4.5	42.2	12.0	1.1	11.4
八	26	版权服务	30.6	0.5	47.9	1.9	16.6	2.5
	27	印刷复制服务	9.9	4.5	63.7	11.0	5.1	5.8
	28	文化经纪代理服务	34.5	—	56.0	3.3	3.9	2.3
	29	文化贸易代理与拍卖服务	20.7	1.3	40.3	8.1	20.9	8.6
	30	文化出租服务	39.7	0.8	53.7	—	4.9	1.1
	31	会展服务	43.5	2.1	38.5	4.6	6.7	4.5
	32	其他文化辅助生产	17.1	8.6	45.6	7.3	12.9	8.6
九	33	办公用品的制造	1.4	1.9	64.9	12.0	3.1	16.7
	34	乐器的制造	7.8	1.6	46.3	12.4	5.6	26.3
	35	玩具的制造	0.2	3.0	45.8	34.9	2.5	13.5
	36	游艺器材及娱乐用品的制造	1.1	0.8	86.0	8.9	0.7	2.6
	37	视听设备的制造	25.6	3.1	10.4	25.6	2.1	33.2
	38	焰火、鞭炮产品的制造	0.1	4.2	91.3	0.7	3.1	0.6
	39	文化用纸的制造	14.0	9.0	47.1	6.3	9.1	14.5
	40	文化用油墨颜料的制造	5.2	3.2	59.9	9.2	3.7	18.7
	41	文化用化学品的制造	13.3	1.3	27.3	9.0	8.0	41.1
	42	其他文化用品的制造	5.6	1.8	47.1	14.4	4.4	26.3
	43	文具乐器照相材的销售	10.9	1.1	63.4	0.6	19.9	4.1
	44	文化用家电的销售	8.3	4.6	29.4	1.1	30.7	25.8
	45	其他文化用品的销售	8.2	—	58.2	7.2	24.4	1.9
十	46	印刷专用设备的制造	7.1	3.2	57.4	7.7	1.5	23.0
	47	广播电视电影专用设备的制造	5.0	0.6	54.9	20.7	4.5	14.4
	48	其他文化专用设备的制造	3.2	0.1	7.2	17.0	0.7	71.7
	49	广播电视电影专用设备的批发	3.4	0.2	18.9	2.0	59.3	16.2
	50	舞台照明设备的批发	4.9	11.5	29.6	10.1	40.4	3.5

第一,国有控股企业产出规模最大的中类有13个,这些中类及国有控股企业所占营业收入的比重依次是:新闻服务(89.7%)、出版服务(88.3%)、广播电视传输服务(84.5%)、文化研究和社团服务(81.1%)、发行服务(72.8%)、增值电信服务(文化部分,70.5%)、建筑设计服务(69.1%)、文艺创作与表演服务(65.5%)、广播电视服务(58.9%)、电影和影视录音服务(49.9%)、文化遗产保护服务(48.8%)、图书馆与档案馆服务(45.2%)、景区游览服务(45%)、会展服务(43.5%)。

第二,私人控股企业的产出规模最大的中类有30个,这些中类及私人控股企业所占营业收入的比重依次是:焰火、鞭炮产品的制造(91.3%)、游艺器材及娱乐用品的制造(86%)、园林、陈设艺术及其他陶瓷制品的制造(82.3%)、其他文化艺术服务(68.1%)、办公用品的制造(64.9%)、印刷复制服务(63.7%)、文具乐器照相器材的销售(63.4%)、工艺美术品的制造(62.4%)、文化用油墨颜料的制造(59.9%)、其他文化用品的销售(58.2%)、文化艺术培训服务(57.8%)、群众文化服务(57.7%)、印刷专用设备的制造(57.4%)、文化经纪代理服务(56.0%)、广播电视电影专用设备的制造(54.9%)、摄影扩印服务(54.8%)、文化出租服务(53.7%)、娱乐休闲服务(52.5%)、版权服务(47.9%)、互联网信息服务(47.4%)、文化用纸的制造(47.1%)、其他文化用品的制造(47.1%)、乐器的制造(46.3%)、玩具的制造(45.8%)、其他文化辅助生产(45.6%)、广告服务(43.2%)、工艺美术品的销售(42.2%)、文化贸易代理与拍卖服务(40.3%)、专业设计服务(39.9%)、文化软件服务(39.7%)。

第三,外商控股企业在广播电视电影专用设备的批发、舞台照明设备的批发、文化用家电的销售3个中类的产出规模最大,其所占营业收入比重依次为59.3%、40.4%、30.7%。如果与港澳台商控股企业合计,那么这2类企业合计在16个中类营业收入中所占比重都超过了

20%，这些中类及 2 类企业合计所占比重依次是：广播电视电影专用设备的批发（61.3%）、舞台照明设备的批发（50.5%）、互联网信息服务（43.6%）、玩具的制造（37.4%）、文化软件服务（35.8%）、广告服务（33.0%）、文化用家电的销售（31.8%）、其他文化用品的销售（31.6%）、摄影扩印服务（30.1%）、文化贸易代理与拍卖服务（29.0%）、文化艺术培训服务（27.9%）、视听设备的制造（27.7%）、广播电视电影专用设备的制造（25.2%）、工艺美术品的制造（22.9%）、文具乐器照相器材的销售（20.5%）、其他文化辅助生产（20.2%）。

第四，在余下 4 个中类中，集体控股企业在图书馆与档案馆服务中类的产出规模最大，其所占营业收入比重为 54.8%；其他控股类型企业在其他文化专用设备的制造、文化用化学品的制造、视听设备的制造 3 个大类的产出规模最大，其所占营业收入比重依次为 71.7%、41.1%、33.2%。

5. 不同控股类型文化企业的平均产出规模

2012 年，全国文化企业户均营业收入为 15427.22 万元。在 6 个控股类型企业中，外商控股企业的户均营业收入最大，达到了 36431.96 万元，分别比国有控股、集体控股、私人控股、港澳台商控股、其他 5 类企业高 89.7%、108.4%、272.2%、33.1%、21.3%（见图 9）。特别需要指出的是，私人控股企业户均营业收入只有 9787.55 万元，仅相当于全国文化企业平均水平的 63.4%。

从中类层面来看，各中类不同控股类型企业的平均产出规模分布大致有着如下特点（见表 11）：第一，国有控股企业在 20 个中类中户均营业收入最大；第二，私人控股企业只是在游艺器材及娱乐用品的制造 1 个中类中户均营业收入居各类控股企业之首；第三，在余下 4 类企业中，集体控股企业在 4 个中类中户均营业收入最大，港澳台商控股企业在 8 个中类中户均营业收入最大，外商控股企业在 10 个中类中户均营业收入最大，其他类企业在 7 个中类中户均营业收入最大。

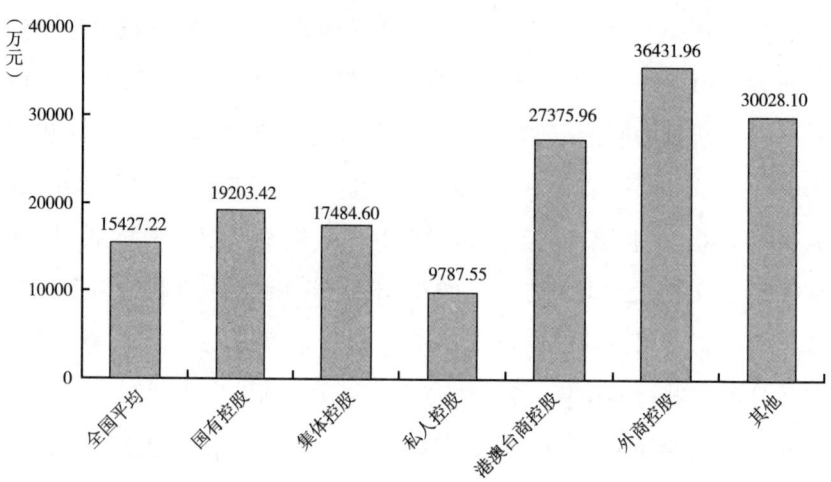

图9 2012年不同控股类型文化企业的户均营业收入

表11 2012年各中类不同控股类型企业的户均营业收入指数①

大类	序号	中类	国有	集体	私人	港澳台商	外商	其他
一	1	新闻服务	100	—	—	—	—	34.3
	2	出版服务	100	83.5	23.9	15.1	29.6	81.3
	3	发行服务	100	55.5	92.8	39.4	1929.2	87.6
二	4	广播电视服务	100	37.0	46.8	—	6.4	123.5
	5	电影和影视录音服务	100	31.2	48.7	66.8	47.4	32.8
三	6	文艺创作与表演服务	100	3.6	43.1	42.6	59.8	43.9
	7	图书馆与档案馆服务	100	121.3	—	—	—	—
	8	文化遗产保护服务	100	74.7	120.4	—	55.1	154.2
	9	群众文化服务	100	21.4	399.5	—	53.2	686.8
	10	文化研究和社团服务	100	—	67.7	—	—	2.2
	11	文化艺术培训服务	100	118.8	315.0	1269.7	89.8	141.7
	12	其他文化艺术服务	100	12.3	27.7	43.7	—	11.6
四	13	互联网信息服务	100	34.7	191.9	2654.5	668.5	377.3
	14	增值电信服务（文化部分）	100	12.8	12.9	56.5	31.2	86.0
	15	广播电视传输服务	100	18.5	25.7	3.3	513.9	38.5
五	16	广告服务	100	66.3	46.1	354.3	446.3	90.5
	17	文化软件服务	100	70.2	49.2	165.6	58.0	121.7
	18	建筑设计服务	100	39.0	18.3	14.1	17.9	23.0
	19	专业设计服务	100	29.9	21.2	23.1	44.0	22.2

① 以国有控股企业为100。

续表

大类	序号	中类	国有	集体	私人	港澳台商	外商	其他
六	20	景区游览服务	100	59.3	48.6	167.3	96.5	49.6
	21	娱乐休闲服务	100	22.2	13.2	14.8	20.7	16.2
	22	摄影扩印服务	100	26.0	45.8	100.7	42.1	33.3
七	23	工艺美术品的制造	100	24.9	12.5	25.1	14.0	11.4
	24	园林、陈设艺术及其他陶瓷制品的制造	100	221.0	310.9	265.3	128.7	375.7
	25	工艺美术品的销售	100	35.2	15.7	68.8	24.3	29.2
八	26	版权服务	100	9.0	34.0	13.3	162.6	34.3
	27	印刷复制服务	100	106.3	62.3	110.7	79.5	96.8
	28	文化经纪代理服务	100	—	65.5	89.9	53.8	124.7
	29	文化贸易代理与拍卖服务	100	33.3	38.2	126.6	81.7	103.2
	30	文化出租服务	100	6.4	37.2	—	37.5	4.3
	31	会展服务	100	58.0	31.2	59.7	61.7	52.6
	32	其他文化辅助生产	100	113.2	52.9	112.8	139.7	92.4
九	33	办公用品的制造	100	133.1	95.3	88.9	86.2	131.8
	34	乐器的制造	100	28.0	34.4	61.8	50.8	50.4
	35	玩具的制造	100	241.0	110.4	171.1	119.9	163.7
	36	游艺器材及娱乐用品的制造	100	107.5	243.8	158.2	98.0	92.6
	37	视听设备的制造	100	29.6	2.8	12.9	5.6	21.0
	38	焰火、鞭炮产品的制造	100	62.4	93.7	68.7	125.7	72.9
	39	文化用纸的制造	100	47.4	12.8	34.0	59.9	85.8
	40	文化用油墨颜料的制造	100	48.3	41.8	32.2	42.9	71.6
	41	文化用化学品的制造	100	32.3	26.0	41.9	46.3	129.8
	42	其他文化用品的制造	100	22.5	16.8	22.6	27.0	47.5
	43	文具乐器照相器材的销售	100	20.6	41.8	37.8	347.3	37.9
	44	文化用家电的销售	100	83.7	15.9	47.5	634.0	103.8
	45	其他文化用品的销售	100	3.1	64.4	164.5	388.9	36.1
十	46	印刷专用设备的制造	100	90.4	66.2	66.1	37.8	129.4
	47	广播电视电影专用设备的制造	100	53.1	80.1	108.1	70.0	99.6
	48	其他文化专用设备的制造	100	7.4	5.1	19.9	9.1	64.6
	49	广播电视电影专用设备的批发	100	31.5	54.3	61.5	2884.6	510.6
	50	舞台照明设备的批发	100	183.9	26.4	97.1	135.3	63.6

（二）不同控股类型文化企业的赢利

2012年，全国文化企业实现利润总额3727.1亿元。其中，私人控股企业的利润总额相对最多，达到了1466.65亿元，占比39.4%。同时，国有控股、集体控股、港澳台商控股、外商控股、其他5类企业的利润总额分别为816.06亿、115.38亿、685.64亿、245.71亿、397.66亿元，它们分别占当年全国文化企业利润总额的21.9%、3.1%、18.4%、6.6%、10.7%（见图10）。另一方面，与前述不同控股类型企业各自所占营业收入比重相比，港澳台商控股、国有控股2类企业的利润总额比重分别高出6.1个、3.5个百分点，而集体控股、私人控股、外商控股、其他4类企业则分别低0.3个、0.6个、4.1个、4.7个百分点。

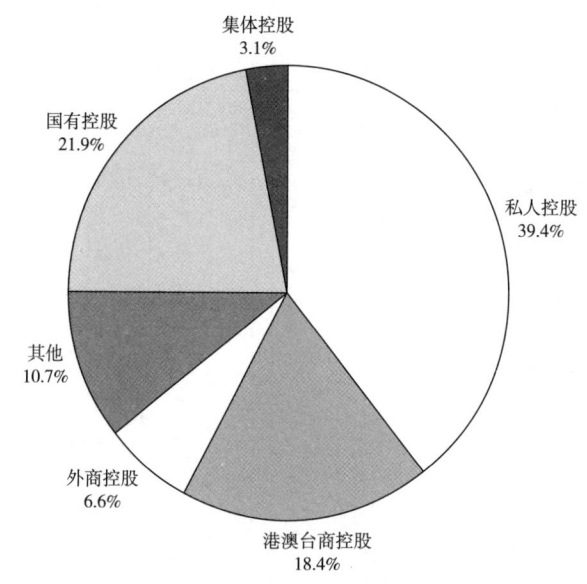

图10 2012年不同控股类型企业占全国文化企业利润总额的比重

1. 各部分文化企业中不同控股类型企业的赢利

从部分层面来看，私人控股企业同样是各大部分中赢利最多的一类企业。据统计，2012年"文化产品的生产"部分利润总额为2052.04亿元，其中私人控股企业占了31.5%，同时国有控股、集体控股、港澳台商控股、外商控股、其他5类企业所占比重分别为29.3%、1.6%、

24.4%、6.2%、7.1%;"文化相关产品的生产"部分利润总额为1675.06亿元,其中私人控股企业占了49%,同时国有控股、集体控股、港澳台商控股、外商控股、其他5类企业所占比重分别为12.8%、5%、11.1%、7.1%、15.1%(见图11)。

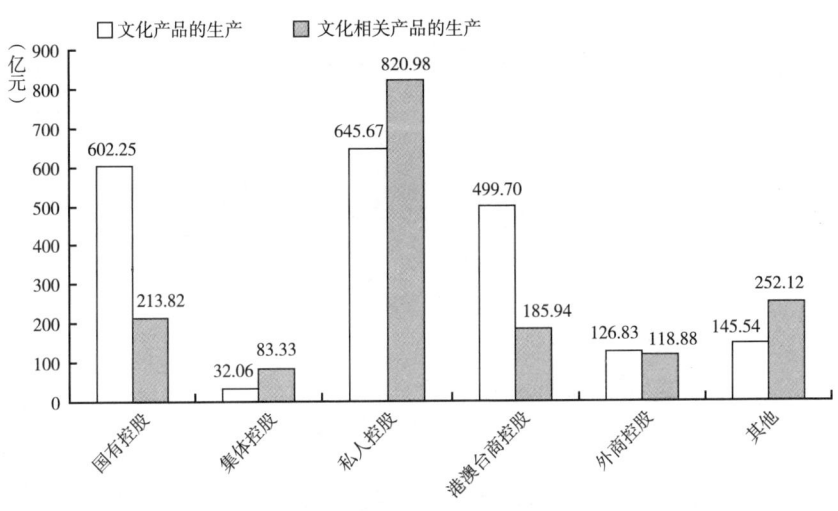

图11 2012年两大部分文化企业中不同控股类型企业的利润总额

与前述各大部分中不同控股类型企业所占营业收入比重相比,在"文化产品的生产"部分中,港澳台商控股、国有控股2类企业的利润比重分别高出各自的营业收入比重11.2个、0.2个百分点,而外商控股、其他、集体控股、私人控股4类企业的利润比重则分别低0.2个、0.3个、1个、9.9个百分点;在"文化相关产品的生产"部分中,私人控股、集体控股、国有控股3类企业的利润比重分别高出各自的营业收入比重10个、1.1个、0.9个百分点,而港澳台商控股、其他、外商控股3类企业的利润比重则分别低0.6个、5.3个、6.2个百分点(见图12)。

2. 各大类文化企业中不同控股类型企业的赢利

从大类层面来看,2012年各大类中不同控股类型企业赢利的分布大致有着如下特点(见表12)。

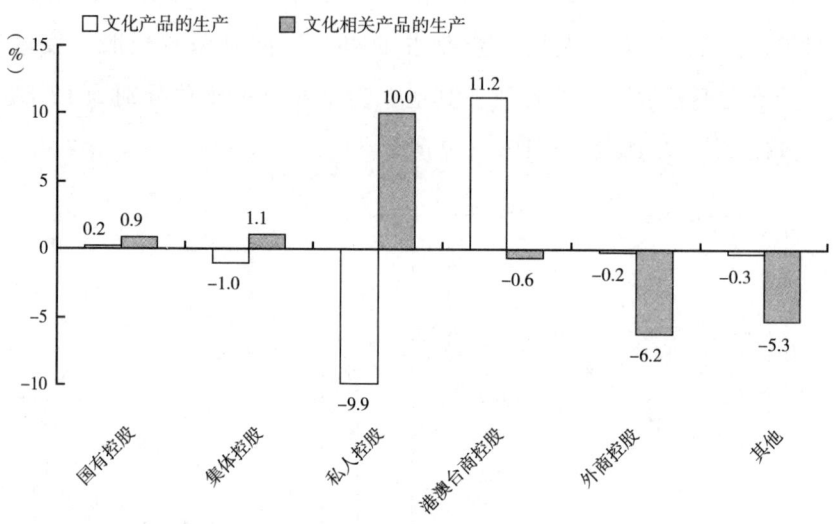

图12　2012年各大部分不同控股类型企业所占利润总额
比重与营业收入比重之差

表12　2012年各大类利润总额中不同控股类型企业所占比重

单位：%

大类	国有控股	集体控股	私人控股	港澳台商控股	外商控股	其他
一、新闻出版发行服务	95.1	1.2	2.4	0.0	-2.8	4.1
二、广播电视电影服务	44.7	0.4	35.2	0.7	0.1	19.0
三、文化艺术服务	22.1	3.1	54.2	6.8	0.1	13.8
四、文化信息传输服务	19.8	-0.3	13.3	46.9	15.5	4.8
五、文化创意和设计服务	27.8	2.4	29.9	26.5	6.7	6.7
六、文化休闲娱乐服务	34.7	4.4	45.9	6.9	2.7	5.4
七、工艺美术品的生产	8.1	2.1	61.7	17.2	2.2	8.7
八、文化产品生产的辅助生产	22.2	4.7	49.9	10.3	6.2	6.7
九、文化用品的生产	10.2	6.0	49.2	10.6	6.5	17.6
十、文化专用设备的生产	1.1	0.3	45.3	16.1	12.9	24.3

第一，私人控股企业在7个大类中占据了利润总额的首位。这7个大类包括工艺美术品的生产、文化艺术服务、文化产品生产的辅助生产、文化用品的生产、文化休闲娱乐服务、文化专用设备的生产、文化

创意和设计服务，私人控股企业在这些大类中所实现的利润总额依次为280.41亿、9.79亿、250.07亿、487.96亿、24.41亿、82.94亿、230.58亿元，其所占这些大类利润总额的比重则依次达到了61.7%、54.2%、49.9%、49.2%、45.9%、45.3%、29.9%。另外，私人控股企业在广播电视电影服务大类中所占的利润总额比重也达到了35.2%。

第二，国有控股企业在2个大类中赢利最多。这2个大类包括新闻出版发行服务和广播电视电影服务，当年其中国有控股企业的利润总额分别为193.76亿和45.24亿元，分别占当年这2个大类文化企业利润总额的95.1%、44.7%。另外，在文化休闲娱乐服务、文化创意和设计服务、文化产品生产的辅助生产、文化艺术服务、文化信息传输服务5个大类中，国有控股企业的赢利也相对较多，其利润总额占这些大类的比重依次为34.7%、27.8%、22.2%、22.1%、19.8%。

第三，港澳台商控股企业在文化信息传输服务大类的赢利最多，当年其在该大类的利润总额为211.47亿元，占比则达46.9%。如果把港澳台商控股和外商控股企业合计，那么当年它们在文化信息传输服务、文化创意和设计服务、文化专用设备的生产、工艺美术品的生产4个大类中的赢利相对较多，合计所占这些大类利润总额的比重依次为62.4%、33.2%、29.0%、19.4%。

3. 各大类不同控股类型企业赢利份额与产出份额的比较

进一步分析显示，在各大类不同控股类型企业赢利份额与产出份额的差异方面，国有控股企业、私人控股企业、港澳台商和外商控股企业的相应差异较为显著。具体表现在以下几方面（见图13）。

第一，国有控股企业在8个大类中所占利润总额比重小于营业收入比重。这些大类包括文化艺术服务、文化信息传输服务、广播电视电影服务、工艺美术品的生产、文化休闲娱乐服务、文化专用设备的生产、文化创意和设计服务、文化用品的生产，国有控股企业在这些大类中利润总额比重与营业收入比重的差距依次达到了21.1个、12.8个、8.6个、

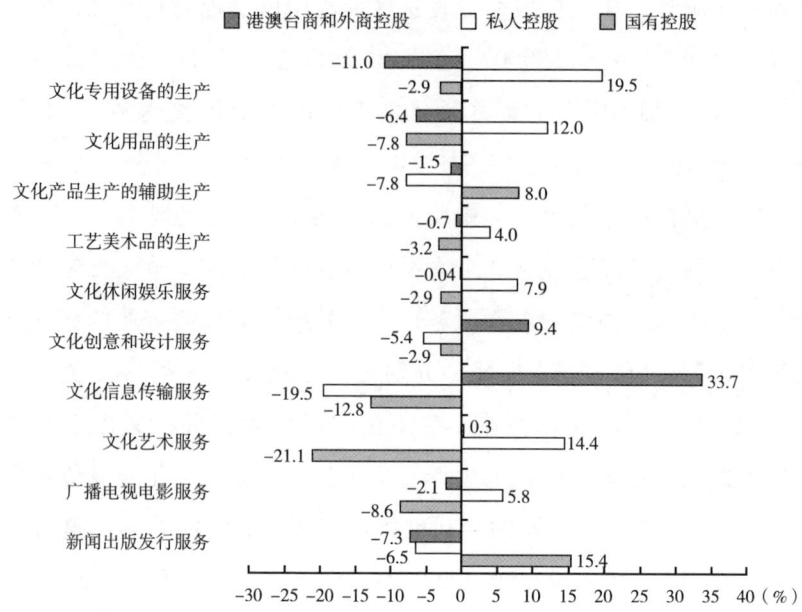

图 13　部分控股类型企业在各大类所占利润总额比重与营业收入比重的差距

3.2个、2.9个、2.9个、2.9个、7.8个百分点。只是在文化产品生产的辅助生产、新闻出版发行服务2个大类中，国有控股企业所占利润总额比重才分别比营业收入比重高出8个、15.4个百分点。

第二，私人控股企业在文化专用设备的生产、文化艺术服务、文化用品的生产、文化休闲娱乐服务、广播电视电影服务、工艺美术品的生产6个大类中所占利润总额的比重相对高于营业收入比重，两者依次相差19.5个、14.4个、12个、7.9个、5.8个、4个百分点；同时，在文化创意和设计服务、新闻出版发行服务、文化产品生产的辅助生产、文化信息传输服务4个大类中，私人控股企业所占利润总额的比重相对低于营业收入比重，两者差距依次达到了5.4个、6.5个、7.8个、19.5个百分点。

第三，港澳台商和外商控股企业在文化专用设备的生产、新闻出版发行服务、文化用品的生产、广播电视电影服务、文化产品生产的辅助生产、工艺美术品的生产、文化休闲娱乐服务7个大类中所占的利润总额比重低于营业收入比重，两者依次相差 11 个、7.3 个、6.4 个、2.1 个、1.5 个、0.7 个、0.04 个百分点；同时，在文化艺术服务、文化创意和设计服务、文化信息传输服务 3 个大类中，港澳台商和外商控股企业所占利润总额的比重相对高于营业收入比重，两者的差距依次为 0.3 个、9.4 个、33.7 个百分点。

4. 各中类文化企业中不同控股类型企业的赢利

从中类层面来看，各中类文化企业中不同控股类型企业赢利分布的主要特点包括（见表 13）。

表 13　2012 年不同控股类型企业在各中类利润总额中所占的比重

单位：%

大类	序号	中类	合计	国有	集体	私人	港澳台商	外商	其他
一	1	新闻服务	100.0	116.7	—	—	—	—	-16.7
	2	出版服务	100.0	93.1	1.4	0.6	0.03	-0.1	4.9
	3	发行服务	100.0	99.1	0.7	6.7	-0.03	-9.4	3.0
二	4	广播电视服务	100.0	32.9	-1.4	17.5	—	0.01	51.0
	5	电影和影视录音服务	100.0	50.6	1.3	44.0	1.0	0.1	3.0
三	6	文艺创作与表演服务	100.0	21.7	-0.7	48.3	2.6	0.05	28.1
	7	图书馆与档案馆服务	100.0	-52.7	152.7	—	—	—	—
	8	文化遗产保护服务	100.0	78.8	5.6	18.7	—	2.4	-5.6
	9	群众文化服务	100.0	-22.5	2.6	144.8	—	-1.8	-23.1
	10	文化研究和社团服务	100.0	80.7	—	19.3	—	—	0.0
	11	文化艺术培训服务	100.0	3.1	15.9	53.5	20.0	-1.2	8.8
	12	其他文化艺术服务	100.0	13.3	2.7	69.9	12.9	—	1.2
四	13	互联网信息服务	100.0	1.7	-0.5	15.0	61.0	19.6	3.2
	14	增值电信服务（文化部分）	100.0	65.0	0.4	18.9	0.3	1.8	13.5
	15	广播电视传输服务	100.0	85.9	0.03	3.2	0.01	1.8	9.0
五	16	广告服务	100.0	36.0	1.5	34.0	6.5	14.9	7.1
	17	文化软件服务	100.0	6.6	1.2	30.8	48.1	6.2	7.1
	18	建筑设计服务	100.0	64.5	5.5	23.5	0.3	1.2	4.9
	19	专业设计服务	100.0	20.1	1.9	48.6	5.6	9.8	14.0
六	20	景区游览服务	100.0	44.9	4.4	32.2	9.9	3.7	4.9
	21	娱乐休闲服务	100.0	5.4	5.0	89.8	-6.7	-0.7	7.3
	22	摄影扩印服务	100.0	10.0	-0.4	20.9	58.3	8.3	2.9

续表

大类	序号	中类	合计	国有	集体	私人	港澳台商	外商	其他
七	23	工艺美术品的制造	100.0	3.1	1.7	65.1	19.9	2.9	7.3
	24	园林、陈设艺术及其他陶瓷制品的制造	100.0	0.1	0.3	85.2	11.3	0.6	2.5
	25	工艺美术品的销售	100.0	36.7	4.5	39.6	3.6	-1.2	16.8
八	26	版权服务	100.0	54.8	0.1	39.1	0.4	4.5	1.2
	27	印刷复制服务	100.0	12.9	5.7	58.1	11.1	5.7	6.5
	28	文化经纪代理服务	100.0	22.2	—	1.6	-0.7	-1.4	78.3
	29	文化贸易代理与拍卖服务	100.0	25.8	0.1	37.0	18.4	16.8	1.9
	30	文化出租服务	100.0	89.5	-2.7	92.9	—	-52.8	-26.9
	31	会展服务	100.0	66.6	2.8	16.6	6.5	5.9	1.7
	32	其他文化辅助生产	100.0	37.0	3.6	33.2	2.4	2.4	21.4
九	33	办公用品的制造	100.0	4.0	2.4	74.1	5.6	4.4	9.5
	34	乐器的制造	100.0	14.5	2.1	55.2	14.1	7.4	6.6
	35	玩具的制造	100.0	0.2	0.7	61.9	21.9	3.4	11.9
	36	游艺器材及娱乐用品的制造	100.0	0.4	0.6	92.5	6.6	0.6	-0.7
	37	视听设备的制造	100.0	25.1	7.4	13.0	20.3	3.6	30.6
	38	焰火、鞭炮产品的制造	100.0	0.1	3.0	93.7	0.3	2.4	0.5
	39	文化用纸的制造	100.0	9.5	11.7	52.6	6.7	4.9	14.6
	40	文化用油墨颜料的制造	100.0	3.9	4.1	57.2	7.6	4.7	22.6
	41	文化用化学品的制造	100.0	13.2	-0.9	64.3	-2.4	10.7	15.1
	42	其他文化用品的制造	100.0	4.1	1.9	55.7	7.5	5.3	25.6
	43	文具乐器照相器材的销售	100.0	7.2	5.3	94.7	0.1	-15.4	8.1
	44	文化用家电的销售	100.0	1.8	1.7	42.1	10.7	34.0	9.7
	45	其他文化用品的销售	100.0	2.4	0.01	25.7	6.2	62.5	3.1
十	46	印刷专用设备的制造	100.0	-9.6	0.3	57.0	7.1	0.6	44.5
	47	广播电视电影专用设备的制造	100.0	5.1	0.2	72.4	15.5	3.6	3.1
	48	其他文化专用设备的制造	100.0	-0.6	0.1	13.6	13.8	0.5	72.6
	49	广播电视电影专用设备的批发	100.0	3.0	-0.1	18.4	9.3	73.4	-3.9
	50	舞台照明设备的批发	100.0	2.4	1.4	24.3	43.8	27.0	1.1

第一，私人控股企业在25个中类文化企业中赢利最多。这些中类以及私人控股企业所占利润总额的比重依次为：群众文化服务（144.8%）、文具乐器照相器材的销售（94.7%）、焰火、鞭炮产品的制造（93.7%）、文化出租服务（92.9%）、游艺器材及娱乐用品的制

造（92.5%）、娱乐休闲服务（89.8%）、园林、陈设艺术及其他陶瓷制品的制造（85.2%）、办公用品的制造（74.1%）、广播电视电影专用设备的制造（72.4%）、其他文化艺术服务（69.9%）、工艺美术品的制造（65.1%）、文化用化学品的制造（64.3%）、玩具的制造（61.9%）、印刷复制服务（58.1%）、文化用油墨颜料的制造（57.2%）、印刷专用设备的制造（57%）、其他文化用品的制造（55.5%）、乐器的制造（55.2%）、文化艺术培训服务（53.5%）、文化用纸的制造（52.6%）、专业设计服务（48.6%）、文艺创作与表演服务（48.3%）、文化用家电的销售（42.1%）、工艺美术品的销售（39.6%）、文化贸易代理与拍卖服务（37%）。

第二，国有控股企业在14个中类文化企业中赢利最多。这些中类以及国有控股企业所占利润总额的比重依次为：新闻服务（116.7%）、发行服务（99.1%）、出版服务（93.1%）、广播电视传输服务（85.9%）、文化研究和社团服务（80.7%）、文化遗产保护服务（78.8%）、会展服务（66.6%）、增值电信服务（文化部分，65%）、建筑设计服务（64.5%）、版权服务（54.8%）、电影和影视录音服务（50.6%）、景区游览服务（44.9%）、其他文化辅助生产（37%）、广告服务（36%）。

第三，港澳台商控股企业在4个中类文化企业中赢利最多。这些中类以及港澳台商控股企业所占利润总额的比重依次为：互联网信息服务（61%）、摄影扩印服务（58.3%）、文化软件服务（48.1%）、舞台照明设备的批发（43.8%）。

第四，外商控股企业在2个中类文化企业中赢利最多。这些中类以及外商控股企业所占利润总额的比重依次为：广播电视电影专用设备的批发（73.4）、其他文化用品的销售（62.6%）。

第五，集体控股企业在图书馆与档案馆服务中类企业中赢利最多，其所占利润总额比重达到了152.7%。

第六，其他控股类型企业在4个中类文化企业中赢利最多。这些中类及其他控股类型企业所占利润总额的比重依次为：文化经纪代理服务（78.3%）、其他文化专用设备的制造（72.6%）、广播电视服务（51%）、视听设备的制造（30.6%）。

第七，除私人控股企业之外，在有关中类中其他5个控股类型企业都出现了全面亏损。其中，国有控股企业全面亏损的有4个中类，包括其他文化专用设备的制造、印刷专用设备的制造、群众文化服务、图书馆与档案馆服务；集体控股企业全面亏损的有7个中类，包括广播电视电影专用设备的批发、摄影扩印服务、互联网信息服务、文艺创作与表演服务、文化用化学品的制造、广播电视服务、文化出租服务；港澳台商控股企业全面亏损的有4个中类，包括发行服务、文化经纪代理服务、文化用化学品的制造、娱乐休闲服务；外商控股企业全面亏损的有9个中类，包括出版服务、娱乐休闲服务、工艺美术品的销售、文化艺术培训服务、文化经纪代理服务、群众文化服务、发行服务、文具乐器照相器材的销售、文化出租服务；其他控股类型企业全面亏损的有6个中类，包括游艺器材及娱乐用品的制造、广播电视电影专用设备的批发、文化遗产保护服务、新闻服务、群众文化服务、文化出租服务。

三 不同控股类型文化企业的就业与生产率

2012年末，全国文化企业从业人员数量共6994335人，其中私人控股企业占了43.9%；不仅如此，该类企业在两大部分、5个大类、31个中类中也是位居从业人员数量榜首。同时，国有控股企业则在4个大类及12个中类中的从业人员数量也最多。在不同控股类型企业中，外商控股、国有控股企业的人均应付职工薪酬明显较高，其中前者在"文化产品的生产"部分以及6个大类、17个中类中排名第一，而后者在"文化相关产品的生产"部分以及4个大类、16个中类中占据榜首。另外，虽然各部分、大类、中类不同控股类型企业的劳动生产率表现各异,但综合说来,国有控股企业的劳动生产率相对较高,外商控股、私人控股企业稍次,而集体控股企业和其他控股类型企业的劳动生产率则明显较低。

(一) 不同控股类型文化企业的就业

2012年全国不同控股类型文化企业就业结构的一个突出特点是,私人控股类型企业年末从业人员数量多达3068586人,占全国文化企业合计值的43.9%。国有控股、集体控股、港澳台商控股、外商控股、其他控股类型文化企业的年末从业人员数量分别为1182269、283880、1165791、382321、911488人,它们分别占全国文化企业合计值的16.9%、4.1%、16.7%、5.5%、13.0%(见图14)。与前述不同控股类型企业的营业收入比重相比较,国有控股、外商控股、其他控股类型企业所占年末从业人员数量比重分别低1.5个、5.2个、2.4个百分点,同时集体控股、私人控股、港澳台商控股企业则高出0.7个、4个、4.4个百分点。

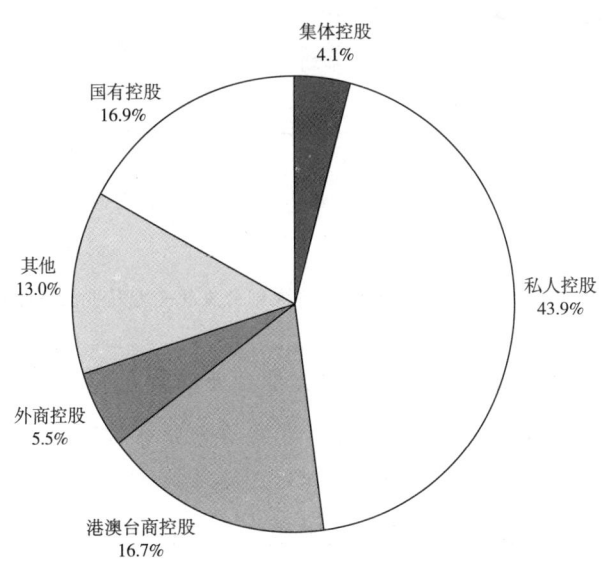

图14 2012年末不同控股类型企业占全国文化企业从业人员数量的比重

1. 各部分文化企业中不同控股类型企业的就业

在两大部分文化企业中,私人控股企业的就业规模同样明显领先于其他5个控股类型企业(见图15)。据统计,在2012年"文化产品的生产"部分年末从业人员数量中,私人控股类型企业占了42.6%,国有控股、集体控股、港澳台商控股、外商控股、其他控股类型企业所占比重分别为27.6%、3.6%、11.0%、6.4%、8.9%;同时,在"文化相关产品的生产"部分年末从业人员数量中,私人控股企业占了44.8%,国有控股、集体控股、港澳台商控股、外商控股、其他控股类型企业所占比重则分别为9.0%、4.4%、20.9%、4.8%、16.1%。

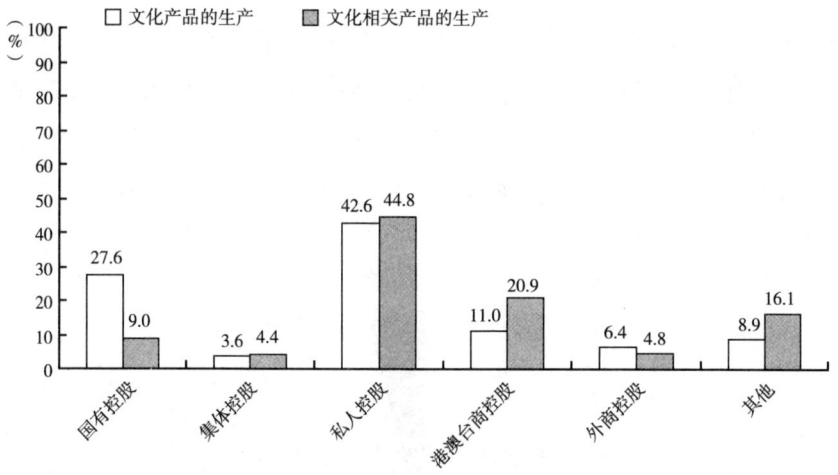

图15 2012年末不同控股类型企业占各大部分文化企业从业人员数量的比重

2. 各大类文化企业中不同控股类型企业的就业

如表14所示,2012年末不同控股类型企业在大类层面上的就业分布主要有以下四个特点(见表14)。

第一,私人控股企业在5个大类中就业规模相对最大。这5个大类及私人控股企业所占从业人员数量比重依次为:工艺美术品的生产(61.8%)、文化产品生产的辅助生产(54.5%)、文化用品的生产

（43.3%）、文化创意和设计服务（41.9%）、文化休闲娱乐服务（40.4%）。另外，私人控股企业在文化专用设备的生产、文化艺术服务、文化信息传输服务、广播电视电影服务4个大类中所占从业人员数量的比重也都超过了1/4，依次达到了34.9%、32.8%、29.8%、25.8%。

第二，国有控股企业在4个大类中就业规模相对最大。这4个大类及国有控股企业所占从业人员数量比重依次为：新闻出版发行服务（82.1%）、广播电视电影服务（50.1%）、文化信息传输服务（47.5%）、文化艺术服务（38.0%）。另外，国有控股企业在文化休闲娱乐服务、文化创意和设计服务2个大类从业人员数量中所占比重也都超过了1/4，依次达到了32.2%、25.9%。

第三，其他控股类型企业在文化专用设备的生产大类中就业规模相对最大，其所占该大类从业人员数量的比重高达35.8%。

第四，港澳台商和外商控股企业合计在文化用品的生产、工艺美术品的生产、文化专用设备的生产、文化创意和设计服务4个大类中所占从业人员数量的比重也都超过了1/5，依次为28.3%、23.1%、22.6%、21.2%。

表14　2012年末不同控股类型企业占各大类文化企业从业人员数量的比重

单位：%

大类	国有	集体	私人	港澳台商	外商	其他
一、新闻出版发行服务	82.1	2.8	6.3	0.1	1.0	7.8
二、广播电视电影服务	50.1	3.6	25.8	2.9	0.8	16.8
三、文化艺术服务	38.0	4.7	32.8	8.6	0.3	15.5
四、文化信息传输服务	47.5	1.5	29.8	11.9	4.9	4.4
五、文化创意和设计服务	25.9	3.1	41.9	7.7	13.5	7.9
六、文化休闲娱乐服务	32.2	9.8	40.4	5.6	2.4	9.6
七、工艺美术品的生产	1.2	3.4	61.8	19.4	3.7	10.6
八、文化产品生产的辅助生产	14.7	4.7	54.5	13.6	5.3	7.2
九、文化用品的生产	7.7	4.8	43.3	23.5	4.8	15.9
十、文化专用设备的生产	5.4	1.3	34.9	18.6	4.0	35.8

3. 各中类文化企业中不同控股类型企业的就业

从中类层面来看，2012 年末不同控股类型企业在各中类的就业规模分布特点主要体现在以下五个方面（见表15）。

表15 2012 年末不同控股类型企业占各中类文化企业从业人员数量的比重

单位：%

大类	序号	中类	国有	集体	私人	港澳台商	外商	其他
一	1	新闻服务	74.5	—	—	—	—	25.5
	2	出版服务	84.1	3.7	1.3	0.05	0.1	10.8
	3	发行服务	79.8	1.9	13.0	0.1	2.3	3.0
二	4	广播电视服务	57.9	3.9	8.5	—	0.2	29.4
	5	电影和影视录音服务	45.5	3.4	36.0	4.5	1.1	9.5
三	6	文艺创作与表演服务	60.6	1.6	16.4	1.5	0.1	19.9
	7	图书馆与档案馆服务	37.6	10.0	—	—	—	52.5
	8	文化遗产保护服务	43.6	4.5	23.9	—	3.0	24.9
	9	群众文化服务	27.4	3.2	56.2	—	0.5	12.8
	10	文化研究和社团服务	82.3	—	13.3	—	0.0	4.4
	11	文化艺术培训服务	1.0	11.4	52.3	26.8	0.3	8.2
	12	其他文化艺术服务	6.6	4.1	82.1	2.5	—	4.7
四	13	互联网信息服务	8.6	1.1	51.1	25.3	10.1	3.8
	14	增值电信服务（文化部分）	62.6	0.4	27.7	4.4	1.2	3.6
	15	广播电视传输服务	84.9	2.5	6.3	0.04	0.8	5.4
五	16	广告服务	21.1	2.4	54.6	7.2	7.5	7.2
	17	文化软件服务	6.6	2.5	43.5	12.9	25.0	9.5
	18	建筑设计服务	54.7	3.9	33.6	0.6	1.0	6.1
	19	专业设计服务	20.8	6.9	45.4	10.1	9.7	7.2
六	20	景区游览服务	41.8	13.6	31.3	3.9	1.2	8.1
	21	娱乐休闲服务	19.9	3.8	58.0	3.0	5.3	10.0
	22	摄影扩印服务	4.0	2.8	46.0	27.5	0.5	19.2
七	23	工艺美术品的制造	0.6	3.7	61.1	19.6	4.1	10.8
	24	园林、陈设艺术及其他陶瓷制品的制造	0.7	0.4	77.2	12.3	0.8	8.5
	25	工艺美术品的销售	6.9	2.7	57.2	22.1	1.4	9.7
八	26	版权服务	18.6	1.4	67.3	1.6	7.9	3.3
	27	印刷复制服务	12.5	4.7	55.9	14.9	4.5	7.4
	28	文化经纪代理服务	30.6	—	59.6	2.1	6.6	1.2

续表

大类	序号	中类	国有	集体	私人	港澳台商	外商	其他
八	29	文化贸易代理与拍卖服务	15.9	1.4	34.3	3.6	41.4	3.4
	30	文化出租服务	11.6	8.5	72.8	—	3.6	3.5
	31	会展服务	31.9	3.5	46.9	3.9	5.6	8.2
	32	其他文化辅助生产	34.6	6.8	38.1	6.0	7.8	6.7
九	33	办公用品的制造	1.4	1.1	59.7	17.7	3.5	16.6
	34	乐器的制造	11.6	1.8	36.9	15.5	4.1	30.1
	35	玩具的制造	0.4	3.9	28.0	53.8	2.6	11.3
	36	游艺器材及娱乐用品的制造	1.9	1.1	78.1	13.7	1.1	4.0
	37	视听设备的制造	17.2	4.7	18.1	32.4	3.1	24.5
	38	焰火、鞭炮产品的制造	0.2	7.0	89.0	0.9	2.2	0.7
	39	文化用纸的制造	12.6	9.6	58.6	5.1	5.5	8.6
	40	文化用油墨颜料的制造	7.9	2.8	61.7	10.4	4.2	12.9
	41	文化用化学品的制造	18.2	1.1	24.5	7.2	6.0	43.0
	42	其他文化用品的制造	2.2	1.6	47.5	19.8	5.1	23.7
	43	文具乐器照相器材的销售	7.2	6.1	68.5	0.5	11.2	6.6
	44	文化用家电的销售	4.3	4.4	51.8	2.4	19.8	17.3
	45	其他文化用品的销售	7.4	0.3	64.5	4.1	18.1	5.6
十	46	印刷专用设备的制造	15.0	3.7	55.1	11.3	3.0	11.9
	47	广播电视电影专用设备的制造	4.6	0.3	51.4	20.5	4.4	18.7
	48	其他文化专用设备的制造	3.6	1.1	10.9	21.0	0.7	62.6
	49	广播电视电影专用设备的批发	7.9	0.3	62.3	4.3	4.6	20.6
	50	舞台照明设备的批发	2.1	7.4	32.6	16.1	40.0	1.7

第一，私人控股企业在31个中类的就业规模相对最大。这些中类及私人控股企业所占从业人员数量比重依次为：焰火、鞭炮产品的制造（89.0%）、其他文化艺术服务（82.1%）、游艺器材及娱乐用品的制造（78.1%）、园林、陈设艺术及其他陶瓷制品的制造（77.2%）、文化出租服务（72.8%）、文具乐器照相器材的销售（68.5%）、版权服务（67.3%）、其他文化用品的销售（64.5%）、广播电视电影专用设备的批发（62.3%）、文化用油墨颜料的制造（61.7%）、工艺美术品的制造（61.1%）、办公用品的制造（59.7%）、文化经纪代理服务（59.6%）、文化用纸的制造（58.6%）、娱乐休闲服务（58%）、工艺

美术品的销售（57.2%）、群众文化服务（56.2%）、印刷复制服务（55.9%）、印刷专用设备的制造（55.1%）、广告服务（54.6%）、文化艺术培训服务（52.3%）、文化用家电的销售（51.8%）、广播电视电影专用设备的制造（51.4%）、互联网信息服务（51.1%）、其他文化用品的制造（47.5%）、会展服务（46.9%）、摄影扩印服务（46%）、专业设计服务（45.4%）、文化软件服务（43.5%）、其他文化辅助生产（38.1%）、乐器的制造（36.9%）。

第二，国有控股企业在12个中类的就业规模相对最大。这些中类及国有控股企业所占从业人员数量比重依次为：广播电视传输服务（84.9%）、出版服务（84.1%）、文化研究和社团服务（82.3%）、发行服务（79.8%）、新闻服务（74.5%）、增值电信服务（文化部分，62.6%）、文艺创作与表演服务（60.6%）、广播电视服务（57.9%）、建筑设计服务（54.7%）、电影和影视录音服务（45.5%）、文化遗产保护服务（43.6%）、景区游览服务（41.8%）。

第三，港澳台商控股企业在玩具的制造、视听设备的制造2个中类的就业规模相对最大，其所占从业人员比重依次达到了53.8%、32.4%。

第四，外商控股企业在文化贸易代理与拍卖服务、舞台照明设备的批发2个中类的就业规模相对最大，其所占从业人员数量比重依次为41.4%、40.0%。

第五，其他控股企业在其他文化专用设备的制造、图书馆与档案馆服务、文化用化学品的制造3个中类的就业规模相对最大，其所占从业人员数量比重依次为62.6%、52.5%、43.0%。

（二）不同控股类型文化企业的工资

由数据可得性所致，在此我们以人均应付职工薪酬[①]为指标，考察

[①] 由数据可得性所致，我们所统计的人均应付职工薪酬＝应付职工薪酬/年末从业人员数量。

不同控股类型文化企业人均工资的相应分布及差别。据测算，2012年全国文化企业人均应付职工薪酬为5.82万元。在不同控股类型企业中，外商控股、国有控股企业的人均应付职工薪酬明显较高，分别达到了9.83万、9.11万元；同时集体控股、私人控股、港澳台商控股、其他控股企业的人均应付职工薪酬则分别为4.53万、4.37万、5.16万、5.98万元（见图16）。若以外商控股企业为标杆，则私人控股、集体控股、港澳台商控股、其他、国有控股企业人均应付职工薪酬依次相当于外商控股企业的44.5%、46.1%、52.5%、60.8%、92.7%。

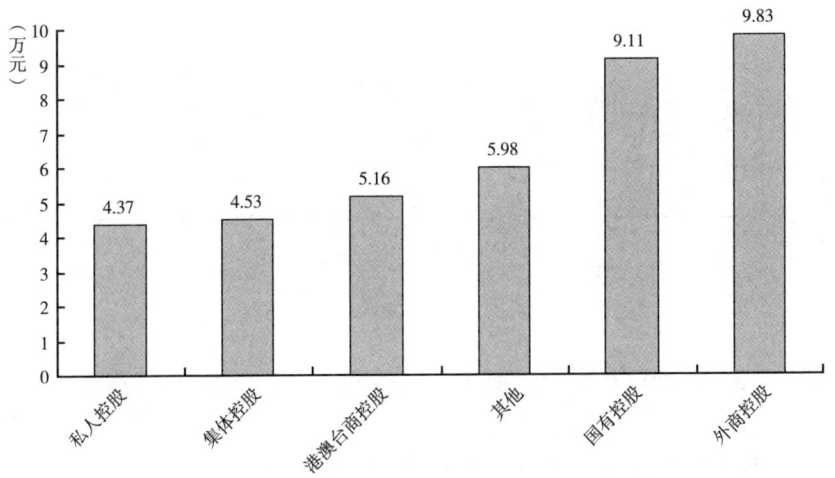

图16　2012年不同控股类型文化企业人均应付职工薪酬

1. 各部分文化企业中不同控股类型企业的工资

与两大部分文化企业人均工资的差异一样，2012年"文化产品的生产"部分中不同控股类型企业的人均应付职工薪酬也都相应高于"文化相关产品的生产"部分。据测算，在"文化产品的生产"部分中，外商控股企业的人均应付职工薪酬最高，达到了13.41万元，分别比国有控股（10.16万元）、集体控股（5.69万元）、私人控股（5.28万元）、港澳台商控股（8.3万元）、其他控股类型企业（6.68万元）

高出32.0%、135.8%、153.8%、61.6%、100.6%；在"文化相关产品的生产"部分中，国有控股企业的人均应付职工薪酬最高，达到了6.73万元，分别比集体控股（3.84万元）、私人控股（3.73万元）、港澳台商控股（3.94万元）、外商控股（6.31万元）、其他控股类型企业（5.69万元）高出75.3%、80.5%、71%、6.6%、18.2%。

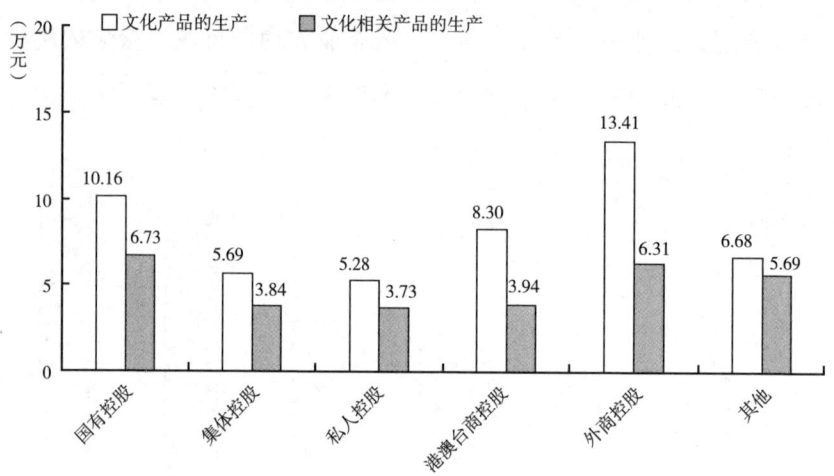

图17　2012年各部分不同控股类型文化企业的人均应付职工薪酬

2. 各大类文化企业中不同控股类型企业的工资

从大类层面来看，2012年不同控股类型企业人均工资分布的主要特点有3个（见表16）。

第一，外商控股企业在6个大类中人均应付职工薪酬最高，这些大类及其中外商控股企业人均应付职工薪酬包括：新闻出版发行服务（16.9万元）、文化艺术服务（10.52万元）、文化信息传输服务（20.69万元）、文化创意和设计服务（15.78万元）、文化产品生产的辅助生产（8.12万元）、文化专用设备的生产（8.9万元）。

第二，国有控股企业在4个大类中人均应付职工薪酬最高，这些大类及其中国有控股企业人均应付职工薪酬包括：广播电视电影服务

(11.35万元)、文化休闲娱乐服务(5.19万元)、工艺美术品的生产(9.08万元)、文化用品的生产(6.34万元)。

第三,各大类同一控股类型企业之间在人均应付职工薪酬方面存在着不同程度的差异。按离散程度大小排序,依次为港澳台商控股、外商控股、集体控股、其他控股类型、私人控股、国有控股,它们在各大类人均应付职工薪酬分布的标准差系数依次为0.63、0.57、0.42、0.41、0.35、0.33。

表16　2012年各大类不同控股类型文化企业的人均应付职工薪酬

单位:万元

大 类	国有	集体	私人	港澳台商	外商	其他
一、新闻出版发行服务	9.00	5.99	4.56	7.81	16.90	8.17
二、广播电视电影服务	11.35	5.44	6.21	5.64	4.58	7.15
三、文化艺术服务	5.08	2.32	5.37	8.35	10.52	3.59
四、文化信息传输服务	8.25	5.36	8.55	18.51	20.69	10.55
五、文化创意和设计服务	14.40	10.28	7.84	15.77	15.78	11.04
六、文化休闲娱乐服务	5.19	3.41	3.11	4.79	4.87	3.15
七、工艺美术品的生产	9.08	3.41	3.55	4.07	3.61	3.75
八、文化产品生产的辅助生产	7.33	5.75	3.72	4.74	8.12	5.62
九、文化用品的生产	6.34	3.20	3.68	3.66	5.36	5.57
十、文化专用设备的生产	6.97	5.45	4.13	5.07	8.90	6.07

3. 各中类文化企业中不同控股类型企业的工资

从中类层面来看,2012年各中类文化企业中不同控股类型企业人均工资水平的分布特点主要表现在如下七个方面(见表17)。

第一,外商控股企业人均工资水平最高的有17个中类。这些中类及外商控股企业人均应付职工薪酬包括:发行服务(17.28万元)、文艺创作与表演服务(7.23万元)、文化遗产保护服务(5万元)、群众文化服务(17.03万元)、文化艺术培训服务(18.92万元)、增值电信服务(文化部分,25.4万元)、广播电视传输服务(38.73万元)、广告服务（25.52万元）、建筑设计服务（17.45万元）、专业设计服务（21.28万元）、摄影扩印服务（16.03万元）、版权服务（25.75万元）、文化贸易代理与拍卖服务（18.43万元）、文化出租服务（22.9万元）、会展服务（14.49万元）、其他文化辅助生产（20.29万元）、广播电视电影专用设备的批发（26.69万元）。

表17 各中类文化企业中不同控股类型企业的人均应付职工薪酬

单位：万元

大类	序号	中类	国有	集体	私人	港澳台商	外商	其他
一	1	新闻服务	5.05	—	—	—	—	4.00
	2	出版服务	9.91	6.66	6.03	9.63	7.10	9.11
	3	发行服务	7.99	4.31	4.38	6.22	17.28	5.83
二	4	广播电视服务	12.13	6.83	10.87	—	2.47	8.97
	5	电影和影视录音服务	10.77	4.48	5.56	5.64	4.83	3.83
三	6	文艺创作与表演服务	4.97	1.57	4.37	4.69	7.23	3.07
	7	图书馆与档案馆服务	1.08	7.68	—	—	—	5.62
	8	文化遗产保护服务	3.11	4.30	2.78	—	5.00	3.90
	9	群众文化服务	6.13	1.46	3.59	—	17.03	6.03
	10	文化研究和社团服务	11.52	—	6.02	—	—	3.61
	11	文化艺术培训服务	8.56	1.97	6.54	8.69	18.92	5.36
	12	其他文化艺术服务	11.73	6.77	4.98	11.34	—	3.23
四	13	互联网信息服务	11.00	7.00	9.56	19.49	19.15	13.89
	14	增值电信服务（文化部分）	10.33	7.91	5.59	5.22	25.40	13.46
	15	广播电视传输服务	7.22	4.30	5.31	3.40	38.73	7.01
五	16	广告服务	9.58	7.28	7.40	19.75	25.52	9.13
	17	文化软件服务	13.15	8.02	8.18	15.31	14.60	12.77
	18	建筑设计服务	15.30	13.40	7.81	13.86	17.45	8.79
	19	专业设计服务	17.49	8.67	6.21	12.43	21.28	8.13
六	20	景区游览服务	4.87	3.42	2.93	5.70	5.63	3.22
	21	娱乐休闲服务	6.24	3.40	3.14	5.02	4.20	4.30
	22	摄影扩印服务	11.89	3.04	3.87	3.71	16.03	0.80
七	23	工艺美术品的制造	7.83	3.18	3.39	3.69	3.44	3.54
	24	园林、陈设艺术及其他陶瓷制品的制造	2.21	2.42	3.45	3.04	2.79	3.36
	25	工艺美术品的销售	10.43	6.31	5.10	7.35	8.07	6.08

续表

大类	序号	中类	国有	集体	私人	港澳台商	外商	其他
八	26	版权服务	20.96	4.68	8.40	16.58	25.75	8.09
	27	印刷复制服务	6.19	5.76	3.43	4.45	4.32	5.53
	28	文化经纪代理服务	10.84	—	6.15	19.94	6.01	34.45
	29	文化贸易代理与拍卖服务	14.67	7.53	6.32	8.80	18.43	11.44
	30	文化出租服务	7.72	2.53	5.19	—	22.90	4.72
	31	会展服务	11.74	7.09	5.52	10.63	14.49	4.96
	32	其他文化辅助生产	7.72	5.14	5.85	11.97	20.29	6.27
九	33	办公用品的制造	4.62	4.04	3.46	3.69	2.78	4.47
	34	乐器的制造	4.29	5.42	3.59	3.78	4.20	4.04
	35	玩具的制造	2.81	2.69	3.50	3.17	3.23	3.74
	36	游艺器材及娱乐用品的制造	5.56	5.49	3.97	3.83	3.51	5.27
	37	视听设备的制造	6.73	3.90	4.37	4.24	4.55	5.54
	38	焰火、鞭炮产品的制造	1.22	2.69	3.05	3.16	2.76	3.38
	39	文化用纸的制造	5.49	2.55	3.24	3.84	3.97	7.41
	40	文化用油墨颜料的制造	5.76	3.95	4.90	5.27	4.52	7.87
	41	文化用化学品的制造	7.01	4.43	3.90	4.59	4.77	7.04
	42	其他文化用品的制造	7.07	5.77	3.60	3.73	4.12	5.85
	43	文具乐器照相器材的销售	9.62	3.65	12.26	7.81	9.75	4.16
	44	文化用家电的销售	9.39	4.46	3.45	3.99	9.13	6.65
	45	其他文化用品的销售	6.65	1.48	3.60	8.00	6.85	3.60
十	46	印刷专用设备的制造	6.89	3.85	3.74	8.41	4.19	11.22
	47	广播电视电影专用设备的制造	7.08	4.35	4.12	4.70	4.79	4.78
	48	其他文化专用设备的制造	5.42	3.48	4.11	4.32	3.39	5.91
	49	广播电视电影专用设备的批发	10.89	7.38	4.49	6.56	26.69	11.67
	50	舞台照明设备的批发	13.03	11.46	5.21	13.44	12.45	4.68

第二，国有控股企业人均工资水平最高的有16个中类。这些中类及其中国有控股企业人均应付职工薪酬包括：新闻服务（5.05万元）、出版服务（9.91万元）、广播电视服务（12.13万元）、电影和影视录音服务（10.77万元）、文化研究和社团服务（11.52万元）、其他文化艺术服务（11.73万元）、娱乐休闲服务（6.24万元）、工艺美术品的制造（7.83万元）、工艺美术品的销售（10.43万元）、印刷复制服务

(6.19万元)、办公用品的制造(4.62万元)、游艺器材及娱乐用品的制造(5.56万元)、视听设备的制造(6.73万元)、其他文化用品的制造(7.07万元)、文化用家电的销售(9.39万元)、广播电视电影专用设备的制造(7.08万元)。

第三,其他控股类型企业人均工资水平最高的有8个中类。这些中类及其中其他控股类型企业人均应付职工薪酬包括:文化经纪代理服务(34.45万元)、玩具的制造(3.74万元)、焰火、鞭炮产品的制造(3.38万元)、文化用纸的制造(7.41万元)、文化用油墨颜料的制造(7.87万元)、文化用化学品的制造(7.04万元)、印刷专用设备的制造(11.22万元)、其他文化专用设备的制造(5.91万元)。

第四,港澳台商控股企业人均工资水平最高的有5个中类。这些中类及其中港澳台商控股企业人均应付职工薪酬包括:互联网信息服务(19.49万元)、文化软件服务(15.31万元)、景区游览服务(5.7万元)、其他文化用品的销售(8万元)、舞台照明设备的批发(13.44万元)。

第五,集体控股企业在图书馆与档案馆服务、乐器的制造2个中类的人均工资水平最高,其人均应付职工薪酬分别达到了7.68万元、5.42万元。

第六,私人控股企业在园林、陈设艺术及其他陶瓷制品的制造、文具乐器照相器材的销售2个中类的人均工资水平最高,其人均应付职工薪酬分别为3.45万元、12.26万元。

第七,各中类同一控股类型企业之间在人均应付职工薪酬方面存在着不同程度的差异。按离散程度大小排序,依次为外商控股、其他控股类型、港澳台商控股、集体控股、国有控股、私人控股企业,它们在各中类人均应付职工薪酬分布的标准差系数依次为0.78、0.72、0.62、0.49、0.48、0.4。

(三) 不同控股类型文化企业的劳动生产率

由于数据可得性方面的原因,我们对企业劳动生产率的分析主要采用的是人均营业收入和人均利润总额两项指标①。据测算,2012 年全国文化企业人均营业收入为 80.44 万元,人均利润总额为 5.33 万元。在不同控股类型企业中,外商控股企业的人均营业收入最高,达到了 156.66 万元,并分别比国有控股(87.61 万元)、集体控股(66.77 万元)、私人控股(73.17 万元)、港澳台商控股(59.18 万元)、其他控股类型企业(95.08 万元)高出 78.8%、134.6%、114.1%、164.7%、64.8%;同时,国有控股企业的人均利润总额最高,达到了 6.9 万元,并分别比集体控股(4.06 万元)、私人控股(4.78 万元)、港澳台商控股(5.88 万元)、外商控股(6.43 万元)、其他控股类型企业(4.36 万元)分别高出 69.8%、44.4%、17.3%、7.4%、58.2%(见图 18)。

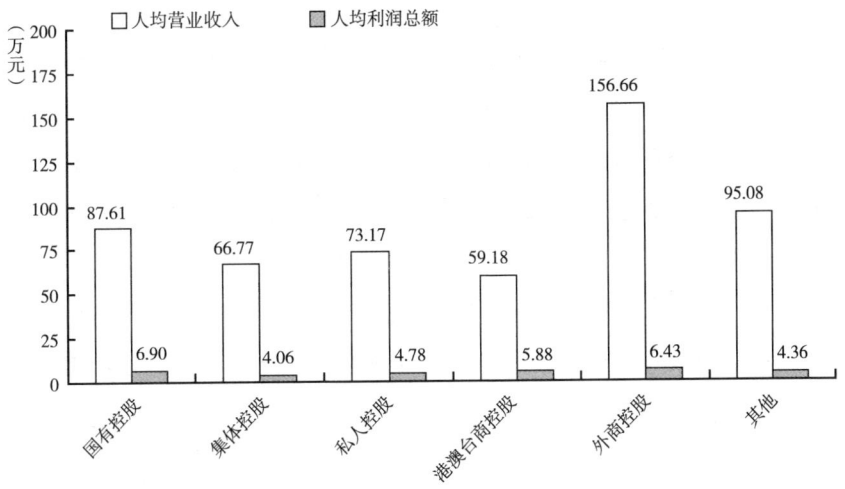

图 18　2012 年不同控股类型文化企业的人均营业收入和人均利润总额

---

① 企业劳动生产率通常采用的是人均增加值指标。另外,同样由数据可得性所致,本文关于人均营业收入和人均利润总额的分析,采用的从业人员数量指标都是年末数。

1. 各部分文化企业中不同控股类型企业的劳动生产率

如表18所示,在"文化产品的生产"部分中,港澳台商控股企业的人均营业收入最高,达到了86.08万元,并分别比国有控股(75.87万元)、外商控股(72.02万元)、私人控股(69.87万元)、其他控股类型(59.08万元)、集体控股(51.54万元)高出13.5%、19.5%、23.2%、45.7%、67%。不仅如此,港澳台商控股企业的人均利润总额也最高,达到了15.27万元,并分别比国有控股(7.34万元)、外商控股(6.7万元)、其他控股类型(5.47万元)、私人控股(5.1万元)、集体控股(3.03万元)分别高出108.1%、128%、179.2%、199.7%、404.7%。

在"文化相关产品的生产"部分中,外商控股企业的人均营业收入最高,达到了239.73万元,并分别比国有控股(114.29万元)、其他控股类型(109.92万元)、集体控股(75.83万元)、私人控股(75.5万元)、港澳台商控股(48.68万元)高出109.8%、118.1%、216.1%、217.5%、392.5%。同样,该部分中外商控股企业的人均利润总额也最高,达到了6.16万元,并分别比国有控股(5.92万元)、集体控股(4.68万元)、私人控股(4.56万元)、其他控股类型(3.91万元)、港澳台商控股(2.22万元)高出4.1%、31.5%、35.2%、57.7%、177.8%。

表18 各部分文化企业中不同控股类型企业的人均营业收入和人均利润总额

单位:万元

企业类别	文化产品的生产		文化相关产品的生产	
	人均营业收入	人均利润总额	人均营业收入	人均利润总额
国有控股	75.87	7.34	114.29	5.92
集体控股	51.54	3.03	75.83	4.68
私人控股	69.87	5.10	75.50	4.56
港澳台商控股	86.08	15.27	48.68	2.22
外商控股	72.02	6.70	239.73	6.16
其他	59.08	5.47	109.92	3.91

2. 各大类文化企业中不同控股类型企业的劳动生产率

各大类文化企业中不同控股类型企业人均营业收入的分布特点主要包括（见表19）：第一，在新闻出版发行服务、文化艺术服务、文化产品生产的辅助生产、文化用品的生产、文化专用设备的生产5个大类中，外商控股企业的人均营业收入最高，它们分别达到了280.34万、42.47万、104.06万、201.65万、914.45万元；第二，在文化信息传输服务、文化创意和设计服务、文化休闲娱乐服务3个大类中，港澳台商控股企业的人均营业收入最高，它们分别达到了119.27万、110.4万、26.86万元；第三，在广播电视电影服务大类中，私人控股企业的人均营业收入最高，达到了94.7万元；第四，在工艺美术品的生产大类中，国有控股企业的人均营业收入最高，达到了801.41万元。

表19 各大类文化企业中不同控股类型企业的人均营业收入

单位：万元

大 类	国有	集体	私人	港澳台商	外商	其他
一、新闻出版发行服务	62.91	36.85	91.91	62.92	280.34	44.95
二、广播电视电影服务	88.59	58.06	94.70	69.12	56.26	59.37
三、文化艺术服务	34.84	10.87	37.23	21.73	42.47	17.42
四、文化信息传输服务	47.96	20.20	76.94	119.27	118.80	85.76
五、文化创意和设计服务	86.22	61.80	61.37	110.40	64.69	69.19
六、文化休闲娱乐服务	25.63	17.42	20.66	26.86	25.23	16.18
七、工艺美术品的生产	801.41	73.56	80.16	76.92	64.91	64.19
八、文化产品生产的辅助生产	66.05	57.43	72.37	49.82	104.06	58.57
九、文化用品的生产	145.26	77.58	74.73	46.11	201.65	120.81
十、文化专用设备的生产	91.86	173.59	92.08	68.69	914.45	99.22

另一方面，各大文化企业中不同控股类型企业人均利润总额的分布特点主要包括（见表20）：第一，在新闻出版发行服务、工艺美术品的生

产、文化产品生产的辅助生产 3 个大类中，国有控股企业的人均利润总额最大，它们分别达到了 6.44 万、29.31 万、8.8 万元；第二，在文化信息传输服务、文化创意和设计服务、文化休闲娱乐服务 3 个大类中，港澳台商控股企业的人均利润总额最大，它们分别达到了 61.33 万、28.1 万、3.11 万元；第三，在广播电视电影服务、文化艺术服务 2 个大类中，私人控股企业的人均利润总额最大，它们分别达到了 19.98 万、4.89 万元；第四，在文化用品的生产、文化专用设备的生产 2 个大类中，外商控股企业的人均利润总额最大，它们分别达到了 4.91 万、14.22 万元。

表 20　2012 年各大类文化企业中不同控股类型企业的人均利润总额

单位：万元

大　类	国有	集体	私人	港澳台商	外商	其他
一、新闻出版发行服务	6.44	2.28	2.15	0.87	-15.48	2.96
二、广播电视电影服务	13.08	1.49	19.98	3.48	1.90	16.55
三、文化艺术服务	1.72	1.92	4.89	2.34	0.50	2.65
四、文化信息传输服务	6.47	-3.30	6.92	61.33	48.46	17.10
五、文化创意和设计服务	8.79	6.20	5.84	28.10	4.03	6.91
六、文化休闲娱乐服务	2.75	1.15	2.90	3.11	2.91	1.45
七、工艺美术品的生产	29.31	2.65	4.38	3.90	2.62	3.59
八、文化产品生产的辅助生产	8.80	5.91	5.35	4.43	6.83	5.39
九、文化用品的生产	4.73	4.46	4.10	1.62	4.91	3.98
十、文化专用设备的生产	0.93	1.01	5.80	3.87	14.22	3.04

3. 各中类文化企业中不同控股类型企业的人均营业收入

从中类层面来看，各中类文化企业中不同控股类型企业人均营业收入的差别较大，它们分布的主要特点则有以下几方面（见表 21）。

第一，国有控股企业在 17 个中类中人均营业收入最大。这些中类包括：新闻服务、出版服务、电影和影视录音服务、文化艺术培训服务、其他文化艺术服务、文化软件服务、建筑设计服务、专业设计服务、娱乐休闲服务、工艺美术品的制造、工艺美术品的销售、文化出租服务、会展服务、视听设备的制造、其他文化用品的制造、文化用家电的销售、舞台照明设备的批发。

表 21 2012 年各中类文化企业中不同控股类型企业的人均营业收入

单位：万元

大类	序号	中类	国有	集体	私人	港澳台商	外商	其他
一	1	新闻服务	41.21	—	—	—	—	13.74
	2	出版服务	52.99	31.82	43.96	35.55	46.41	38.20
	3	发行服务	77.38	49.46	97.96	86.89	289.31	91.38
二	4	广播电视服务	85.91	65.74	153.65	—	20.03	64.72
	5	电影和影视录音服务	90.60	52.79	86.49	69.12	60.51	49.58
三	6	文艺创作与表演服务	32.35	4.03	43.91	31.05	126.03	12.29
	7	图书馆与档案馆服务	13.91	63.65	—	—	—	0.00
	8	文化遗产保护服务	25.38	48.78	18.57	—	13.38	18.24
	9	群众文化服务	16.90	4.41	56.38	—	70.22	142.27
	10	文化研究和社团服务	27.59	—	38.58	—	—	3.75
	11	文化艺术培训服务	41.26	7.28	20.45	18.90	26.23	17.22
	12	其他文化艺术服务	291.09	41.41	66.12	96.57	—	40.90
四	13	互联网信息服务	45.85	12.90	91.39	125.67	111.96	127.45
	14	增值电信服务（文化部分）	64.20	94.22	34.32	32.01	48.39	133.10
	15	广播电视传输服务	42.60	18.04	31.06	13.31	261.70	38.03
五	16	广告服务	120.80	96.32	125.55	331.72	375.20	138.26
	17	文化软件服务	79.05	43.55	47.36	77.12	34.33	68.13
	18	建筑设计服务	80.94	70.67	41.02	48.00	56.64	39.41
	19	专业设计服务	99.11	49.67	51.82	26.08	64.24	35.48
六	20	景区游览服务	24.20	16.66	21.15	39.74	35.11	17.92
	21	娱乐休闲服务	31.39	24.44	20.63	19.60	19.72	20.40
	22	摄影扩印服务	36.06	11.52	18.26	15.81	50.50	2.86
七	23	工艺美术品的制造	703.38	49.01	75.53	73.57	61.25	46.07
	24	园林、陈设艺术及其他陶瓷制品的制造	14.65	53.64	31.48	23.37	32.68	20.54
	25	工艺美术品的销售	923.47	366.57	164.72	121.68	167.93	263.53
八	26	版权服务	75.44	17.70	32.68	56.04	96.58	34.30
	27	印刷复制服务	45.69	54.84	65.63	42.33	65.38	45.08
	28	文化经纪代理服务	60.38	—	50.21	84.81	31.57	102.89
	29	文化贸易代理与拍卖服务	964.86	669.30	869.23	1653.87	374.12	1868.91
	30	文化出租服务	188.02	5.45	40.79	—	75.15	17.77
	31	会展服务	133.60	58.17	80.42	115.27	116.93	53.70
	32	其他文化辅助生产	21.23	54.44	51.34	51.74	71.42	54.51

续表

大类	序号	中类	国有	集体	私人	港澳台商	外商	其他
九	33	办公用品的制造	41.76	75.14	45.69	28.53	37.81	42.37
	34	乐器的制造	26.33	33.02	49.13	31.21	53.36	34.18
	35	玩具的制造	14.93	19.09	40.20	15.96	23.96	29.20
	36	游艺器材及娱乐用品的制造	37.75	44.86	73.96	43.73	41.57	43.75
	37	视听设备的制造	148.29	65.75	57.15	78.68	66.57	135.10
	38	焰火、鞭炮产品的制造	29.58	25.28	43.17	34.08	59.43	36.87
	39	文化用纸的制造	116.17	97.74	83.89	129.67	173.66	176.14
	40	文化用油墨颜料的制造	59.59	100.03	87.54	79.73	80.45	130.26
	41	文化用化学品的制造	73.90	124.56	113.18	127.44	136.75	96.95
	42	其他文化用品的制造	150.49	66.27	58.46	44.20	50.69	65.65
	43	文具乐器照相器材的销售	525.31	62.11	320.21	538.05	613.08	213.41
	44	文化用家电的销售	602.61	332.22	178.15	153.63	487.66	468.06
	45	其他文化用品的销售	353.47	9.50	290.37	569.77	433.19	111.23
十	46	印刷专用设备的制造	32.14	59.35	70.44	46.07	34.93	130.12
	47	广播电视电影专用设备的制造	61.98	107.24	61.42	58.25	58.42	44.18
	48	其他文化专用设备的制造	65.07	7.96	48.55	59.69	72.59	84.39
	49	广播电视电影专用设备的批发	359.13	711.00	254.99	381.57	10949.37	662.60
	50	舞台照明设备的批发	926.27	613.04	358.32	248.93	399.77	803.96

第二，外商控股企业在12个中类中人均营业收入最大。这些中类包括：发行服务、文艺创作与表演服务、广播电视传输服务、广告服务、摄影扩印服务、版权服务、其他文化辅助生产、乐器的制造、焰火、鞭炮产品的制造、文化用化学品的制造、文具乐器照相器材的销售、广播电视电影专用设备的批发。

第三，其他控股类型企业在9个中类中人均营业收入最大。这些中类包括：群众文化服务、互联网信息服务、增值电信服务（文化部分）、文化经纪代理服务、文化贸易代理与拍卖服务、文化用纸的制造、文化用油墨颜料的制造、印刷专用设备的制造、其他文化专用设备的制造。

第四，集体控股企业在5个中类中人均营业收入最大。这些中类包括：图书馆与档案馆服务、文化遗产保护服务、园林、陈设艺术及其他陶瓷制品的制造、办公用品的制造、广播电视电影专用设备的制造。

第五，私人控股企业在5个中类中人均营业收入最大。这些中类包括：广播电视服务、文化研究和社团服务、印刷复制服务、玩具的制造、游艺器材及娱乐用品的制造。

第六，港澳台商控股企业在景区游览服务、其他文化用品的销售2个中类中人均营业收入最大。

4. 各中类文化企业中不同控股类型企业的人均利润总额

同样，各中类不同控股类型企业人均利润总额的差别程度也较大，其主要特点有以下几方面（见表22）。

表22 2012年各中类文化企业中不同控股类型企业的人均利润总额

单位：万元

大类	序号	中类	国有	集体	私人	港澳台商	外商	其他
一	1	新闻服务	3.23	—	—	—	—	-1.35
	2	出版服务	7.80	2.62	3.54	4.09	-5.62	3.21
	3	发行服务	4.77	1.45	1.98	-1.95	-15.86	3.92
二	4	广播电视服务	7.48	-4.79	27.10	—	0.44	22.88
	5	电影和影视录音服务	17.27	5.80	18.99	3.48	2.08	4.97
三	6	文艺创作与表演服务	0.94	-1.17	7.71	4.51	1.12	3.69
	7	图书馆与档案馆服务	-0.75	8.21	—	—	—	0.00
	8	文化遗产保护服务	12.84	8.81	5.56	—	5.60	-1.58
	9	群众文化服务	-2.69	2.69	8.43	—	-12.03	-5.92
	10	文化研究和社团服务	3.59	—	5.33	—	—	0.00
	11	文化艺术培训服务	4.19	1.84	1.35	0.98	-4.66	1.41
	12	其他文化艺术服务	19.22	6.44	8.17	49.28	—	2.52
四	13	互联网信息服务	5.26	-11.07	7.99	65.77	52.86	23.23
	14	增值电信服务（文化部分）	5.84	5.29	3.83	0.53	8.38	20.74
	15	广播电视传输服务	6.83	0.09	3.43	1.37	14.92	11.12
五	16	广告服务	17.74	6.38	6.47	9.29	20.50	10.19
	17	文化软件服务	9.21	4.18	6.46	34.06	2.28	6.82
	18	建筑设计服务	7.36	8.84	4.37	3.48	7.34	5.00
	19	专业设计服务	4.86	1.39	5.38	2.76	5.06	9.85

续表

大类	序号	中类	国有	集体	私人	港澳台商	外商	其他
六	20	景区游览服务	3.25	0.98	3.11	7.60	9.03	1.83
	21	娱乐休闲服务	0.56	2.76	3.24	-4.66	-0.28	1.51
	22	摄影扩印服务	1.50	-0.09	0.27	1.28	9.77	0.09
七	23	工艺美术品的制造	22.62	1.95	4.57	4.37	2.97	2.91
	24	园林、陈设艺术及其他陶瓷制品的制造	0.26	1.04	1.94	1.61	1.34	0.52
	25	工艺美术品的销售	36.05	11.22	4.72	1.12	-5.59	11.89
八	26	版权服务	24.34	0.42	4.80	2.18	4.74	2.91
	27	印刷复制服务	5.13	6.00	5.17	3.68	6.32	4.37
	28	文化经纪代理服务	9.35	—	0.35	-4.33	-2.72	857.21
	29	文化贸易代理与拍卖服务	42.53	1.61	28.27	132.71	10.61	14.45
	30	文化出租服务	10.17	-0.42	1.68	—	-19.19	-10.01
	31	会展服务	34.13	12.87	5.78	27.10	17.24	3.41
	32	其他文化辅助生产	5.42	2.70	4.42	2.05	1.54	16.14
九	33	办公用品的制造	7.04	5.60	3.07	0.79	3.13	1.42
	34	乐器的制造	2.81	2.61	3.35	2.04	4.03	0.49
	35	玩具的制造	0.63	0.21	2.67	0.49	1.60	1.27
	36	游艺器材及娱乐用品的制造	1.17	3.12	6.59	2.68	2.91	-0.98
	37	视听设备的制造	5.62	6.11	2.76	2.41	4.50	4.81
	38	焰火、鞭炮产品的制造	2.34	1.70	4.20	1.21	4.47	2.92
	39	文化用纸的制造	4.32	7.00	5.17	7.52	5.18	9.79
	40	文化用油墨颜料的制造	3.06	8.80	5.71	4.45	6.88	10.78
	41	文化用化学品的制造	2.40	-2.80	8.67	-1.12	5.92	1.16
	42	其他文化用品的制造	6.95	4.42	4.35	1.42	3.87	4.04
	43	文具乐器照相器材的销售	3.09	2.65	4.25	1.08	-4.23	3.78
	44	文化用家电的销售	1.61	1.50	3.16	17.70	6.69	2.18
	45	其他文化用品的销售	2.37	0.27	2.94	11.25	25.46	4.05
十	46	印刷专用设备的制造	-3.78	0.44	6.08	3.71	1.28	21.91
	47	广播电视电影专用设备的制造	5.23	3.50	6.76	3.64	3.96	0.80
	48	其他文化专用设备的制造	-0.45	0.20	3.14	1.66	1.73	2.93
	49	广播电视电影专用设备的批发	3.27	-2.20	2.55	18.53	138.92	-1.65
	50	舞台照明设备的批发	14.26	2.29	9.13	33.27	8.25	7.68

第一，私人控股企业在 13 个中类中人均利润总额最大。这些中类包括：广播电视服务、电影和影视录音服务、文艺创作与表演服务、群

众文化服务、文化研究和社团服务、娱乐休闲服务、园林、陈设艺术及其他陶瓷制品的制造、玩具的制造、游艺器材及娱乐用品的制造、文化用化学品的制造、文具乐器照相器材的销售、广播电视电影专用设备的制造、其他文化专用设备的制造。

第二，国有控股企业在12个中类中人均利润总额最大。这些中类包括：新闻服务、出版服务、发行服务、文化遗产保护服务、文化艺术培训服务、工艺美术品的制造、工艺美术品的销售、版权服务、文化出租服务、会展服务、办公用品的制造、其他文化用品的制造。

第三，外商控股企业在9个中类中人均利润总额最大。这些中类包括：广播电视传输服务、广告服务、景区游览服务、摄影扩印服务、印刷复制服务、乐器的制造、焰火、鞭炮产品的制造、其他文化用品的销售、广播电视电影专用设备的批发。

第四，其他控股类型企业在7个中类中人均利润总额最大。这些中类包括：增值电信服务（文化部分）、专业设计服务、文化经纪代理服务、其他文化辅助生产、文化用纸的制造、文化用油墨颜料的制造、印刷专用设备的制造。

第五，港澳台商控股企业在6个中类中人均利润总额最大。这些中类包括：其他文化艺术服务、互联网信息服务、文化软件服务、文化贸易代理与拍卖服务、文化用家电的销售、舞台照明设备的批发。

第六，集体控股企业在图书馆与档案馆服务、建筑设计服务、视听设备的制造3个中类中人均利润总额最大。

5. 各中类不同控股类型企业劳动生产率的综合比较

从中类层面来看，在不同控股类型企业中，国有控股企业的劳动生产率相对较高，当年其人均营业收入和人均利润总额超过相应中类平均值的中类数量占比分别达到了62%和58%；其次为外商控股、私人控股企业，这2类企业分别在56.5%、43.8%的中类中人均营业收入高于相应中类的平均值，同时又分别在45.7%、52.1%的中类中人均利润总额超过了相应中类的平均值。

相对而言，集体控股企业和其他控股类型企业的劳动生产率明显较低。其中，在全部中类中，集体控股企业人均营业收入和人均利润总额超过相应中类平均值的中类数量仅占31.9%和27.7%，其他控股类型企业人均营业收入和人均利润总额超过相应中类平均值的中类数量占比也只有38%和36%（见图19）。

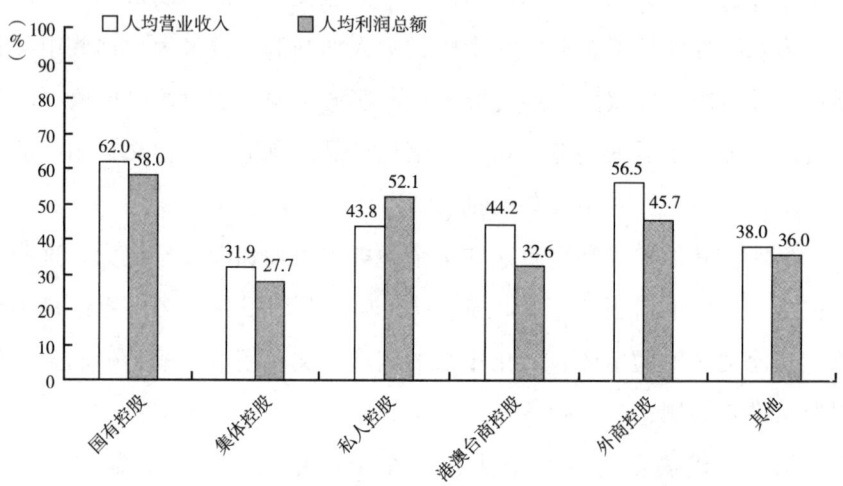

图19　不同控股类型企业有关人均指标高于相应中类平均值的中类数量占比

四　不同控股类型文化企业的盈利性

2012年，全国文化企业平均总资产报酬率、净资产收益率、营业利润率、成本费用利润率分别为8.3%、14%、6.2%、7%。总体而言，在全部6种控股类型文化企业中，私人控股企业的盈利性相对最强，而国有控股企业的盈利性则相对最弱。不仅如此，私人控股企业分别在6个大类和33个中类中主要利润率指标高于相应大类或中类的平均水平，而国有控股企业只是在1个大类和12个中类中主要利润率指标相对较高。

（一）全国不同控股类型文化企业的盈利性

1. 全国不同控股类型文化企业的利润率

在全国文化企业中，2012年港澳台商控股和私人控股2类企业的盈利性明显较高（见表23）。其中，它们的总资产报酬率分别达到了12.9%和10.6%，净资产收益率分别达到了23.2%和19.3%，营业利润率分别达到了9.8%和6.4%，成本费用利润率分别达到了11%和7%，并且它们的上述四项指标均高于当年全国文化企业平均水平。

在余下4类企业中，集体控股企业和外商控股企业的投资收益率处于中游水平，而营业收益率则相对较低，当年它们的总资产报酬率分别为8.3%和7.9%，净资产收益率分别为14.9%和15.4%，营业利润率分别为6%和3.6%，成本费用利润率分别为6.5%和4.2%；国有控股企业的总资产报酬率和净资产收益率相对较低，分别只有5.5%和8.4%，但其营业利润率和成本费用利润率则高于全国文化企业平均水平，分别达到了6.5%和8.3%。另外，其他控股类型企业的4项利润率指标都明显低于全国平均水平。

表23 2012年全国不同控股类型文化企业的4项平均利润率指标

单位：%

企业类别	总资产报酬率	净资产收益率	营业利润率	成本费用利润率
全国平均	8.3	14.0	6.2	7.0
国有控股	5.5	8.4	6.5	8.3
集体控股	8.3	14.9	6.0	6.5
私人控股	10.6	19.3	6.4	7.0
港澳台商控股	12.9	23.2	9.8	11.0
外商控股	7.9	15.4	3.6	4.2
其他	6.5	10.2	4.5	4.8

2. 全国不同控股类型文化企业的亏损情况

2012年，全国文化企业有6236家企业亏损，亏损面17.1%；亏损企业亏损金额达343.12亿元，相当于全国文化企业净利润的10.7%。与之相比，私人控股企业的亏损程度明显较低，当年该类企业的亏损面为14.9%，亏损金额与净利润之比为8.5%，均比全国文化企业相应指标低2.2个百分点。

与此同时，国有、外商、其他控股类型企业的亏损程度均超过了全国文化企业平均水平。其中，当年国有、外商、其他控股类型企业的亏损面分别为18.1%、24.7%、22.7%，分别比全国平均水平高出1个、7.6个、5.6个百分点；亏损金额与净利润的比值分别为11.7%、19.6%、18.3%，也分别高出全国平均水平1个、8.9个、7.6个百分点。另外，集体控股、港澳台商控股企业的亏损面分别为17.3%、23.4%，比全国平均水平分别高出0.2个、6.3个百分点，但同时它们亏损企业亏损金额与净利润的比重却分别只有9.2%、7.2%，分别比全国平均水平低1.5个、3.5个百分点（见图20）。

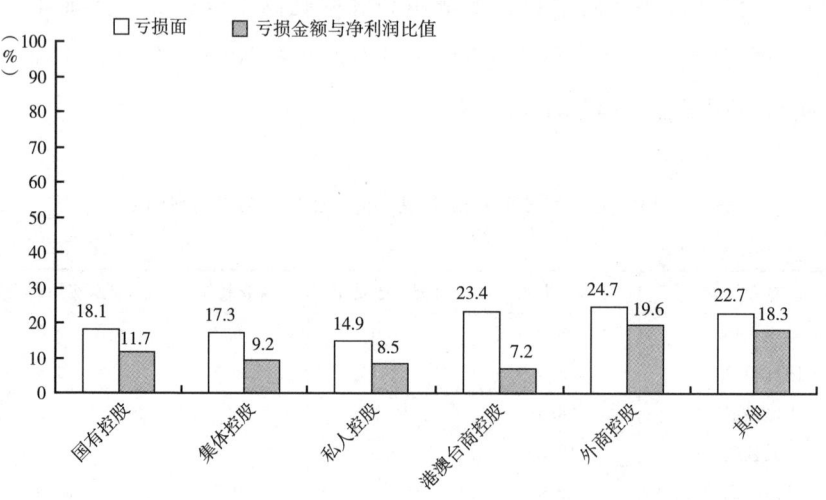

图20　2012年不同控股类型文化企业的亏损情况

（二）各部分不同控股类型文化企业的盈利性

1. 各部分不同控股类型文化企业的利润率

2012年各部分不同控股类型文化企业的4项主要利润率指标如表24所示。总体而言，私人控股企业和港澳台商控股企业的利润率相对较高，其他控股类型企业和国有控股企业的利润率相对较低，而外商控股和集体控股企业的利润率水平则大致处于中游。其中，在"文化产品的生产"部分中，私人控股、港澳台商控股、外商控股企业的总资产报酬率分别比该部分企业平均水平高出1.2个、10.8个、1.7个百分点，同时它们的净资产收益率则比该部分企业平均水平高出3.2个、19.1个、2.7个百分点；在"文化相关产品的生产"部分中，与该部分企业平均总资产报酬率、净资产收益率、营业利润率、成本费用利润率相比较，私人控股企业依次高出3.3个、7.2个、1.3个、1.4个百分点，而集体企业也依次高出2.5个、6.7个、1.5个、1.6个百分点。

另一方面，在两大部分全部8项利润率指标中，其他控股类型企业全部低于各部分平均水平，国有控股企业也有7项低于各部分平均水平。

表24　2012年各部分不同控股类型企业的主要利润率指标

单位：%

企业类别	总资产报酬率		净资产收益率		营业利润率		成本费用利润率	
	一	二	一	二	一	二	一	二
国有控股	5.8	4.8	9.3	6.4	8.1	4.2	10.3	5.3
集体控股	5.8	10.1	8.8	19.9	5.6	6.2	6.2	6.6
私人控股	10.2	10.9	18.0	20.4	7.0	6.0	7.8	6.4
港澳台商控股	19.8	7.0	33.9	12.3	17.3	4.6	21.5	4.8
外商控股	10.7	6.3	17.5	13.7	8.6	2.1	10.1	2.6
其他	8.6	5.8	11.9	9.4	7.7	3.8	10.0	3.7

注：表中"一"指"文化产品的生产"部分，"二"指"文化相关产品的生产"部分。

2. 各部分不同控股类型文化企业的亏损情况

2012年"文化产品的生产"部分企业亏损面为19.8%,亏损金额与净利润的比值为10.4%;"文化相关产品的生产"部分企业亏损面为14.2%,亏损金额与净利润的比值为11.1%。与上述两大部分的4项平均指标相比较,在"文化产品的生产"部分中,国有控股、私人控股2类企业的亏损面分别低2.1个、0.7个百分点,而其他控股类型、集体控股、港澳台商控股、外商控股企业则分别高出0.5个、2.6个、5.3个、10.4个百分点;同时,港澳台商控股、其他控股类型、国有控股企业的亏损金额与净利润之比值依次低5.3个、1.4个、1.1个百分点,而私人控股、外商控股、集体控股企业则依次高出2.5个、13.5个、15.6个百分点。

同样与上述两大部分的4项平均指标相比较,在"文化相关产品的生产"部分中,集体控股、私人控股企业的亏损面分别低3.3个、2.9个百分点,而外商控股、国有控股、港澳台商控股、其他控股类型企业则依次高出4个、5.8个、8.2个、11个百分点;同时,集体控股、私人控股企业的亏损金额与净利润之比值分别低8个、6个百分点,而港澳台商控股、外商控股、国有控股、其他控股类型企业则依次高出2.2个、4个、8.3个、12.9个百分点(见表25)。

表25　2012年两大部分不同控股企业的亏损情况

单位:%

企业类别	文化产品的生产		文化相关产品的生产	
	亏损面	亏损金额/净利润	亏损面	亏损金额/净利润
国有控股	17.7	9.3	20.0	19.4
集体控股	22.4	26.0	10.9	3.1
私人控股	19.1	12.9	11.3	5.1
港澳台商控股	25.1	5.1	22.4	13.3
外商控股	30.2	23.9	18.2	15.1
其他	20.3	9.0	25.2	24.0

(三) 各大类不同控股类型文化企业的盈利性

1. 各大类不同控股类型文化企业的利润率

限于篇幅，本部分在利润率比较分析方面我们仅考察反映各大类不同控股类型企业资产获利能力的核心指标，即净资产收益率。据测算，各大类不同控股类型企业净资产收益率的差别很大，主要表现在以下几方面（见表26）。

表26 2012年各大类不同控股类型文化企业的净资产收益率

单位：%

大　类	平均值	国有	集体	私人	港澳台商	外商	其他
一、新闻出版发行服务	8.1	8.4	13.6	7.1	1.5	—	6.1
二、广播电视电影服务	7.9	7.6	1.0	18.7	3.0	3.4	4.6
三、文化艺术服务	5.8	1.8	14.5	12.5	36.0	0.5	20.6
四、文化信息传输服务	19.9	8.4	-45.7	14.8	48.5	33.1	26.9
五、文化创意和设计服务	19.4	17.0	16.5	17.0	35.0	12.9	16.9
六、文化休闲娱乐服务	3.5	2.1	1.2	7.1	11.1	4.0	4.2
七、工艺美术品的生产	21.9	19.0	19.4	24.2	19.3	10.8	21.4
八、文化产品生产的辅助生产	12.6	5.9	17.4	21.7	12.4	16.6	12.4
九、文化用品的生产	13.5	7.4	21.6	20.1	11.1	12.7	8.9
十、文化专用设备的生产	13.8	1.2	5.2	18.4	16.2	14.0	10.3

第一，私人控股企业的净资产收益率在广播电视电影服务、文化产品生产的辅助生产、文化用品的生产、文化专用设备的生产、文化休闲娱乐服务、工艺美术品的生产6个大类中的净资产收益率相对较高，其依次比这些大类的平均水平高出10.8个、9.1个、6.6个、4.6个、3.6个、2.3个百分点。同时，私人控股企业在新闻出版发行服务、文化艺术服务、文化创意和设计服务、文化信息传输服务4个大类中的净资产收益率比相应大类的平均水平依次低1个、1.9个、2.4个、5.1个百分点。

第二，港澳台商控股企业在文化信息传输服务、文化艺术服务、文化创意和设计服务、文化休闲娱乐服务、文化专用设备的生产5个大类中的净资产收益率相对较高，其依次比这些大类的平均水平高出28.6个、23.5个、15.6个、7.6个、2.4个百分点；同时，其在文化产品生产的辅助生产、文化用品的生产、工艺美术品的生产、广播电视电影服务、新闻出版发行服务5个大类中的净资产收益率比相应大类的平均水平依次低0.2个、1.9个、2.6个、4.9个、6.6个百分点。

第三，集体控股企业在文化艺术服务、文化用品的生产、新闻出版发行服务、文化产品生产的辅助生产4个大类中的净资产收益率相对较高，其依次比这些大类的平均水平高出12.7个、8.1个、5.5个、4.8个百分点；同时，其在文化休闲娱乐服务、工艺美术品的生产、文化创意和设计服务、广播电视电影服务、文化专用设备的生产、文化信息传输服务6个大类中的净资产收益率比相应大类的平均水平依次低2.3个、2.5个、2.9个、6.9个、8.6个、65.6个百分点。

第四，外商控股企业在文化信息传输服务、文化产品生产的辅助生产、文化休闲娱乐服务、文化专用设备的生产4个大类中的净资产利润率相对较高，其依次比这些大类的平均水平高出13.2个、4个、0.5个、0.2个百分点；同时，其在文化用品的生产、广播电视电影服务、文化创意和设计服务、工艺美术品的生产、文化艺术服务5个大类的净资产收益率比相应大类的平均水平依次低0.8个、4.5个、6.5个、11.1个、35.6个百分点。另外，外商控股企业在新闻出版发行服务大类中不仅净利润为负，而且净资产也为负。

第五，国有控股企业仅在新闻出版发行服务大类中的净资产收益率高于该大类平均水平，却在广播电视电影服务、文化休闲娱乐服务、文化创意和设计服务、工艺美术品的生产、文化艺术服务、文化用品的生产、文化产品生产的辅助生产、文化信息传输服务、文化专用设备的生产9个大类中净资产收益率相对较低，并依次比这些大类的平均水平低0.3个、1.4个、2.4个、2.9个、4个、6.1个、6.7个、11.5个、12.6个百分点。

第六，其他控股类型企业在文化艺术服务、文化信息传输服务、文化休闲娱乐服务3个大类中的净资产收益率相对较高，并依次比这些大类的平均水平高出20.1个、7个、0.7个百分点；同时，其在文化产品生产的辅助生产、工艺美术品的生产、新闻出版发行服务、文化创意和设计服务、广播电视电影服务、文化专用设备的生产、文化用品的生产7个大类中的净资产收益率依次比相应大类的平均水平低0.2个、0.5个、2个、2.5个、3.3个、3.5个、4.6个百分点。

2. 各大类不同控股类型文化企业的亏损情况

2012年各大类不同控股型企业的亏损面如表27所示。若与各大类文化企业平均水平相比，那么各大类不同控股型企业的亏损面差别主要表现在：第一，私人控股企业在文化专用设备的生产、文化休闲娱乐服务、文化用品的生产、文化产品生产的辅助生产、文化艺术服务、工艺美术品的生产6个大类中的亏损面低于相应大类的平均水平，并分别低4.6个、4.3个、2.9个、2.3个、1.7个、1.5个百分点；第二，集体控股企业在文化创意和设计服务、文化用品的生产、文化艺术服务、文化产品生产的辅助生产、文化专用设备的生产5个大类中的亏损面低于相应大类的平均水平，并分别低6.5个、3.9个、2.9个、2.3个、1.4个百分点；第三，国有控股企业在文化创意和设计服务、广播电视电影服务、新闻出版发行服务、文化信息传输服务4个大类中的亏损面低于相应大类的平均水平，并分别低8.9个、2.4个、1.7个、1.2个百分点；第四，其他控股类型企业在文化创意和设计服务、文化艺术服务、文化信息传输服务3个大类中的亏损面低于相应大类的平均水平，并分别低4.8个、4.3个、3.2个百分点；第五，港澳台商控股企业在文化艺术服务、文化信息传输服务2个大类中的亏损面分别比相应大类的平均水平低2.5个、0.6个百分点；第六，外商控股企业也只有在文化信息传输服务、广播电视电影服务2个大类中的亏损面较低，并分别低1.2个、0.8个百分点。

表27 2012年各大类不同控股类型企业的亏损面

单位：%

大类	平均	国有	集体	私人	港澳台商	外商	其他
一．新闻出版发行服务	16.1	14.4	18.3	22.5	60.0	88.9	19.3
二．广播电视电影服务	25.8	23.4	26.3	27.2	26.1	25.0	27.2
三．文化艺术服务	29.8	34.4	26.9	28.1	27.3	50.0	25.5
四．文化信息传输服务	27.8	26.6	39.3	28.6	27.3	26.7	24.6
五．文化创意和设计服务	21.1	12.2	14.6	21.8	31.2	32.8	16.3
六．文化休闲娱乐服务	35.1	38.7	40.0	30.8	49.3	45.2	40.5
七．工艺美术品的生产	11.3	17.2	11.3	9.8	16.9	11.6	15.5
八．文化产品生产的辅助生产	13.8	17.5	11.5	11.5	21.4	18.4	26.5
九．文化用品的生产	14.0	22.6	10.1	11.1	22.6	17.6	24.4
十．文化专用设备的生产	17.4	32.2	16.0	12.8	23.2	20.0	27.6

从亏损企业亏损金额与净利润的比率来看，2012年各大类不同控股企业的亏损状况差别又具体表现为（见表28）：第一，私人控股企业在文化休闲娱乐服务、文化用品的生产、文化专用设备的生产、文化艺术服务、文化产品生产的辅助生产、工艺美术品的生产、广播电视电影服务7个大类中的该项比率低于相应大类的平均水平，并分别低18.2个、7.9个、5.9个、5.1个、2个、1.8个、0.6个百分点；第二，集体控股企业在文化用品的生产、文化产品生产的辅助生产、文化艺术服务、文化创意和设计服务、工艺美术品的生产5个大类中的该项比率低于相应大类的平均水平，并分别低10.1个、5.2个、4.1个、2.6个、2个百分点；第三，国有控股企业在新闻出版发行服务、文化创意和设计服务、文化休闲娱乐服务、文化产品生产的辅助生产、工艺美术品的生产5个大类中的该项比率低于相应大类的平均水平，并分别低6.5个、6.1个、3.1个、1.6个、0.1个百分点；第四，其他控股类型企业在文化艺术服务、文化信息传输服务、广播电视电影服务、文化创意和设计服务4个大类中的该项比率低于相应大类的平均水平，并分别低8.8个、6.5个、5.8个、5.6个百分点；第五，港澳台商控股企业在文化艺术服务、文化信息传输服务、文化创意和设计服务、文化专用设备的

生产 4 个大类中的该项比率低于相应大类的平均水平,并分别低 33.2 个、8.3 个、4.1 个、2.9 个百分点;第六,外商控股企业在文化专用设备的生产、文化信息传输服务 2 个大类中的该项比率低于相应大类的平均水平,并分别低 8 个、5.3 个百分点。

表 28 2012 年各大类不同控股类型文化企业亏损金额/净利润

单位:%

大类	平均	国有	集体	私人	港澳台商	外商	其他
一．新闻出版发行服务	13.7	7.1	16.2	132.1	274.1	—	29.7
二．广播电视电影服务	9.4	9.8	2690.9	8.7	48.0	49.2	3.6
三．文化艺术服务	40.2	70.1	36.1	35.1	7.0	470.0	31.4
四．文化信息传输服务	9.8	17.8	—	30.7	1.5	4.5	3.3
五．文化创意和设计服务	10.4	4.4	7.8	16.7	6.3	34.2	4.8
六．文化休闲娱乐服务	48.0	44.9	125.6	29.8	70.2	124.2	121.0
七．工艺美术品的生产	4.6	4.5	2.7	2.9	8.1	15.9	8.3
八．文化产品生产的辅助生产	7.6	6.0	2.5	5.6	10.5	16.4	20.1
九．文化用品的生产	12.9	29.4	2.8	4.9	16.0	18.5	26.3
十．文化专用设备的生产	10.6	408.6	90.6	4.7	7.6	2.5	17.6

(四) 各中类不同控股类型文化企业的盈利性

1. 各中类不同控股类型文化企业的利润率

同样限于篇幅,本部分在利润率比较分析方面我们仅考察反映各中类不同控股类型企业资产获利能力的核心指标,即净资产收益率。据测算,2012 年各中类不同控股类型企业净资产收益率的差别非常大。若以净资产收益率高低衡量,则主要特点包括以下几方面(见表 29)。

第一,私人控股企业在 33 个中类中的净资产收益率相对较高。这些中类包括乐器的制造、版权服务、文艺创作与表演服务、会展服务、其他文化辅助生产、电影和影视录音服务、文化用化学品的制造、玩具的制造、文具乐器照相器材的销售、群众文化服务、文化用纸的制造、娱乐休闲服务、游艺器材及娱乐用品的制造、广播电视服务、印刷专用设备的制造、办公用品的制造、专业设计服务、文化出租服务、印刷复制服务、广播电视电影专用设备的制造、其他文化专用设备的制造、文化遗产保护服务、出版服务、文化用油墨颜料的制造、增值电信服务（文化部分）、工艺美术品的制造、其他文化用品的制造、园林、陈设艺术及其他陶瓷制品的制造、景区游览服务、文化贸易代理与拍卖服务、建筑设计服务、视听设备的制造、舞台照明设备的批发，并且这些中类中私人控股企业的净资产收益率比相应中类的平均水平依次高出19.7个、16.8个、14.9个、13.4个、12.3个、11.9个、11.1个、8.6个、8.2个、8.1个、7.5个、7.2个、7.1个、6.7个、6.1个、6个、5.2个、5.1个、4.5个、4.4个、4.1个、3.8个、3.6个、3.3个、2.9个、2.8个、2.8个、2.2个、1.8个、1.7个、1.1个、0.3个、0.2个百分点。

表29　2012年各中类不同控股类型文化企业的净资产收益率

单位：%

大类	序号	中类	平均	国有	集体	私人	港澳台商	外商	其他
一	1	新闻服务	2.3	3.0	—	—	—	—	-11.1
	2	出版服务	8.3	8.5	14.3	11.9	13.3	-8.1	5.6
	3	发行服务	7.9	8.7	10.6	6.5	-7.4	—	15.9
二	4	广播电视服务	8.9	4.2	-70.0	15.6	—	5.0	19.0
	5	电影和影视录音服务	7.5	10.0	23.5	19.4	3.0	3.4	0.5
三	6	文艺创作与表演服务	4.5	1.2	-48.5	19.4	8.9	0.2	33.7
	7	图书馆与档案馆服务	1.3	—	20.1	—	—	—	0.0
	8	文化遗产保护服务	4.1	3.8	10.9	7.9	—	95.3	-12.0
	9	群众文化服务	5.6	-4.4	40.7	13.7	—	-35.1	-45.0
	10	文化研究和社团服务	8.1	8.6	—	6.7	—	—	0.0
	11	文化艺术培训服务	16.6	29.1	21.0	11.6	101.7	—	21.8
	12	其他文化艺术服务	9.4	4.4	13.5	9.2	56.3	—	7.4
四	13	互联网信息服务	34.2	8.9	—	16.9	49.8	37.6	31.3
	14	增值电信服务（文化部分）	5.9	5.0	24.3	8.8	1.0	2.3	31.5
	15	广播电视传输服务	10.8	10.4	0.5	6.8	35.2	35.5	20.9
五	16	广告服务	21.4	22.2	22.2	18.3	19.1	31.4	21.6
	17	文化软件服务	20.2	13.0	14.9	16.0	36.3	8.4	15.1
	18	建筑设计服务	18.3	17.8	19.7	19.4	26.0	24.4	17.8
	19	专业设计服务	9.4	4.1	1.9	14.6	22.0	12.6	25.6

续表

大类	序号	中类	平均	国有	集体	私人	港澳台商	外商	其他
六	20	景区游览服务	3.1	2.4	0.9	4.9	13.3	10.1	3.8
	21	娱乐休闲服务	5.5	0.1	5.7	12.7	—	-2.3	5.2
	22	摄影扩印服务	10.4	5.6	-1.9	3.8	25.6	25.2	14.5
七	23	工艺美术品的制造	25.3	23.4	16.7	28.1	23.8	12.6	21.3
	24	园林、陈设艺术及其他陶瓷制品的制造	22.7	22.1	8.7	24.9	16.7	18.5	9.9
	25	工艺美术品的销售	11.9	17.5	30.2	10.1	1.5	-17.2	22.3
八	26	版权服务	17.3	13.0	8.5	34.1	-0.7	11.9	26.1
	27	印刷复制服务	17.6	12.7	19.8	22.1	11.2	18.7	12.2
	28	文化经纪代理服务	13.7	5.7	—	-1.0	-47.1	-9.6	35.7
	29	文化贸易代理与拍卖服务	17.5	22.0	0.9	19.2	20.6	11.4	11.0
	30	文化出租服务	0.7	0.9	-1.7	5.8	—	-139.8	-15.1
	31	会展服务	9.4	7.0	102.6	22.8	32.9	40.9	24.5
	32	其他文化辅助生产	2.4	1.1	3.5	14.7	7.3	1.3	8.9
九	33	办公用品的制造	18.7	27.5	33.1	24.7	6.9	19.2	8.1
	34	乐器的制造	13.2	8.8	16.3	32.9	19.1	15.8	1.0
	35	玩具的制造	16.3	12.8	10.9	24.9	8.7	12.9	15.0
	36	游艺器材及娱乐用品的制造	26.7	4.1	19.4	33.8	10.8	10.4	-3.7
	37	视听设备的制造	17.5	11.0	47.2	17.8	18.2	31.3	22.3
	38	焰火、鞭炮产品的制造	41.0	11.6	45.2	40.5	22.1	69.8	80.0
	39	文化用纸的制造	9.9	5.0	18.4	17.4	8.2	7.3	4.6
	40	文化用油墨颜料的制造	14.8	6.2	32.9	18.1	9.6	15.2	12.7
	41	文化用化学品的制造	3.8	2.3	-6.1	14.9	-2.7	8.8	0.6
	42	其他文化用品的制造	16.3	9.8	17.4	19.1	7.9	24.9	16.5
	43	文具乐器照相器材的销售	7.4	2.8	19.7	15.6	-0.8	-8.3	5.3
	44	文化用家电的销售	9.3	1.7	3.0	9.2	105.1	14.3	3.7
	45	其他文化用品的销售	13.8	3.1	1.5	10.7	10.0	17.4	25.6
十	46	印刷专用设备的制造	14.9	-9.2	-0.5	21.0	12.7	5.5	24.4
	47	广播电视电影专用设备的制造	17.9	10.3	10.3	22.3	19.5	12.5	2.9
	48	其他文化专用设备的制造	10.4	-4.4	24.4	14.5	8.9	2.1	11.1
	49	广播电视电影专用设备的批发	15.6	4.3	-1.3	7.5	14.7	207.8	-3.2
	50	舞台照明设备的批发	9.2	14.9	16.9	9.4	42.4	3.9	10.7

第二，集体控股企业在26个中类中的净资产收益率相对较高。这些中类包括：会展服务、群众文化服务、视听设备的制造、图书馆与档

217

案馆服务、增值电信服务（文化部分）、工艺美术品的销售、文化用油墨颜料的制造、电影和影视录音服务、办公用品的制造、其他文化专用设备的制造、文具乐器照相器材的销售、文化用纸的制造、舞台照明设备的批发、文化遗产保护服务、出版服务、文化艺术培训服务、焰火、鞭炮产品的制造、其他文化艺术服务、乐器的制造、发行服务、印刷复制服务、建筑设计服务、其他文化辅助生产、其他文化用品的制造、广告服务、娱乐休闲服务，并且这些中类中集体控股企业的净资产收益率比相应中类的平均水平依次高出93.2个、35.1个、29.7个、18.8个、18.4个、18.3个、18.1个、16个、14.4个、14个、12.5个、8.5个、7.7个、6.8个、6个、4.4个、4.2个、4.1个、3.1个、2.7个、2.2个、1.6个、1.1个、1.1个、0.8个、0.2个百分点。

第三，其他控股类型企业在22个中类中的净资产收益率相对较高。这些中类包括：焰火、鞭炮产品的制造、文艺创作与表演服务、增值电信服务（文化部分）、文化经纪代理服务、专业设计服务、会展服务、其他文化用品的销售、工艺美术品的销售、广播电视服务、广播电视传输服务、印刷专用设备的制造、版权服务、发行服务、其他文化辅助生产、文化艺术培训服务、视听设备的制造、摄影扩印服务、舞台照明设备的批发、景区游览服务、其他文化专用设备的制造、广告服务、其他文化用品的制造，并且这些中类中其他控股类型企业的净资产收益率依次比相应中类的平均水平高出39个、29.2个、25.6个、22个、16.2个、15.1个、11.8个、10.4个、10.1个、10.1个、9.5个、8.8个、8个、6.5个、5.2个、4.8个、4.1个、1.5个、0.7个、0.7个、0.2个、0.2个百分点。

第四，外商控股企业在20个中类中的净资产收益率相对较高。这些中类包括：广播电视电影专用设备的批发、文化遗产保护服务、会展服务、焰火、鞭炮产品的制造、广播电视传输服务、摄影扩印服务、视听设备的制造、广告服务、其他文化用品的制造、景区游览服务、建筑设计服务、文化用化学品的制造、文化用家电的销售、其他文化用品的销售、互联网信息服务、专业设计服务、乐器的制造、印刷复制服务、办公用品的制造、文化用油墨颜料的制造,并且这些中类中外商控股企业的净资产收益率依次比相应中类的平均水平高出192.2个、91.2个、31.5个、28.8个、24.7个、14.8个、13.8个、10个、8.6个、7个、6.1个、5个、5个、3.6个、3.4个、3.2个、2.6个、1.1个、0.5个、0.4个百分点。

第五,港澳台商控股企业在19个中类中的净资产收益率相对较高。这些中类包括文化用家电的销售、文化艺术培训服务、其他文化艺术服务、舞台照明设备的批发、广播电视传输服务、会展服务、文化软件服务、互联网信息服务、摄影扩印服务、专业设计服务、景区游览服务、建筑设计服务、乐器的制造、出版服务、其他文化辅助生产、文艺创作与表演服务、文化贸易代理与拍卖服务、广播电视电影专用设备的制造、视听设备的制造,并且这些中类中港澳台商控股企业的净资产收益率依次比相应中类的平均水平高出95.8个、85.1个、46.9个、33.2个、24.4个、23.5个、16.1个、15.6个、15.2个、12.6个、10.2个、7.7个、5.9个、5个、4.9个、4.4个、3.1个、1.6个、0.7个百分点。

第六,国有控股企业在12个中类中的净资产收益率相对较高。这些中类包括:文化艺术培训服务、办公用品的制造、舞台照明设备的批发、工艺美术品的销售、文化贸易代理与拍卖服务、电影和影视录音服务、广告服务、发行服务、新闻服务、文化研究和社团服务、文化出租服务、出版服务,并且这些中类中国有控股企业的净资产收益率比相应中类的平均水平依次高出12.5个、8.8个、5.7个、5.6个、4.5个、2.5个、0.8个、0.8个、0.7个、0.5个、0.2个、0.2个百分点。

2. 各中类不同控股类型文化企业的亏损面

2012年各中类不同控股类型文化企业的亏损面也有着较大的差别。其中,与各中类平均水平相比较,不同控股类型文化企业的亏损面分布大致有着如下特点(见表30)。

表30 2012年各中类不同控股类型文化企业的亏损面

单位：%

大类	序号	中类	国有	集体	私人	港澳台商	外商	其他
一	1	新闻服务	25.0	—	—	—	—	25.0
	2	出版服务	16.3	23.1	31.8	0.0	100.0	22.3
	3	发行服务	13.1	14.7	21.1	100.0	85.7	14.3
二	4	广播电视服务	26.8	40.0	27.5	—	0.0	31.8
	5	电影和影视录音服务	22.3	21.4	27.2	26.1	28.6	25.7
三	6	文艺创作与表演服务	35.2	62.5	25.3	40.0	0.0	28.0
	7	图书馆与档案馆服务	100.0	0.0	0.0	—	—	0.0
	8	文化遗产保护服务	33.3	25.0	20.0	—	0.0	50.0
	9	群众文化服务	28.6	0.0	33.3	—	100.0	25.0
	10	文化研究和社团服务	0.0	—	0.0	—	—	0.0
	11	文化艺术培训服务	25.0	0.0	35.3	0.0	100.0	20.0
	12	其他文化艺术服务	42.9	20.0	28.2	50.0	—	16.7
四	13	互联网信息服务	23.2	33.3	30.6	29.4	33.3	11.1
	14	增值电信服务（文化部分）	28.1	40.0	27.4	25.0	0.0	33.3
	15	广播电视传输服务	27.0	41.2	18.5	0.0	0.0	28.9
五	16	广告服务	18.7	20.0	24.2	28.7	38.3	20.6
	17	文化软件服务	14.0	17.3	24.8	33.7	33.4	18.2
	18	建筑设计服务	8.1	9.3	13.4	31.0	27.3	9.8
	19	专业设计服务	13.3	20.0	21.4	20.0	16.1	16.0
六	20	景区游览服务	39.3	40.2	33.5	40.0	33.3	38.5
	21	娱乐休闲服务	36.4	31.8	29.4	71.4	55.6	41.8
	22	摄影扩印服务	28.6	66.7	27.0	38.1	0.0	50.0
七	23	工艺美术品的制造	24.1	9.6	5.1	15.3	8.6	13.5
	24	园林、陈设艺术及其他陶瓷制品的制造	50.0	0.0	2.6	4.8	0.0	11.1
	25	工艺美术品的销售	14.4	14.0	24.6	32.2	40.0	20.5
八	26	版权服务	4.8	0.0	16.5	30.0	14.3	0.0
	27	印刷复制服务	18.2	8.7	7.4	20.8	10.3	26.3
	28	文化经纪代理服务	21.1	—	27.7	50.0	50.0	0.0
	29	文化贸易代理与拍卖服务	16.7	37.5	21.5	0.0	21.2	11.8
	30	文化出租服务	0.0	100.0	36.4	—	100.0	50.0
	31	会展服务	17.8	15.4	21.5	28.6	38.5	22.6
	32	其他文化辅助生产	18.0	14.8	24.1	30.4	30.3	42.4

续表

大类	序号	中类	国有	集体	私人	港澳台商	外商	其他
九	33	办公用品的制造	14.3	14.3	8.3	25.4	0.0	25.4
	34	乐器的制造	14.3	0.0	6.6	22.2	0.0	25.5
	35	玩具的制造	0.0	19.0	3.3	18.2	14.3	17.5
	36	游艺器材及娱乐用品的制造	0.0	0.0	6.0	18.8	0.0	62.5
	37	视听设备的制造	14.8	9.1	11.9	23.9	25.6	26.9
	38	焰火、鞭炮产品的制造	0.0	6.3	1.1	0.0	0.0	0.0
	39	文化用纸的制造	36.7	4.5	11.7	24.6	15.1	25.4
	40	文化用油墨颜料的制造	16.7	13.3	8.2	24.2	20.0	18.3
	41	文化用化学品的制造	15.4	50.0	21.4	38.1	29.4	41.9
	42	其他文化用品的制造	20.0	9.1	9.1	24.9	13.6	26.2
	43	文具乐器照相器材的销售	21.1	14.3	20.2	22.2	26.7	17.9
	44	文化用家电的销售	21.0	14.6	17.0	44.4	33.3	26.5
	45	其他文化用品的销售	30.8	0.0	15.6	21.4	15.0	11.8
十	46	印刷专用设备的制造	57.1	28.6	8.2	8.7	25.0	28.6
	47	广播电视电影专用设备的制造	33.3	25.0	8.9	24.6	8.7	38.5
	48	其他文化专用设备的制造	100.0	0.0	9.2	28.3	0.0	27.5
	49	广播电视电影专用设备的批发	16.7	25.0	18.3	29.3	36.4	5.9
	50	舞台照明设备的批发	0.0	0.0	19.3	13.3	23.3	0.0

第一，私人控股企业在33个中类的亏损面相对较低。这些中类以及私人控股企业与相应中类企业平均亏损面的差距（个百分点）是：图书馆与档案馆服务（25）、其他文化专用设备的制造（11.1）、文化遗产保护服务（11）、广播电视传输服务（7.8）、广播电视电影专用设备的制造（7.6）、视听设备的制造（6.7）、印刷专用设备的制造（6.5）、文艺创作与表演服务（6.3）、玩具的制造（6.3）、文化用化学品的制造（6.2）、乐器的制造（5.4）、其他文化用品的制造（4.9）、游艺器材及娱乐用品的制造（4.7）、摄影扩印服务（4.4）、办公用品的制造（4.3）、娱乐休闲服务（4.2）、文化用油墨颜料的制造（4.1）、景区游览服务（3.3）、印刷复制服务（2.7）、文化出租服务（2.5）、工艺美术品的制造（2.3）、文化用家电的销售（1.7）、文化用纸的制造（1.6）、园林、陈设艺术及

其他陶瓷制品的制造（1.1）、文化软件服务（1）、其他文化用品的销售（1）、广播电视服务（1）、广播电视电影专用设备的批发（0.7）、其他文化辅助生产（0.7）、其他文化艺术服务（0.4）、增值电信服务（文化部分，0.4）、会展服务（0.3）、焰火、鞭炮产品的制造（0.3）。

第二，集体控股企业在27个中类的亏损面相对较低。这些中类以及集体控股企业与相应中类企业平均亏损面的差距（个百分点）是：群众文化服务（32）、文化艺术培训服务（26.7）、图书馆与档案馆服务（25）、其他文化专用设备的制造（20.3）、舞台照明设备的批发（17.7）、其他文化用品的销售（16.7）、版权服务（14.6）、乐器的制造（12）、游艺器材及娱乐用品的制造（10.7）、其他文化辅助生产（10）、工艺美术品的销售（9.6）、视听设备的制造（9.5）、文化用纸的制造（8.8）、其他文化艺术服务（8.6）、文化软件服务（8.5）、会展服务（6.5）、文化遗产保护服务（6）、文具乐器照相器材的销售（5.8）、其他文化用品的制造（4.9）、文化用家电的销售（4.1）、广告服务（3.8）、电影和影视录音服务（3.8）、园林、陈设艺术及其他陶瓷制品的制造（3.7）、建筑设计服务（2.6）、印刷复制服务（1.8）、娱乐休闲服务（1.8）、发行服务（0.3）。

第三，国有控股企业在26个中类的亏损面相对较低。这些中类以及国有控股企业与相应中类企业平均亏损面的差距（个百分点）是：文化出租服务（38.9）、舞台照明设备的批发（17.7）、文化用化学品的制造（12.1）、文化软件服务（11.9）、游艺器材及娱乐用品的制造（10.7）、版权服务（9.8）、玩具的制造（9.6）、工艺美术品的销售（9.1）、其他文化辅助生产（6.8）、文化经纪代理服务（6.3）、专业设计服务（6.2）、互联网信息服务（5.9）、广告服务（5.1）、会展服务（4）、建筑设计服务（3.8）、视听设备的制造（3.8）、群众文化服务（3.4）、文化贸易代理与拍卖服务（3.3）、电影和影视录音服务（2.9）、摄影扩印服务（2.8）、广播电视电影专用设备的批发（2.3）、发行服务（1.9）、广播电视服务（1.7）、文化艺术培训服务（1.7）、出版服务（1.6）、焰火、鞭炮产品的制造（1.4）。

第四，其他控股类型企业在20个中类的亏损面相对较低。这些中类以及其他控股类型企业与相应中类企业平均亏损面的差距（个百分点）是：文化经纪代理服务（27.4）、图书馆与档案馆服务（25）、互联网信息服务（18）、舞台照明设备的批发（17.7）、版权服务（14.6）、广播电视电影专用设备的批发（13.1）、其他文化艺术服务（11.9）、文化贸易代理与拍卖服务（8.2）、文化软件服务（7.6）、群众文化服务（7）、文化艺术培训服务（6.7）、其他文化用品的销售（4.9）、文艺创作与表演服务（3.7）、专业设计服务（3.5）、广告服务（3.3）、工艺美术品的销售（3.1）、文具乐器照相器材的销售（2.3）、建筑设计服务（2.1）、焰火、鞭炮产品的制造（1.4）、发行服务（0.7）。

第五，外商控股企业在18个中类的亏损面相对较低。这些中类以及外商控股企业与相应中类企业平均亏损面的差距（个百分点）是：文艺创作与表演服务（31.7）、摄影扩印服务（31.3）、文化遗产保护服务（31）、广播电视服务（28.5）、增值电信服务（文化部分，27.7）、广播电视传输服务（26.3）、其他文化专用设备的制造（20.3）、办公用品的制造（12.6）、乐器的制造（12）、游艺器材及娱乐用品的制造（10.7）、广播电视电影专用设备的制造（7.8）、园林、陈设艺术及其他陶瓷制品的制造（3.7）、景区游览服务（3.4）、专业设计服务（3.4）、其他文化用品的销售（1.7）、焰火、鞭炮产品的制造（1.4）、其他文化用品的制造（0.4）、版权服务（0.3）。

第六，港澳台商控股企业在8个中类的亏损面相对较低。这些中类以及港澳台商控股企业与相应中类企业平均亏损面的差距（个百分点）是：文化艺术培训服务（26.7）、广播电视传输服务（26.3）、文化贸易代理与拍卖服务（19.9）、出版服务（17.9）、印刷专用设备的制造（6）、舞台照明设备的批发（4.4）、增值电信服务（文化部分，2.7）、焰火、鞭炮产品的制造（1.4）。

专题报告四 2013年沪深两市文化类上市公司研究

本报告所研究的文化产业类上市公司，是指在沪深两地上市的，以广播、电影、电视、音像、图书出版和报纸传媒等为主营业务、归属于文化产业类的 A 股上市公司。①

一 证监会界定的文化产业类上市公司

按照国家统计局发布的《文化及相关产业分类（2012）》（国统字〔2012〕63号），所谓文化及相关产业是指为社会公众提供文化产品和文化相关产品的生产活动的集合，它包括新闻出版发行服务、广播电视电影服务、文化艺术服务、文化信息传输服务、文化创意和设计服务、文化休闲娱乐服务、工艺美术品的生产、文化产品生产的辅助生产、文化用品的生产、文化专用设备的生产等十大类。不过在上市公司研究的领域，学界一般采用中国证券监督管理委员会（下简称"证监会"）发布的《上市公司行业分类指引》。本报告关于文化产业类上市公司的界定，也同样遵照证监会的分类标准。

---

① 本文所引的数据除特别注明出处者之外，均引自 Wind 资讯、中国证监会、上海证交所、深圳证交所以及有关上市公司网站。

(一) 2012年上市公司的行业分类

证监会于2012年10月26日发布了《上市公司行业分类指引》（2012年修订）（以下简称《2012年分类指引》），把所有上市公司分为A～S共19个门类、1～90共90个大类。同时，证监会于2001年4月颁布的《上市公司行业分类指引》（以下简称《2001年分类指引》）则自动废止。

《2012年分类指引》以上市公司营业收入等财务数据为主要分类标准和依据，其所采用的财务数据为经过会计师事务所审计并已公开披露的合并报表数据。具体规定如下：当上市公司某类业务的营业收入比重大于或等于50%，则将其划入该业务相对应的行业；当上市公司没有一类业务的营业收入比重大于或等于50%，但某类业务的收入和利润均在所有业务中最高，而且均占到公司总收入和总利润的30%以上（含30%），则该公司归属该业务对应的行业类别。不能按照上述分类方法确定行业归属的，由上市公司行业分类专家委员会根据公司实际经营状况判断公司行业归属；归属不明确的，划为综合类。

按照《2012年分类指引》，文化类上市公司属于"文化、体育和娱乐业"门类（R）。在该门类中，除"体育业"（代码88）之外，文化类上市公司又具体分布于"新闻和出版业"（代码85）、"广播、电视、电影和影视录音制作业"（代码86）、"文化艺术业"（代码87）、"娱乐业"（代码89）等四个大类产业中（见表1）。

表1 《2012年分类指引》中的"文化、体育和娱乐业"

门类（R）	代码	类别名称
文化、体育和娱乐业	85	新闻和出版业
	86	广播、电视、电影和影视录音制作业
	87	文化艺术业
	88	体育业
	89	娱乐业

与《2001年分类指引》相比,《2012年分类指引》中关于文化类上市公司的产业分类有着明显的差别,主要表现在。

1. 文化类上市公司的产业门类归属和进一步细分方法发生了较大调整。《2001年分类指引》把所有上市公司划分为 A~L 共 13 门类、每个门类包括若干大类,并且多数大类又进一步细分为若干中类。其中,文化类上市公司被划归"传播与文化产业"门类(L),包括 6 个大类及 11 个中类产业(见表 2)。与之不同的是,《2012年分类指引》不仅以"文化、体育和娱乐业"门类取代了"传播与文化产业"门类,而且还取消了中类的划分。

表 2 《2001年分类指引》关于"传播与文化产业"门类的界定

门类(L)	大类	类别名称	中类	类别名称
传播与文化产业	L01	出版业	L101	书、报、杂志、资料出版业
			L110	软件出版业
			L199	其他出版业
	L05	声像业	L501	声乐制品业
			L505	影像制品业
	L10	广播电影电视业	L1001	广播
			L1005	电影
			L1010	电视
	L15	艺术业		
	L20	信息服务传播业	L2001	信息、数据收集服务业
			L2005	数据处理业
			L2009	其他信息传播服务业
	L99	其他传播、文化产业		

2. 在《2012年分类指引》中,文化类上市公司的具体大类划分也有了较大的调整。主要包括:第一,"文化、体育和娱乐业"门类不再包括"信息服务传播业"大类;第二,新设了"娱乐业"大类;第三,将《2001年分类指引》中的"声像业"、"广播电影电视业"大类合并为"广播、电视、电影和影视录音制作业"大类;第四,把《2001年

分类指引》中的"出版业"、"艺术业"相应改设为"新闻和出版业"、"文化艺术业"两个大类。

（二）本报告的研究对象

按照《2012年分类指引》，本报告所研究的文化类上市公司其实就是表1中所示的归属于"文化、体育和娱乐业"门类的上市公司。根据中国证监会网站公布的《2013年2季度上市公司行业分类结果》，该门类上市公司共24家（见表3）。在本报告中，我们将这24家文化类上市公司作为研究对象。

表3　沪深两市文化类上市公司概览[*]

证券代码	公司全称	证券简称	所属大类
000504.SZ	北京赛迪传媒投资股份有限公司	ST传媒	新闻和出版业
000719.SZ	中原大地传媒股份有限公司	大地传媒	新闻和出版业
000793.SZ	华闻传媒投资集团股份有限公司	华闻传媒	新闻和出版业
300148.SZ	天舟文化股份有限公司	天舟文化	新闻和出版业
600373.SH	中文天地出版传媒股份有限公司	中文传媒	新闻和出版业
600551.SH	时代出版传媒股份有限公司	时代出版	新闻和出版业
600633.SH	浙报传媒集团股份有限公司	浙报传媒	新闻和出版业
600757.SH	长江出版传媒股份有限公司	长江传媒	新闻和出版业
600825.SH	上海新华传媒股份有限公司	新华传媒	新闻和出版业
600880.SH	成都博瑞传播股份有限公司	博瑞传播	新闻和出版业
601098.SH	中南出版传媒集团股份有限公司	中南传媒	新闻和出版业
601801.SH	安徽新华传媒股份有限公司	皖新传媒	新闻和出版业
601928.SH	江苏凤凰出版传媒股份有限公司	凤凰传媒	新闻和出版业
601999.SH	北方联合出版传媒（集团）股份有限公司	出版传媒	新闻和出版业
000156.SZ	华数传媒控股股份有限公司	华数传媒	广播、电视、电影和影视录音制作业
000665.SZ	湖北省广播电视信息网络股份有限公司	湖北广电	广播、电视、电影和影视录音制作业
300027.SZ	华谊兄弟传媒股份有限公司	华谊兄弟	广播、电视、电影和影视录音制作业

续表

证券代码	公司全称	证券简称	所属大类
300133.SZ	浙江华策影视股份有限公司	华策影视	广播、电视、电影和影视录音制作业
300251.SZ	北京光线传媒股份有限公司	光线传媒	广播、电视、电影和影视录音制作业
300291.SZ	北京华录百纳影视股份有限公司	华录百纳	广播、电视、电影和影视录音制作业
300336.SZ	上海新文化传媒集团股份有限公司	新文化	广播、电视、电影和影视录音制作业
600088.SH	中视传媒股份有限公司	中视传媒	广播、电视、电影和影视录音制作业
2699.SZ	美盛文化创意股份有限公司	美盛文化	文化艺术业
000673.SZ	当代东方投资股份有限公司	ST当代	文化艺术业

*虽然《2012年分类指引》把"文化、体育和娱乐业"门类进一步分为5个大类，但根据《2013年2季度上市公司分类结果》，全部24家文化类上市公司仅分布于新闻和出版业以及广播、电视、电影和影视录音制作业和文化艺术业三个大类，而体育业、娱乐业两个大类中则未见有文化类上市公司。另外，为表述规范、简便，下文均以证券简称表示具体公司。

资料来源：Wind资讯、上市公司年度报告。截止日期2013年6月30日。

需要指出的是，迄今我国半数文化类上市公司最初的主营业务并非属于文化产业。据统计，在全部24家文化类上市公司中，以"借壳上市"或其他资产重组方式进入文化类上市公司之列的有12家，占比为50%（见表4）。

表4 我国文化类上市公司上市时间一览

证券代码	证券简称	上市日期	进入文化产业时间	第一大股东（2012年底）
000504.SZ	ST传媒	1992-12-08	2000	湖南省信托有限责任公司
000719.SZ	大地传媒	1997-03-31	2011	中原出版传媒投资控股集团有限公司
000793.SZ	华闻传媒	1997-07-29	2006	上海渝富资产管理有限公司
300148.SZ	天舟文化	2010-12-15	2003	湖南天鸿投资集团有限公司
600373.SH	中文传媒	2002-03-04	2010	江西省出版集团公司
600551.SH	时代出版	2002-09-05	2008	安徽出版集团有限责任公司

续表

证券代码	证券简称	上市日期	进入文化产业时间	第一大股东（2012年底）
600633.SH	浙报传媒	1993-03-04	2011	浙报传媒控股集团有限公司
600757.SH	长江传媒	1996-10-03	2011	湖北长江出版传媒集团有限公司
600825.SH	新华传媒	1994-02-04	2006	上海新华发行集团有限公司
600880.SH	博瑞传播	1995-11-16	2000	成都博瑞投资控股集团有限公司
601098.SH	中南传媒	2010-10-28	2008	湖南出版投资控股集团有限公司
601801.SH	皖新传媒	2010-01-18	2002	安徽新华发行（集团）控股有限公司
601928.SH	凤凰传媒	2011-11-30	2009	江苏凤凰出版传媒集团有限公司
601999.SH	出版传媒	2007-12-21	2006	辽宁出版集团有限公司
000156.SZ	华数传媒	2000-09-06	2012	华数数字电视传媒集团有限公司
000665.SZ	湖北广电	1996-12-10	2012	湖北省楚天数字电视有限公司
300027.SZ	华谊兄弟	2009-10-30	2004	王中军、王中磊兄弟
300133.SZ	华策影视	2010-10-26	2005	傅梅城
300251.SZ	光线传媒	2011-08-03	2000	上海光线投资控股有限公司
300291.SZ	华录百纳	2012-02-09	2002	华录文化产业有限公司
300336.SZ	新文化	2012-07-10	2004	上海渠丰国际贸易有限公司
600088.SH	中视传媒	1997-06-16	1997	中央电视台无锡太湖影视城
2699.SZ	美盛文化	2012-09-11	2010	浙江莱盛实业有限公司
000673.SZ	ST当代	1997-01-24	2011	厦门当代投资集团有限公司

二 2012年以来文化类上市公司概况

截至2013年6月30日，沪深两地共有文化类上市公司24家，总股本合计约为165.75亿股，总市值合计达2095.97亿元。

（一）股本与市值

1. 总股本及流通股本总体上呈增长之势

总股本是指股份公司发行的全部股票所占的股份总数，流通股本则是指在二级市场上流通的股份。2012年以来，文化类上市公司总股本和流通股本均有了不同程度的增加。截至2013年6月30日，全部24

家上市公司的总股本合计约为165.75亿股，比2011年末增加了20.0%，其中流通股合计近86.24亿股，比2011年底增加了35.3%。这样，由于限售股不断解禁等因素的影响，总股本中流通股合计所占的比重，也由2011年末的46.1%，升至2013年6月30日的52.0%，18个月内提高了5.9个百分点。

不过与此同时，绝大多数公司的总股本和流通股本并未发生变化（见表5）。据统计，其间总股本有所增加的仅有中文传媒、浙报传媒和长江传媒等3家公司，它们分别比2011年末增加了约0.92亿、1.64亿、4.88亿股；同时，流通股本有所增加的也只包括大地传媒、华闻传媒、时代出版、皖新传媒、凤凰传媒等5家公司，它们分别比2011年增加了约0.14亿、2.67亿、2.95亿、7.58亿、3.79亿股；另外华录百纳2013年上半年比2012年末增加了0.58亿股。至2013年6月30日，已有ST传媒、华闻传媒、时代出版、新华传媒、皖新传媒、出版传媒、中视传媒、ST当代等8家公司实现或基本实现了股本全流通。

表5 文化类上市公司的总股本与流通股本情况

单位：百万股

证券简称	总股本			流通股本		
	2011年末	2012年末	2013年6月30日	2011年末	2012年末	2013年6月30日
ST传媒	311.6	311.6	311.6	310.0	310.0	310.0
大地传媒	439.7	439.7	439.7	74.3	87.9	87.9
华闻传媒	1360.1	1360.1	1360.1	1092.2	1359.4	1359.4
中文传媒	567.2	567.2	658.7	187.5	187.5	187.5
时代出版	505.8	505.8	505.8	211.3	210.2	505.8
浙报传媒	429.7	429.7	594.1	152.1	152.1	152.1
长江传媒	552.2	1039.7	1039.7	354.9	350.1	350.1
新华传媒	1044.9	1044.9	1044.9	1044.9	1044.9	1044.9
博瑞传播	628.0	628.0	628.0	414.1	414.1	414.1
中南传媒	1796.0	1796.0	1796.0	398.0	398.0	398.0
皖新传媒	910.0	910.0	910.0	151.6	213.9	910.0
凤凰传媒	2544.9	2544.9	2544.9	280.0	659.0	659.0

续表

证券简称	总股本			流通股本		
	2011年末	2012年末	2013年6月30日	2011年末	2012年末	2013年6月30日
出版传媒	550.9	550.9	550.9	550.9	550.9	550.9
华数传媒	—	1097.0	1097.0	—	63.9	63.9
湖北广电	—	388.8	388.8	—	137.2	137.2
华录百纳	—	60.0	132.0	—	15.0	72.6
中视传媒	331.4	331.4	331.4	331.4	331.4	331.4
天舟文化	152.1	152.1	152.1	52.0	52.0	52.0
华谊兄弟	604.8	604.8	604.8	408.7	408.7	408.7
华策影视	580.7	580.7	580.7	222.7	222.7	222.7
光线传媒	506.4	506.4	506.4	138.2	138.2	138.2
新文化	—	96.0	96.0	—	35.9	35.9
美盛文化	—	93.5	93.5	—	23.5	23.5
ST当代	—	—	208.1	—	—	208.1
合计	13816.4	16039.2	16575.2	6374.8	7366.5	8623.9

2. 少数公司第一大股东持股比例有所变化

第一大股东持股比例是指持有公司股票最多的股东所持股票数占公司发行的全部股票总数的比值。如表6所示，在全部24家文化类上市公司中，2012年以来只有7家企业第一大股东的持股比例有所变动。其中，出版传媒、中文传媒、浙报传媒、华策影视第一大股东的持股比例较之2012年底分别降低了2.6个、10.3个、14.8个、0.3个百分点，同时，皖新传媒、长江传媒、时代出版第一大股东的持股比例则分别上升了0.3个、7.3个、0.2个百分点。

3. 总市值

总市值是指在某一特定时间以总股本数乘以当时股价得出的股票总价值。伴随着A股市场的平稳运行以及文化类上市公司数量的增多，文化类上市公司的市值规模得到快速增长。

表6　文化类上市公司第一大股东的持股比例

单位：%

证券简称	2011年末	2013年6月30日	证券简称	2011年末	2013年6月30日
大地传媒	75.8	75.8	华数传媒	—	54.3
皖新传媒	75.4	75.7	浙报传媒	64.6	49.8
凤凰传媒	72.1	72.1	新华传媒	30.6	30.6
出版传媒	70.6	68.0	华录百纳	—	30.0
长江传媒	58.5	65.8	ST传媒	25.6	25.6
中文传媒	74.0	63.7	博瑞传播	23.6	23.6
中南传媒	61.5	61.5	湖北广电	—	20.2
时代出版	58.2	58.4	华闻传媒	19.7	19.7
中视传媒	54.4	54.4	天舟文化	65.2	65.2
华谊兄弟	26.1	26.1	华策影视	35.7	35.4
光线传媒	54.1	54.1	新文化	—	31.3
美盛文化	—	46.4	ST当代	—	30.0

据统计，2012年末文化类上市公司的总市值为1481.28亿元，比2011年末（1355.31亿元）增长了9.3%；2013年6月30日文化类上市公司的总市值为2095.97亿元，分别比2011年末和2012年末增长54.6%和41.5%。如果剔除2012年上市的华录百纳、新文化和美盛文化以及通过"借壳"上市的华数传媒、湖北广电和ST当代，那么2011年底至2013年6月30日文化类上市公司的市值从1355.31亿元增长至1760.12亿元，合计增长了29.9%。

值得关注的是，在全部文化类上市公司市值合计较2011年有较大增长的同时，大地传媒、时代出版、新华传媒、皖新传媒、出版传媒、天舟文化等6家公司的市值却有所减少，2013年6月30日它们的市值分别比2011年底减少了28.7%、11.2%、13.2%、4.5%、30.2%和11.1%（见表7）。

表 7 文化类上市公司的总市值

单位：亿元

证券简称	2011年末	2012年末	2013年6月30日	证券简称	2011年末	2012年末	2013年6月30日
ST传媒	14.80	16.33	17.54	中南传媒	162.36	160.56	167.03
大地传媒	59.23	41.25	42.28	皖新传媒	99.19	94.46	94.73
华闻传媒	76.03	90.18	136.31	凤凰传媒	212.75	172.54	211.48
中文传媒	93.14	80.89	112.31	出版传媒	42.92	34.43	29.75
时代出版	59.33	48.00	52.71	华数传媒	—	114.42	176.62
浙报传媒	61.97	58.01	128.16	湖北广电	—	37.09	40.94
长江传媒	43.26	63.94	60.72	华录百纳	—	36.00	47.14
新华传媒	59.98	50.89	51.72	中视传媒	46.40	31.02	47.36
博瑞传播	77.87	60.54	110.72	天舟文化	23.38	14.96	20.79
华谊兄弟	93.84	85.31	172.67	华策影视	64.2	64.78	141.87
光线传媒	64.46	83.34	161.97	新文化	—	24.79	37.22
美盛文化	—	17.55	20.57	ST当代	—	—	13.36
合计	1355.31	1481.28	2095.97				

（二）总资产和净资产

资产总额反映的是企业拥有或控制的全部资产，是净资产（所有者权益）总额与负债总额之和。净资产即是资产负债表中的所有者权益，它是企业所有的并可以自由支配的财产。资产反映了企业的经济实力，是企业所有经营活动的基础，而企业的经营成果是资产使用效益的综合反映。

据统计，2012年全部23家文化类上市公司（注：ST当代于2013年6月30日被列入文化产业类上市公司）的资产总额合计为911.76亿元，比2011年（723.45亿元）增长了26.0%；同期净资产合计也达595.32亿元，比2011年（493.43亿元）增长了20.6%。2013年上半年全部24家文化类上市公司的资产总额为1005.23亿元，分别比2011年和2012年增长了38.9%和10.2%；净资产为651.13亿元，分别比2011年和2012年增长了32.0%和10.3%。如果剔除2012年新进入文化类上市公司之列的华数传媒、湖北广电、华录百纳、新文化和美盛文化以及 2013 年新进入文化类上市公司的 ST 当代，那么 2012 年 18 家上市公司的资产总额和净资产合计仍然比 2011 年分别增长了 13.0% 和 9.6%；2013 年上半年 18 家上市公司的资产总额和净资产合计比 2011 年分别增长了 25.3% 和 21.75%（见表 8）。

表 8　文化类上市公司的资产总额与净资产

单位：亿元

证券简称	资产总额			净资产		
	2011年末	2012年末	2013年6月30日	2011年末	2012年末	2013年6月30日
新闻和出版业小计	642.05	718.2	787.46	434.66	473.57	521.16
ST 传媒	2.76	2.28	2.15	1.30	1.32	1.18
大地传媒	22.53	25.96	23.43	15.66	17.54	17.20
华闻传媒	52.20	60.65	61.42	35.67	38.92	35.92
中文传媒	75.86	84.05	97.00	39.25	40.19	55.32
时代出版	41.01	46.94	49.03	30.12	32.52	33.43
浙报传媒	16.17	26.30	62.56	11.26	15.81	39.19
长江传媒	39.81	45.17	48.24	26.60	30.35	32.28
新华传媒	53.63	59.91	61.83	24.89	25.56	25.89
博瑞传播	27.64	31.36	32.29	21.81	25.78	26.16
中南传媒	108.93	118.49	121.68	79.37	86.34	88.38
皖新传媒	48.09	53.58	56.80	37.77	41.82	43.45
凤凰传媒	123.54	132.81	139.59	89.32	95.04	100.31
出版传媒	24.11	24.69	25.20	16.36	17.04	17.10
天舟文化	5.77	6.01	6.24	5.28	5.34	5.35
广播、电视、电影和影视录音制作业小计	81.40	186.74	210.12	58.77	115.24	129.97
华数传媒	—	33.84	37.25	—	8.50	9.76
湖北广电	—	32.41	32.11	—	21.37	22.29
华录百纳	—	10.90	11.16	—	9.51	9.71
中视传媒	23.20	18.59	16.81	10.67	10.87	11.30
华谊兄弟	24.60	41.4	56.50	17.10	21.2	30.90
华策影视	14.70	17.70	21.20	13.10	15.3	16.80
光线传媒	18.90	21.60	24.60	17.90	19.90	20.60

续表

证券简称	资产总额			净资产		
	2011年末	2012年末	2013年6月30日	2011年末	2012年末	2013年6月30日
新文化	—	10.30	10.49	—	8.59	8.61
文化艺术业小计	—	6.82	7.65	—	6.51	6.27
美盛文化	—	6.82	6.80	—	6.51	6.17
ST当代	—	—	0.85	—	—	0.10
总计	723.45	911.76	1005.23	493.43	595.32	657.40

如果企业的盈利能力强以及股权融资渠道畅通，企业净资产增长率应高于总资产增长率，说明企业主要依靠自身盈利和股权融资来增加企业的资产总额；反之，如果企业资产总额增长率高于净资产增长率，说明企业主要依靠债权融资来增加资产总额，而来自银行的债权融资的增加则直接加大了企业的财务风险。有时也可能是股权融资渠道不畅造成企业较多依赖债权融资。

2012年文化类上市公司总资产和净资产呈现以下特征。

1. 资产总额整体增长较快，但个别公司资产总额下降

2012年，文化类上市公司资产总额扩张较快。在全部23家公司中，除华数传媒、湖北广电、华录百纳、新文化和美盛文化之外，有两家公司的资产总额比2011年反而下降，其中ST传媒、中视传媒的资产总额分别比2011年减少了17.4%、22.5%，其余16家公司的资产总额比2011年都有了不同程度的增长。与此同时，所有18家公司的净资产则都比2011年有所增长。净资产增长最快的是时代出版，同比增长了40.4%，增长率最小的为天舟文化，同比仅增长了1.1%。

2. 影视板块总资产和净资产增长率超过出版板块，但出版板块资产总量仍居主导地位

我们将文化类24个上市公司按照主营业务不同分为新闻和出版业板块（简称"出版板块"，以下同）、广播、电视、电影和影视录音制作业板块（简称"影视板块"，以下同）和文化艺术板块进行分析，其中新闻和出版业板块包括14家上市公司，广播、电视、电影和影视录音制作业板块包括8家上市公司，文化艺术板块（简称"文艺板块"，以下同）包括2家上市公司。由于文艺板块上市公司样本较小（2012年末该板块仅美盛文化一家上市公司，2013年6月30日有2家上市公司），本报告不将该板块作为整体与其他板块相比较。

2012年，出版板块总资产和净资产分别比2011年增长了11.9%和9.0%；2013年上半年，总资产和净资产分别比2011年增长了22.6%和19.9%，比2012年则分别增长了9.6%和10.0%。

2012年，由于有华数传媒、湖北广电、华录百纳和新文化等四家公司进入影视板块，所以影视板块上市公司的总资产和净资产比2011年分别增长了129.4%和96.1%；2013年上半年，影视板块上市公司总资产和净资产比2011年分别增长了158.1%和121.1%。剔除这四家公司后，2012年影视板块上市公司总资产和净资产比2011年分别增长了22.0%和14.5%；2013年上半年影视板块上市公司总资产和净资产比2011年分别增长了46.3%和35.4%，比2012年则分别增长了12.5%和12.8%；

比较两个板块上市公司的总资产增长率和净资产增长率，可以看出2012年和2013年上半年影视板块上市公司资产规模扩张速度均高于出版板块上市公司。但是，出版板块的总资产和净资产仍居主导地位。2011年，出版板块总资产占文化类上市公司总资产的88.75%，影视板块占11.25%；出版板块净资产占文化类上市公司净资产的88.09%，影视板块占11.91%。2012年，即使影视板块增加了四家公司，出版板块总资产仍占文化类上市公司总资产的78.77%，影视板块占20.48%，文艺板块占0.75%；出版板块净资产占文化类上市公司净资产的79.55%，影视板块占19.36%，文艺板块占1.09%。

（三）营业收入和主营业务收入

营业收入是指企业在一定时期内从事生产经营活动（销售商品、提供劳务和让渡资产使用权等）所取得的各项收入。营业收入是企业的主要经营成果，是企业取得利润的重要保障。按企业经营业务的主次分类，可分为主营业务收入和其他业务收入。主营业务收入来源于企业的核心业务，一般占企业营业收入的比重较大，是公司的核心竞争力所在，比企业的投资收益、营业外收入等具有更高的稳定性和持续性。由主营业务收入占营业收入比重可以观察企业持续经营能力的大小。

据统计，2012年，全部23家文化类上市公司的营业收入合计达544.07亿元，比2011年（423.49亿元）增加了28.47%，继续保持2010年以来的高速增长势头。即使剔除2012年才进入文化类上市公司之列的华数传媒、湖北广电、华录百纳、新文化和美盛文化，余下18家公司的营业收入合计也高达508.53亿元，比2011年增长了20.08%（见表9）。

表9 文化类上市公司的营业收入及主营业务收入

单位：百万元

项 目	2011年			2012年		
	营业收入	主营业务收入	主营业务收入/营业收入	营业收入	主营业务收入	主营业务收入/营业收入
新闻和出版业小计	39066.57	38253.81		46482.86	45490.08	
ST传媒	90.89	88.78	0.977	76.82	74.73	0.973
大地传媒	1791.84	1744.57	0.974	2271.52	2215.40	0.975
华闻传媒	3793.89	3759.89	0.991	4095.42	4056.25	0.990
中文传媒	6981.36	6894.94	0.998	10003.4	9920.64	0.992
时代出版	2438.18	2377.24	0.975	3139.51	3079.62	0.981
浙报传媒	1342.28	1294.71	0.964	1437.96	1373.11	0.955
长江传媒	2611.23	2499.93	0.957	3485.69	3360.72	0.964
新华传媒	2110.99	2032.81	0.963	1795.49	1719.18	0.958
博瑞传播	1305.96	1297.02	0.993	1349.80	1337.65	0.991

续表

项目	2011年			2012年		
	营业收入	主营业务收入	主营业务收入/营业收入	营业收入	主营业务收入	主营业务收入/营业收入
中南传媒	5856.57	5761.64	0.984	6930.36	6811.45	0.983
皖新传媒	3047.48	3030.60	0.995	3643.12	3564.88	0.979
凤凰传媒	6025.30	5837.26	0.969	6705.80	6477.01	0.966
出版传媒	1393.00	1356.88	0.974	1268.06	1219.67	0.962
天舟文化	277.60	277.54	1.00	279.91	279.77	1.00
广播、电视电影和影视录音制作业小计	3282.86	6055.84		7719.24	7638.00	
华数传媒	—	1238.30	—	1508.61	1454.14	0.964
湖北广电		934.15	—	1061.35	1045.20	0.985
华录百纳	—	287.29	—	393.40	393.40	1.00
中视传媒	1289.48	1288.67	1.00	1228.65	1227.88	1.00
华谊兄弟	892.38	889.49	0.998	1386.40	1383.70	0.999
华策影视	403.07	399.07	0.990	720.91	713.93	0.990
光线传媒	697.93	697.93	1.00	1033.86	1033.86	1.00
新文化	—	320.94	—	386.06	385.89	1.00
文化艺术业小计		214.3		205.0	203.9	
美盛文化	—	214.3		205.0	203.9	0.99
合计	42349.33	44523.95	—	54407.10	53331.98	—

结合公司年度财务报告进行分析，文化类上市公司营业收入有着如下较为鲜明的特征。

1. 影视板块营业收入增长率远超出版板块增长率

2012年，广播、电视电影和影视录音制作业上市公司的营业收入比2011年增长了近135%，剔除当年才进入文化类上市公司之列的华数传媒、湖北广电、华录百纳和新文化之后，2012年该类上市公司的营业收入比2011年增长了33.11%。与此同时，2012年，新闻和出版业上市公司营业收入合计达464.83亿元，比2011年增加了74.16亿元，增幅为18.98%。影视板块上市公司营业收入增长速度超过出版板块的营业收入增长速度。

虽然影视板块中新增了华数传媒、湖北广电、华录百纳和新文化等四家公司，加上影视板块在营业收入增长速度方面的优势，使得2012年出版板块上市公司占全部文化类上市公司营业收入的比重从92.25%降至85.4%，但这丝毫不影响该大类产业在全部文化类上市公司中的绝对优势地位。

除了新进入文化类上市公司之列的5家公司之外，在其余18家文化类上市公司中，2012年营业收入实现增长的有14家，比2011年有所减少的则包括中视传媒、新华传媒、出版传媒、ST传媒等4家。

2. 出版板块上市公司平均营收规模远大于影视板块

2012年，全部23家文化类上市公司的平均营业收入约为23.66亿元，比2011年全部18家文化类上市公司的平均营业收入微增了0.6%。2012年14家新闻和出版业公司的平均营业收入约为33.20亿元，不仅比2011年增长了18.98%，而且还相当于同年8家广播、电视、电影和影视录音制作业公司平均营业收入（9.65亿元）的3.4倍。

3. 主营业务收入占比突出，但个股差异较大

从表9可以看出，2012年，在所有23家文化类上市公司中，主营业务收入占营业收入的比重都超过95%以上，说明公司专注于主营业务的生产经营。但仔细分析各公司的年度报告，发现有的文化类上市公司的部分主营业务与文化产业毫无关联，不将这部分营业收入予以甄别，将影响对其主营业务能力和核心竞争力的正确判断。

（1）华闻传媒。2012年，华闻传媒主营业务收入为40.56亿元，但其中与文化产业无关的燃气生产和供应业、能源材料和机械电子设备批发业等营业收入合计为11.14亿元，占主营业务收入的27.47%。

（2）中文传媒。中文传媒在2012年度财务报告中披露，其2012年营业收入较2011年大幅上升的主要原因是子公司江西蓝海国际贸易有限公司纸、纸浆、电解铜等业务量增加所致。财务附注显示，公司2012年主营业务收入为99.2亿元，比2011年的68.9亿元增长了

43.98%。但是,其新闻出版业和印刷记录媒介复制收入合计为41.01亿元,比2011年同项收入34.11亿元仅增长了20.23%,物资贸易业务从2011年的40.47亿元增长至2012年的61.72亿元,大幅增长了52.51%。2012年,中文传媒的物资贸易业务占营业收入的54.5%,2011年占比为50.0%。与此形成鲜明对比的是,该公司在影视、艺术品和新媒体等新业务方面的营业收入反而从2011年的2117万元下降至2012年的1796万元。

(3) 时代出版。时代出版的营业收入从2011年的23.77亿元增至2012年的30.80亿元,增长幅度为29.58%。剔除化学制品和电子产品制造业等与文化类产业无关的6715万元之外,公司商品贸易从2011年的8.72亿元增长至2012年的14.14亿元,大幅增加了62.34%;公司商品贸易收入占2012年度营业收入45.91%,几乎占了公司营业收入总额的一半。从其主营业务的产品来看,2012年,公司纸张销售6.22亿元,印装业务1.83亿元,商品销售7.92亿元,三项合计15.97亿元,占营业收入的51.75%,这三项营业收入很难体现文化类上市公司的核心竞争力。

(4) 新华传媒。新华传媒公司营业收入从2011年的20.33亿元减少至2012年的17.19亿元,下降了15.45%。其中图书从8.45亿元减少至8.34亿元,微降了1.3%;文教用品从1.33亿元降至1.27亿元,微降了4.51%;公司的报刊及广告收入则从8.98亿元降至6.13亿元,大幅下降了32.07%,这是拖累新华传媒公司业绩的主要原因,从中可以看出在新媒体的影响下传统广告媒体尤其是报刊媒体所面临的巨大挑战。

(5) 出版传媒。2012年,出版传媒营业收入为12.19亿元,比2011年的13.57亿元下降了10.17%。其中,出版业务从4.85亿元减少至3.90亿元,下降了19.59%;发行业务从6.94亿元减少至6.47亿元,微降了6.77%,而和文化产业关联度小的印刷物资销售业务却从

2.82 亿元微增至 2.83 亿元。在主营业务产品中，排名靠前的产品依次为一般图书、教材教辅和纸张印刷耗材等，分别为 5.41 亿元、4.41 亿元和 2.83 亿元，传统业务的下滑导致了公司主营业务收入的下降。

4. 某些公司客户集中度高，对少数客户依赖程度较大

如果一个客户的采购量超过企业营业收入的 25%，或者前几位客户的采购量超过企业营业收入的绝大部分，就要引起警惕。因为客户的集中度越高，由于某一个或几个主要债务人支付困难而导致较大比例的债权面临无法回收的风险就越大。有时候，一个大客户的支付危机可能就会直接会导致企业陷入危险。文化类上市公司中有以下公司存在客户集中度较高的问题。

（1）大地传媒。第一大客户河南省新华书店发行集团有限公司为大地传媒公司带来了 8.40 亿元的主营业务收入，占其全部营业收入的比例为 36.97%；同时，前五大客户为公司带来的主营业务收入合计 13.12 亿元，占其全部营业收入的比例为 57.77%。不仅如此，该公司向第一大客户销售的书籍和音像制品价格为协议价而非市场价，交易金额占同类交易金额的 80.44%，很难体现公司该部分业务的真实市场竞争力。

（2）中文传媒。第一大客户浙江宏磊控股集团有限公司为中文传媒带来了 28.9 亿元的营业收入，占全部营业收入的比例为 28.89%；同时前五大客户合计为公司带来 50.66 亿元的营业收入，占公司全部营业收入比例为 50.65%。值得注意的是，第一大客户浙江宏磊控股集团有限公司主营漆包线和高精度铜管材的研发、生产与销售。也就是说，公司与第一大客户的交易与文化产业毫无关联。

（3）博瑞传播。第一大客户成都商报社为博瑞传播带来 4.68 亿元的营业收入，占全部营业收入的比例为 34.65%。

（4）天舟文化。第一大客户湖南省新华书店有限责任公司为天舟文化带来了 8774 万元的营业收入，占全部营业收入的比例为 31.34%；

同时，前五大客户合计为公司带来 1.42 亿元的营业收入，占公司全部营业收入的比例为 50.62%。

（5）中视传媒。2012 年，中视传媒第一大客户为公司带来了 3.93 亿元的营业收入，占全部营业收入的比例为 32.06%；同时，前五大客户合计带来营业收入 5.66 亿元，占全部营业收入的比例为 46.06%。令人费解的是，财务报表中这五个客户全部匿名，无法确认公司和这些客户之间是否有关联关系和关联交易。

（6）美盛文化。2012 年，美盛文化第一大客户为公司带来 9157 万元的营业收入，占全部收入的 44.66%，前五大客户合计为公司带来 1.54 亿元的营业收入，占全部营业收入的 75.3%。与中视传媒相似的是，财务报表附注中这五个客户全部匿名。不仅如此，该公司 97.5% 的营业收入来自于外销，国外的经济形势和汇率对公司营业收入影响很大。

（四）净利润和扣非后净利润

净利润是指在利润总额中按规定缴纳了所得税以后公司的利润留存。非经常性损益是指公司发生的与经营业务无直接关系的收支，以及虽与经营业务相关，但由于其性质、金额或发生频率等方面的原因，影响了真实公允地反映公司正常盈利能力的各项收支。因此，在分析时应排除非经常性损益的因素，否则会干扰对公司正常的经营盈利能力的正确判断。虽然非经常性损益也是公司利润的组成部分，但大多数不具备可持续性。非经常性损益包括但不限于政府补贴、非流动资产处置收益、债务重组收益等事项。

扣非后净利润是指扣去非经常性损益后的净利润，它是衡量企业依靠正常经营获取利润能力的重要指标。如果非经常性损益占公司净利润的比例较高，比如 30% 以上，就要引起注意。一般认为，一家公司报告期业绩如果包含太多非经常性损益因素，那么这家公司下一个会计期间的业绩便有大幅滑坡的可能。目前还没有一家上市公司可以连续 3 年以上依赖非经常性损益而实现净利润增长。

据统计，2012 年，全部 23 家文化类上市公司均实现了盈利，它们归属于上市公司股东的净利润合计约为 61.08 亿元，比 2011 年（48.48 亿元）增长了 26.00%，低于同期营业收入合计增长幅度约 2.47 个百分点。扣非后净利润为 53.25 亿元，比 2011 年（扣非后净利润 45.64 亿元）增长了 16.67%，低于同期营业收入合计增长幅度 11.8 个百分点，也低于净利润的增长幅度约 9.33 个百分点。如果剔除 2012 年新进入文化类上市公司之列的华数传媒、湖北广电、华录百纳、新文化和美盛文化，那么当年其余 18 家公司净利润合计约为 54.97 亿元，比 2011 年增长了近 13.39%（见表 10）。

表 10　归属于文化类上市公司股东的净利润和扣非后净利润

单位：百万元

项　目	2011 年			2012 年		
	净利润	扣非后净利润	扣非后净利润/净利润	净利润	扣非后净利润	扣非后净利润/净利润
新闻和出版业小计	4239.33	3563.44	0.84	4682.47	4085.10	0.87
ST 传媒	-29.90	-32.60	—	1.36	-11.92	—
大地传媒	143.60	114.84	0.800	197.18	194.17	0.985
华闻传媒	255.78	228.71	0.894	269.45	245.66	0.912
中文传媒	483.03	287.37	0.595	506.60	490.36	0.968
时代出版	272.71	250.54	0.919	311.94	261.98	0.840
浙报传媒	220.68	216.71	0.982	221.33	214.54	0.969
长江传媒	280.11	231.83	0.828	326.56	256.38	0.785
新华传媒	180.49	66.88	0.371	108.98	-1.75	—
博瑞传播	393.84	304.74	0.774	285.78	284.64	0.993
中南传媒	802.24	770.57	0.961	940.46	880.11	0.936
皖新传媒	396.76	402.23	1.014	498.83	445.14	0.892
凤凰传媒	739.23	653.79	0.884	927.22	786.27	0.848
出版传媒	67.58	35.53	0.526	67.78	21.26	0.314
天舟文化	33.18	32.30	0.973	19.00	18.26	0.961
广播、电视、电影和影视录音制作业小计	608.39	953.95	—	1377.00	1202.42	0.87

续表

项 目	2011年			2012年		
	净利润	扣非后净利润	扣非后净利润/净利润	净利润	扣非后净利润	扣非后净利润/净利润
华数传媒	—	102.71	—	174.56	163.72	0.938
湖北广电	—	147.97	—	179.97	170.25	0.946
华录百纳	—	81.42	—	117.01	107.30	0.917
中视传媒	75.70	71.98	0.951	45.21	40.66	0.899
华谊兄弟	202.90	181.11	0.893	244.43	154.07	0.630
华策影视	153.99	139.42	0.905	215.04	190.56	0.886
光线传媒	175.80	172.48	0.981	310.22	293.13	0.945
新文化	—	56.86	—	90.56	82.73	0.914
文化艺术业小计		47.07		49.02	37.31	
美盛文化	—	47.07	—	49.02	37.31	0.76
合 计	4847.72	4564.46		6108.49	5324.83	

2012年，文化类上市公司扣非后净利润占其净利润的87.17%。总体上看，文化产业的盈利主要依靠主业，而非不可持续的非经常性损益。进一步分析显示，2012年文化类上市公司净利润的增长有着以下四个重要特点。

1. 新闻和出版业仍然占据了全部文化类上市公司大部分净利润，但增速低于影视板块上市公司

新闻和出版业上市公司在全部文化类上市公司净利润合计中保持了主要地位。2012年，14家新闻和出版业公司的净利润合计近48.82亿元，占全部23家文化类上市公司净利润合计的79.93%，比同年其营业收入占比低5.47个百分点，比2011年其净利润占比（87.45%）也低7.52个百分点。

新闻和出版业公司利润增长速度低于影视板块的公司，也低于整体文化类上市公司的利润增长速度。2012年，新闻和出版业公司净利润合计比2011年增长了10.45%，低于剔除2012年新进入文化类上市公司之列的华数传媒、湖北广电、华录百纳和新文化之后文化类上市公净利润合计增长率约 2.94 个百分点，也大大低于剔除这四家公司后影视板块上市公司净利润增长率约 23.49 个百分点。

2. 企业净利润的增长幅度差别显著

在每家企业都实现盈利的同时，在 23 家文化类上市公司中，除去 5 家新进入文化产业公司之外，2012 年净利润比 2011 年增长的有 14 家，比 2011 年减少的则有 4 家企业。在对除 ST 传媒（净利润由负变正）之外的 17 家企业进一步分析后显示，净利润增长率最高的是光线传媒（76.1%），最低的是天舟文化（-42.8%）。

3. 企业净利润增长质量总体良好，个别公司主营盈利能力堪忧

2012 年度，在全部 23 家文化类上市公司中，除了 ST 传媒和新华传媒两家公司净利润为正、但扣非后净利润为负外，其他 20 家公司的净利润和扣非后净利润均为正。在这 20 家公司中，绝大部分公司扣非后净利润与净利润之比在 70% 以上，体现出良好的经营获利能力。但也有主营业务不突出，非经常性损益占比较大的现象。

（1）ST 传媒。2012 年公司净利润为 136 万元，营业外收入共计有 1923 万元，其中非流动资产处置利得（本期转让海南房产所得）为 1169 万元，政府补贴 220 万元，除上述各项之外的其他营业外收入和支出为 220 万元以及其他符合非经常性损益定义的损益项目 209 万元。如果没有这些非经常损益项目，公司 2012 年将继续亏损，面临暂停上市的风险。非流动资产处置利得是不可持续的。若公司主营业务再没有起色，2013 年公司很有可能亏损。

（2）出版传媒。2011 年，公司净利润为 6758 万元，扣非后净利润为 3553 万元，扣非后净利润与净利润之比为 0.526，说明企业近一半净利润来自于非经常损益，这部分利润很难持续。2011 年公司非经常性损益 3206 万元，其中政府补助 2968 万元，其他营业外收入 227 万元。2012 年，公司净利润 6778 万元，比 2011 年仅增长 20 万元，扣非后净利润 2126 万元，比 2011 年扣非后净利润大幅下降了 40.16%，扣非后净利润与净利润之比更是降到了 0.314，约七成净利润来自于公司非经营部分。2012 年公司非经常性损益合计 4651 万元，其中政府补助 4621 万元。显然，公司如果不能改善主营业务经营，那么 2013 年度财报业绩堪忧。

（3）新华传媒。2011 年度公司净利润为 1.80 亿元，扣非后净利润为 6688 万元，扣非后净利润与净利润之比为 0.371。公司约 6 成以上净利润来自于非经常损益项目，非经常性损益合计约为 1.14 亿元，其中包括政府补助收入 2935 万元，委托他人经营取得的投资收益 8481 万元，对外委托贷款收益 5042 万元。2012 年，公司净利润为 1.09 亿元，扣非后净利润为负的 175 万元，非经常性损益合计约 1.11 亿元，其中包括政府补助 2015 万元，非流动资产处置利得 1250 万元，委托经营取得的投资收益 5581 万元，对外委托贷款取得收益 8826 万元。公司主营业务获得了负的收益。换而言之，如果不是靠着与经营无关的收益，企业 2012 年年度会出现亏损。

（4）中文传媒。2011 年公司净利润 4.83 亿元，扣非后净利润 2.87 亿元，扣非后净利润与净利润之比为 0.595，说明有约四成的利润来自于非经常损益，其中包括政府补助 1602 万元，委托他人投资收益 2392 万元，处置金融资产及金融资产公允价值损益等合计 1.42 亿元。2012 年，公司净利润 5.07 亿元，扣非后净利润 4.90 亿元，扣非后净利润与净利润之比为 0.968，非经常性损益中主要是政府补助收入 1.68 亿元。虽然表面上公司主营业务盈利能力提高，但是该公司的主营业务中很大一部分业务与文化产业无关，所以不能认为该公司的文化类业务的竞争力已经提高。

（5）华谊兄弟。该公司 2012 年净利润 1.81 亿元，扣非后净利润 1.53 亿元，两者之比为 0.63，说明公司超过三成净利润来自于非经常性损益。公司年报显示，2012 年，公司的非经常损益中，政府补助 6539 万元，另外还有其他符合经常性损益的损益项目 5316 万元。

4. 文化类上市公司平均净利润水平与 2011 年基本持平

2012 年，全部 23 家文化类上市公司的平均净利润约为 2.66 亿元，比 2011 年 18 家文化类上市公司平均基本净利润（2.69 亿元）略跌 1.1%。不过需要特别指出的是，2012 年 14 家新闻和出版业公司的平均净利润约为 3.34 亿元，比 2011 年（3.03 亿元）增加了 10.2%；同时，2012 年图书和出版板块上市公司的平均净利润更是相当于同年 8 家广播、电视、电影和影视录音制作业公司平均净利润（1.72 亿元）的 1.94 倍。

（五）基本每股收益

基本每股收益是衡量上市公司经营成果和盈利能力、预测企业成长潜力的最重要财务指标之一，它是测定股票投资价值的一个基础性指标。一般来说，每股收益指标值越高，表明股东的投资效益越好，股东获取高额股利的可能性越大。

表 11　全部文化类上市公司的每股收益

单位：元，%

项目	2011 年	2012 年	本年比上年增减	扣非后每股收益
新闻和出版业平均每股收益	0.383	0.375	-2.09	0.331
ST 传媒	-0.10	0.004	104	-0.04
大地传媒	0.33	0.45	36.36	0.44
华闻传媒	0.19	0.20	14.39	0.18
中文传媒	0.85	0.89	4.71	0.86
时代出版	0.54	0.62	14.81	0.52
浙报传媒	0.66	0.52	-21.21	0.50
长江传媒	0.46	0.31	-32.61	0.25
新华传媒	0.17	0.10	-41.18	-0.002
博瑞传播	0.63	0.46	-26.98	0.45
中南传媒	0.45	0.52	15.56	0.49
皖新传媒	0.44	0.55	25.00	0.49
凤凰传媒	0.36	0.36	0	0.31

续表

项目	2011年	2012年	本年比上年增减	扣非后每股收益
出版传媒	0.12	0.12	0	0.04
天舟文化	0.26	0.15	-42.31	0.14
广播、电视、电影和影视录音制作业平均每股收益	0.453	0.795	75.5	0.719
华数传媒	—	0.17	—	0.16
湖北广电	—	0.66	—	0.62
华录百纳	—	2.04	—	1.87
中视传媒	0.22	0.14	-36.36	0.12
华谊兄弟	0.34	0.40	17.65	0.25
华策影视	0.40	0.56	40.00	0.50
光线传媒	0.85	1.29	51.76	1.22
新文化	—	1.10	—	1.01
文化艺术业小计		0.65		0.49
美盛文化	—	0.65	—	0.49
平均每股收益	0.398	0.533	33.92	0.473

据统计，2012年，全部23家文化类上市公司都实现了每股收益为正，它们的平均每股收益为0.53元，比2011年（0.40元）提高了0.13元，增长率为32.5%。与此同时，文化类上市公司基本每股收益及其变化有着如下方面特征。

1. 超过半数上市公司每股收益增加

如表11所示，在不考虑2012年新进入文化类上市公司之列的华数传媒、湖北广电、华录百纳、新文化和美盛文化等五家公司的情况下，每股收益高于2011年的有ST传媒、大地传媒、华闻传媒、中文传媒、时代出版、中南传媒、皖新传媒、华谊兄弟、华策影视、光线传媒等10家公司，凤凰传媒、出版传媒2家公司则持平，另有浙报传媒、长江传媒、新华传媒、博瑞传播、天舟文化和中视传媒等6家公司的每股收益低于2011年。除ST传媒扭亏为盈之外，2012年每股收益增长幅度最大的是光线传媒，增长率为51.76%；每股收益减少幅度最大的是天舟文化，它比2011年减少了42.31%。

2. 广播、电视、电影和影视录音制作业公司的平均每股收益增长较大

由2012年全部23家文化类上市公司每股收益高低排名中，华录百纳（2.04元）、光线传媒（1.29元）和新文化（1.10元）分列第1、2、3位所致，当年8家广播、电视、电影和影视录音制作业公司的平均每股收益高达0.795元，比2011年增加了0.34元，增幅高达75%。另一方面，2012年14家新闻和出版业公司的平均每股收益为0.375元，与2011年基本持平。

3. 个别公司扣非后每股收益下降较大，甚至由正转负

在扣除非经常性损益后，每股收益下降超过三成的有ST传媒、新华传媒、出版传媒和华谊兄弟，其中ST传媒、新华传媒在扣非后每股收益由正转负，而出版传媒在扣非后每股收益下降66.7%，华谊兄弟下降37.5%。这说明上述四家企业依靠不可持续的非经常性损益支撑业绩，未来应关注其主营业务的经营情况。

三 2012年以来的政策环境与公司战略

2012年以来，文化类上市公司发展势头总体良好，资产规模、营业收入和净利润等财务指标都有了不同程度的增长，绝大多数公司的市场竞争力有了相应提高。在产业政策方面，国家相关政府部门继续出台新的政策措施，大力支持文化产业的发展与创新。出版板块上市公司也在积极应对新媒体的挑战，通过兼并收购进军新媒体，不断地扩大企业赢利点；影视板块上市公司则根据产业发展规律，努力打造完整的产业链条，增强自身的核心竞争力。

（一）文化产业的相关政策

2012年，为了支持文化产业的快速与健康发展，政府部门密集出台了一系列文化产业政策和发展规划。2012年2月,中共中央办公室发布了《国家"十二五"时期文化改革发展规划纲要》,文化部和新闻出版总署分别发布了《文化部"十二五"时期文化产业倍增计划》和《关于加速出版传媒集团改革发展的指导意见》。在文化倍增计划中,提出了文化发展的主要任务:培育壮大文化市场主体、转变文化产业发展方式、优化文化产业布局、扩大文化消费、推进文化科技创新、健全投融资体系和强化人才支撑等。同年4月,财政部公布了修订后的《文化产业发展专项资金管理暂行办法》,加大了对文化产业的资金投入扶持力度;5月和9月,文化部又分别颁布了《文化部"十二五"时期文化改革发展规划》和《文化部"十二五"文化科技发展规划》。2013年以来至今,政府推出了两项有利于推动文化产业发展的新政策:

1. 政府职能转换取得重大突破

2013年3月,根据第十二届全国人民代表大会第一次会议批准的《国务院机构改革和职能转变方案》和《国务院关于机构设置的通知》(国发〔2013〕14号),国务院新设立国家新闻出版广电总局,为国务院直属机构,同时不再保留原国家新闻出版总署和国家广电总局。这一重大改革无疑将有利于减少职责交叉,提高管理效率,落实管理责任;有利于统筹推动报刊、出版社、通讯社、电台电视台和互联网等新媒体发展,加快构建现代传播体系,提高文化传播能力;有利于新闻出版广播影视业做大做强,增强文化整体实力和竞争力;有利于整合新闻出版和广播影视领域公共服务资源,提高公共文化服务的质量和水平。

7月11日,国务院批准印发了《国家新闻出版广电总局主要职责内设机构和人员编制规定》。7月13日,《国务院关于取消和下放50项行政审批项目等事项的决定》(国发〔2013〕27号)也正式公布,其中包括17项原属于新闻出版业和广电业的政府行政审批项目。

与此同时,新闻出版广电总局的部分职责得到加强。主要包括:①加强组织推进新闻出版广播影视领域公共服务,大力促进城乡公共服务一体化发展，促进新闻出版广播影视事业繁荣发展。②加强指导、协调、推动新闻出版广播影视产业发展，优化配置新闻出版广播影视资源，加强业态整合，促进综合集成发展。③加强推进新闻出版广播影视领域体制机制改革。④加强对数字出版以及网络视听节目服务、公共视听载体播放广播影视节目的规划指导和监督管理，推动协调其健康发展。⑤加强著作权保护管理、公共服务和国际应对，加大反侵权盗版工作力度。⑥加强新闻出版广播影视国际传播能力建设，协调推动新闻出版广播影视"走出去"工作。⑦加强管理理念和方式的创新转变，充分发挥市场调节、社会监督和行业自律作用。

2. "营改增"试点在全国范围内推开

2013年4月10日，国务院常务会议决定，自8月1日起，交通运输业和部分现代服务业"营改增"试点在全国范围内推开，并将广播影视作品的制作、播映、发行等纳入试点，缴纳6%的低档税率，产业相关的项目可作为采购方的进项进行抵扣。该项税务改革将降低文化类上市公司的整体税负，提升行业的盈利能力。

今后，文化类企业如投资文化产业项目，在建设之时购买的生产经营类设备可以抵扣进项税，这无疑减轻了文化类企业的税收负担，有利于新创企业及扩大再生产投资。文化类企业在经营采购环节中必须更多的选择正规的供应商（例如广告宣传等业务）才能增值税抵扣，这样可以加快促进文化企业向正规化、大型化和专业化的方向成长。另外，由于上游的电视剧制作、发行行业被纳入"营改增"范围，今后电视台购进影视剧将获得6%的增值税进项抵扣，明显降低其引进电视剧的成本，有利于促进影视剧行业的营收规模的不断扩大，并通过直播分离实现专业化发展。

（二）创新驱动的公司发展战略

公司战略是现代企业生产经营活动的基本指南。制订并实施正确的公司战略，是广大文化类上市公司改善经营管理、打造核心竞争优势、寻求长期可持续发展的基本途径。

2012年以来，文化类上市公司的发展战略呈现出如下两个突出特点。

1. 创新转型成为多数图书出版文化类上市公司发展战略的核心要素

顺应新技术革命和文化产业发展的潮流，抓住文化体制改革、文化市场需求旺盛和上市之后资本运营空间广阔的历史机遇，以产品、服务、技术、管理的全面创新推动公司的快速发展，可以说是出版文化类上市公司的一大共识①。

近年来，随着互联网技术的快速进步，个人电脑的普及以及智能移动设备的流行，新媒体迅速崛起，而传统媒体业务则呈明显的下滑态势。据国家新闻出版广电总局发展研究中心最新发布的《中国视听新媒体发展报告（2013）》显示，受个人电脑、平板电脑、智能手机的冲击，北京地区电视机开机率从三年前的70%下降至30%，传统广播电视收听收视群体向老年人集中，40岁以上的消费者成为收看电视的主流人群，电视观看人群的年龄结构呈现"老龄化"趋势，网络已经成为收看热播电视剧的主要渠道。

2012年，我国GDP增速仅为7.8%，为1999年以来最低。经济增速下滑对广告市场特别是传统广告市场造成了较大冲击，与2011年相比，2012年传统媒体广告增速仅为4.5%，创近五年增速的新低。报纸媒体广告同比竟下滑了七点五个百分点，是唯一下滑的媒介。因此，主业依托于报纸媒体的上市公司2012年业绩明显下滑：新华传媒净利润同比下降了40%，博瑞传播同比下降了27.4%，浙报传媒同比增长仅0.29%。

与增长乏力的报纸等传统媒体形成鲜明对比的是，新媒体如互联网广告市场继续保持着快速增长的态势，增速高达46.8%，规模已达753.1亿元，十分接近电视广告的市场规模。报纸媒体广告市场的低迷和新媒体互联网广告市场的繁荣，显示着新旧媒体的此消彼长。随之而

---

① 以下表述均引自有关上市公司2012年度报告。

来的结果就是,广告等经济利益已随着报纸等传统媒体影响力向互联网等新媒体的转移而转移,而且这种趋势是不可逆转的。

与报纸类传统媒体相比较,图书出版类传统媒体在 2012 年还保持了一定的增长。图书出版类企业的增长主要来自于两个方面。一是传统图书出版发行业务在教材教辅市场具备一定的垄断优势,在教材教辅业务的支撑下比较稳定;二是大部分企业由于上市时间不长,资金状况仍比较充裕,收益渠道的多元化支撑了企业短期的业绩增长,除出版传媒(净利润同比基本持平)和天舟文化(净利润同比减少 42.7%)之外,其他 9 家图书出版上市公司的业绩基本保持稳定增长。但从中长期来看,传统图书出版媒体行业增长后劲不足的问题依然存在。因为传统图书出版产业虽然能满足人们对于文字内容的需求,而且这种长期存在的需求会对图书出版类企业的基本业务有一定的支撑,保证其在一定时期内业绩的相对稳定性。但随着人们的未来文化消费需求更多地转向音视频、游戏、互动等新媒体,图书出版类企业的战略转型便成为明智选择。

传统媒体向新媒体转型是必然趋势。通过研究发现,出版板块上市公司通过外延并购、内部研发等多种方式努力寻求向新媒体转型。如凤凰传媒提出了公司发展战略方针和目标:以十八大精神为指针,以改革创新、转型升级为动力,加快成为以书业为核心、以物业为依托、以数字技术为基础的多元化、全媒体的新型传媒企业,打造世界出版强企。面对新媒体的冲击,凤凰传媒提出了"跳出出版、发展出版"的发展战略,并在内容资源数字化、数据库建设、多媒体出版、移动阅读、视频点播、在线教育付费、数字印刷等多个方面取得进展,部分业务已经开始盈利。

2013 年 8 月 22 日,凤凰传媒公司斥资 3.1 亿元收购了上海慕和网络 64% 的股权,开始进军移动游戏领域(手游);9 月 10 日,公司再次出资 2.77 亿元控股上海都玩网络科技公司 55% 股权,进军网游业务。

手机游戏、网络游戏成为公司向新媒体转型的重要方向。另外，该公司在建设大型综合文化MALL方面也富有成效，通过大型书城的运营，引进多元文化产品及服务，形成现代书城、文化娱乐中心、电影院线、青少年活动中心、文体用品销售等多种文化相关业态协同发展的业务模式。

作为中国第一家媒体经营性资产整体上市的报业集团——浙报传媒，在继续做大做强传统媒体主业的同时，也加速向新媒体布局，全力打造新闻传媒、互动娱乐、影视三大产业平台及文化产业投资平台的大传媒产业发展目标，并试图整合浙江省内原有的如院线资源等电影行业相关产业资源，打造从编剧基地、制作发行到院线、影视投融资，甚至电影频道、影视城基地、影视新媒体等影视行业的全产业链。

博瑞传播的长期发展战略是"传统媒体运营服务商、新兴媒体内容提供商、文化产业战略投资者"，经营思路为"传统媒体为经营基础，新媒体、新项目为发展两翼"。作为公司控股股东成都商报社的首席广告代理商，该公司原来的媒体业务是从事广告代理，印刷发行等平面媒体经营性业务。为了应对新媒体的挑战，自2009年起，公司便通过并购等方式进入了网络游戏、户外广告等新媒体业务。此外，公司还通过特定投资方式进入小额贷款、创业投资、电子商务等新业务领域。

表12 2012年文化类出版板块上市公司的主营业务一览

公司简称	主营业务
ST传媒	传媒业务、数据存储器
大地传媒	出版业务、物资销售业务、印刷业务
华闻传媒	传播与文化产业、燃气生产和供应业、能源、材料和机械电子设备批发业
中文传媒	图书出版、图书发行、印刷包装、物资贸易、物流业务、新业态
时代出版	新闻出版业、印刷业和记录媒介复制、化学制品制造业、电子产品制造业、商品贸易
浙报传媒	发行业务、广告业务、印刷业务、无线增值业务
长江传媒	出版业务、发行业务、印刷业务、物资销售业务
新华传媒	图书、音像制品、文教用品、广告

续表

公司简称	主营业务
博瑞传播	发行投递、印刷业务、广告业务、网游、租赁业务
中南传媒	出版、发行、物资、印刷、报媒
皖新传媒	教材销售、一般图书销售、音像制品销售、文体用品及其他、广告业务
凤凰传媒	出版业、发行业、物流、软件开发、教育培训以及贸易流通等行业、酒店服务业
出版传媒	出版业、发行业、物资销售业、印刷业
天舟文化	图书、报纸、期刊、电子出版物总发行；文化用品、办公用品、文教科研仪器、工艺品、文化艺术品的销售；书刊项目的设计、策划；著作权代理等

2. 产业链延伸成为影视板块上市公司的战略选择

2012年以来，以顺应文化产业发展规律和趋势、拓展相关业务领域为导向，影视板块上市公司的产业链延伸战略得到了进一步的发展和优化。

由范围经济性、网络经济性、垂直一体化、企业改制以及资产重组等诸多原因所致，多角化经营已成为文化类上市公司，特别是出版板块上市公司的基本特征之一。具体表现为绝大多数公司同时经营多项主营业务（见表13）。

表13 2012年文化类影视板块上市公司的主营业务一览

公司简称	主营业务
华数传媒	信息传播业
湖北广电	有线电视服务
华录百纳	电视剧、电影、经纪及其他
中视传媒	影视业务、旅游经营、广告业务
华谊兄弟	电影的制作、发行及衍生业务；电视剧的制作、发行及衍生业务；艺人经纪服务及相关服务业务，以及音乐的创作、发行及衍生业务；影院投资管理运营业务
华策影视	制作、复制、发行：专题、专栏、综艺、动画片、广播剧、电视剧；设计、制作、代理国内广告。经济信息咨询(除证券、期货)等
光线传媒	广播电视节目的制作、发行；经营演出及经纪业务；设计、制作、代理、发布国内及外商来华广告；承办展览展示；组织文化艺术交流活动等
新文化	电视节目制作、摄制电影、企业形象策划、投资管理等

理论和经验都早已证明，无关的多角化经营对于企业的主营业务没有益处，多数甚至还损害企业的核心竞争力。如华闻传媒的燃气生产和供应业务、能源、材料和机械电子设备批发业务与文化产业有何关联？时代出版的化学制品制造业务和电子产品制造业务对文化业务又有何帮助？而相关多元化则延伸了企业的产业价值链，增加了企业核心产品的附加价值。

从国外影视产业发展历程来看，影视产业是文化产业中价值链拓展最为活跃的产业。影视剧作为商业化产品，除了承载了制作人所要表达的艺术内容外，还要涉及投融资、发行、营销和最后的分账等运作。影视产业发展的核心特征是向各关联产业的融合与延伸，不断完善产业链和提高核心影视产品的附加值。

电影产业经济既是规模经济又是范围经济，如好莱坞模式是对电影制作、营销、发行、院线等产业价值链核心环节的整体构建。该模式建立了银幕营销、电视营销、家庭影院、网络营销和产品开发等营销架构，并在电影发行和放映上，建立完善的发行体系，最大限度地掌控院线，阻碍新的竞争者进入以获取最大的影片收益。而迪士尼模式则是跨媒体、跨产品、跨业务门类共同发展，以多种媒介的联合经营来提升消费者的黏性与市场占有率。电影产业与电视、出版、音像等相关产业的价值链形成了一个价值联动体系，电影产业作为内容供应商，产业价值链不断向电视、出版、音像、动漫、游戏、网络、主题公园、旅游、服装、玩具等相关产业延伸，通过产业价值链的不断延伸，创造出巨大的衍生附加价值。

传统的电视媒体是光线传媒公司节目的主要发行渠道和盈利来源，随着网络的普及，视频网站已经成为重要的娱乐新媒体，并已经渗透到消费者的日常生活中，公司的影视作品必须通过新媒体进行传播，才能进一步提升自身经济价值和影响力。因此，该公司通过股权收购等方式拓展新媒体渠道，完善产业链布局。2012年8月，公司通过收购部分股份的方式先后投资了网游公司天神互动、电视剧制作公司欢瑞投资，并与它们形成战略合作伙伴关系。将天神互动的游戏业务、欢瑞投资的电视剧业务与公司的影视剧业务进行有机融合，可以充分发挥影视作品强大的文化穿透力和爆发性的优势以及网络游戏深入持久的娱乐体验和良好的现金流优势，从而形成良好的互动互补效应。另外，此举还可以通过电影、电视剧、游戏之间的相互改编，提升三方内容的受众影响力和经济效益。2012年10月，该公司又参股了互联网视频社区服务商长风信息技术32%的股权。通过参股合作，光线传媒可以将其现有的电视节目、影视剧等优质内容与视频社区开展深入合作，综合利用传统媒体与新媒体双重优势，形成良好的互补和协同效应，打造和完善产业价值链，努力构建传媒娱乐企业集团。

华谊兄弟一直致力于打造"中国首屈一指的影视娱乐综合传媒集团"，业务版图已包括电影制作、发行、放映及衍生业务，电视剧制作与发行业务，艺人经纪及衍生业务，音乐业务，影院广告业务、品牌授权业务等。该公司通过对如专业的电影服务机构等一些专业企业进行投资并购的方式，向电影产业链纵向拓展。同时，公司还继续向互联网、音乐、游戏等领域横向发展，如通过与腾讯及百事通等新媒体的合作，尝试着对影视和新媒体进行结合。2013年9月3日，公司公告，其全资子公司浙江华谊影业投资拟以2.52亿元收购浙江常升70%的股权，通过此次交易能有效补充华谊较为薄弱的电视剧业务。另外，公司凭借控股子公司银汉科技成功跻身移动网络游戏行业前列。移动网络游戏行业已初具规模并保持爆发式的增长速度，未来前景极为广阔，华谊兄弟公司希望凭借其丰富的娱乐传媒资源加上游戏行业强大的变现能力，提升娱乐资源的附加价值，拓宽公司的盈利渠道。

华策影视则以电视剧内容为基础拓展自身产业链，从涉足经纪人业务，到对大数据公司克顿的并购。公司2013年3月7日公告称，公司拟使用超募资金1800万元，投资收购西安金策影视文化传播有限公司所持有的海宁华凡星之影视文化传播有限公司60%的股权，此举将进军经纪业务，使华策影视的产业链更为完整（艺人经纪＋电视剧制作+影视基地）。目前华策影视都是和中间客户（电视台）联系，而最终客户是广告客户。克顿公司是唯一的采购新媒体数据的公司，大数据优势十分明显。自1999年以来，克顿公司就开始关注行业更细分的数据，不仅仅是电视收视，还有演职人员、编剧、导演对电视剧的影响。因此，华策影视并购克顿公司的目的就是希望进行商业模式的创新，公司计划，未来公司的产品内容将发展为针对最终客户而不是中间客户，通过来自最终客户的基础数据分析客户需求，再由客户需求去引导中间客户，从而形成更清晰的产业价值链和更有竞争力的商业模式。

即使是通过"借壳"上市不久的华数传媒公司，也强调要依托自身团队、资质、内容、平台与运营等方面的优势，充分利用数字化的"跨网络、跨应用、跨终端、跨媒体"的创新技术，从传统的"网络为王"向"网络、内容并重，用户和服务为王"转型，以互动电视、互联网电视、3G手机等新媒体为发展主线，基于三网融合的理念，发展全国性新媒体业务，争取成为真正的多网多屏、以视频业务为核心、多种内容及服务的提供商。

另外，2012年末文艺板块仅有美盛文化一家上市公司，该公司主营业务为动漫衍生产品设计开发、动漫饰品和动漫制作等。由于样本较小，无法透视概括出该板块的一般发展战略。

四 文化类上市公司的资产结构和资本结构

（一）文化类上市公司的资产结构

资产结构是指企业各类资产之间的比例关系，合理的资产配置结构可以提高资产的营运效率和企业经营效益。资产结构主要是由行业的技术构成决定的，不同行业的企业资产结构之间会有较大的不同。对资产结构的分析能够揭示企业的行业特点、经营管理特点、发展特点和偿债能力等，认识到企业生产经营与管理的优势与不足。固定资产在总资产中所占的比重越大，则意味着这个企业或者行业的退出门槛越高，转型越难，经营风险越大。流动资产占资产总额比例越高，企业的日常经营管理活动越重要。

表14 全部文化类上市公司的固定资产及其占总资产比重

单位：百万元

项目	2011年			2012年		
	固定资产	总资产	固定资产/总资产	固定资产	总资产	固定资产/总资产
新闻和出版业小计	9269.51	64185.58	0.144	9654.56	71819.59	0.134
ST传媒	21.38	276.47	0.076	1.58	228.39	0.007
大地传媒	491.267	2253.29	0.218	468.02	2596.32	0.180
华闻传媒	1109.53	5200.00	0.213	1087.70	6064.70	0.179
中文传媒	853.49	7586.15	0.112	975.12	8405.02	0.116
时代出版	614.59	4100.84	0.150	616.26	4693.78	0.131
浙报传媒	514.01	1617.15	0.318	551.82	2630.04	0.210
长江传媒	917.38	3980.54	0.230	929.56	4517.35	0.206
新华传媒	455.70	5362.87	0.085	432.41	5990.89	0.072
博瑞传播	590.94	2764.00	0.213	601.47	3135.71	0.192
中南传媒	1166.77	10893.22	0.107	1139.35	11849.16	0.096
皖新传媒	526.25	4808.96	0.109	524.88	5357.77	0.098
凤凰传媒	1753.49	12353.60	0.142	2083.97	13280.90	0.157
出版传媒	208.46	2410.96	0.086	197.19	2468.78	0.080
天舟文化	46.25	577.53	0.080	45.23	600.78	0.018
广播、电视、电影和影视录音制作业小计	592.07	10266.15	—	3983.22	18677.65	0.213
华数传媒	—	286.46	—	1421.134	3383.57	0.420
湖北广电	—	966.79	—	1791.86	3241.30	0.553
华录百纳	—	424.79	—	2.465	1090.00	0.002
中视传媒	434.14	2319.62	0.187	435.99	1859.50	0.244
华谊兄弟	117.38	2463.76	0.048	272.80	4137.94	0.066
华策影视	15.84	1472.97	0.010	32.64	1767.28	0.018
光线传媒	24.71	1893.15	0.013	22.07	2156.84	0.010
新文化	—	438.61	—	4.26	1031.22	0.004
文化艺术业小计	—	216.16	—	126.59	682.37	0.186
美盛文化	—	216.16	—	126.59	682.37	0.186
合计	9861.58	74667.89	—	13764.37	91169.61	0.151

表 15 全部文化类上市公司的流动资产及其占总资产比重

单位：百万元

项目	2011 年			2012 年		
	流动资产	总资产	流动资产/总资产	流动资产	总资产	流动资产/总资产
新闻和出版业小计	41734.1	64185.58	0.650	46337.24	71819.59	0.645
ST 传媒	74.17	276.47	0.268	44.35	228.39	0.193
大地传媒	1478.93	2253.29	0.656	1821.10	2596.32	0.701
华闻传媒	2166.61	5200.00	0.417	2281.87	6064.70	0.376
中文传媒	4858.00	7586.15	0.640	5847.42	8405.02	0.696
时代出版	2924.38	4100.84	0.713	3278.55	4693.78	0.698
浙报传媒	795.43	1617.15	0.492	1304.22	2630.04	0.496
长江传媒	2210.69	3980.54	0.555	2605.89	4517.35	0.577
新华传媒	1921.92	5362.87	0.358	2303.66	5990.89	0.384
博瑞传播	1067.64	2764.00	0.386	771.48	3135.71	0.246
中南传媒	8776.09	10893.22	0.806	9774.85	11849.16	0.825
皖新传媒	3494.82	4808.96	0.727	4246.44	5357.77	0.793
凤凰传媒	9642.94	12353.60	0.781	9651.86	13280.90	0.727
出版传媒	1828.19	2410.96	0.759	1892.42	2468.78	0.767
天舟文化	494.29	577.53	0.856	513.13	600.78	0.855
广播、电视、电影和影视录音制作业小计	6845.96	10266.15	—	10960.71	18677.65	0.587
华数传媒	—	286.46	—	724.07	3383.57	0.214
湖北广电	—	966.79	—	583.83	3241.30	0.180
华录百纳	—	424.79	—	1083.17	1090.00	0.994
中视传媒	1855.33	2319.62	0.800	1396.13	1859.50	0.751
华谊兄弟	1902.28	2463.76	0.772	2793.87	4137.94	0.675
华策影视	1294.64	1472.97	0.879	1507.38	1767.28	0.853
光线传媒	1793.71	1893.15	0.947	1850.48	2156.84	0.858
新文化	—	438.61		1021.78	1031.22	0.990
文化艺术业小计	—	216.16		522.30	682.37	0.765
美盛文化	—	216.16		522.30	682.37	0.765
合 计	48580.06	74451.73	—	57820.25	91169.61	0.634

从表 14 和表 15 可以看出，2011 年 18 家文化类上市公司固定资产与资产总额之比为 13.6%，流动资产与总资产之比为 67.2%；2012

年23家文化类上市公司固定资产与总资产之比为15.1%，流动资产与总资产之比为63.4%。总体来看，文化产业类上市公司具有轻资产特征。

1. 影视板块比出版板块上市公司更具有轻资产特征

2011年末，出版板块14家上市公司固定资产占资产总额比重为14.4%，流动资产占资产总额比重为65.0%。影视板块4家上市公司固定资产占资产总额比重为7.3%，流动资产占资产总额84.0%。

2012年末，出版板块14家上市公司固定资产占资产总额比重为13.4%，流动资产占资产总额64.5%；影视板块8家上市公司固定资产占资产总额比重为21.3%，流动资产占资产总额58.7%。但如果扣除借壳上市的华数传媒和湖北广电，影视板块固定资产与总资产之比为6.4%，流动资产与总资产之比为80.2%。影视板块明显比出版板块更具有轻资产特征。

2. 少数文化类上市公司除固定资产外的非流动资产比重较大，企业不具备轻资产经营特征

绝大多数文化类上市公司具有低固定资产比率和高流动资产比率的轻资产结构特征，但是少数企业两者比率表现并不一致。如出版板块中，ST传媒和华闻传媒低固定资产比率和低流动资产比率并存，2012年末，ST传媒两者比率分别是0.7%和19.3%，华闻传媒两者比率分别是17.9%和37.6%，浙报传媒两者比率分别为21.0%和49.6%，新华传媒两者比率分别为7.2%和38.4%，博瑞传播两者比率分别为19.2%和24.6%，这几家公司的流动资产比率大大低于文化类上市公司整体和该板块上市公司的平均水平。影视板块上市公司中只有通过借壳上市的华数传媒和湖北广电两者比率相悖。华数传媒两者比率分别为42.0%和21.4%，湖北广电两者比率为55.3%和18.0%，出现较高固定资产比率和低流动资产比率的特征，显然不属于轻资产结构。

进一步分析显示，2012年末，ST传媒非流动资产中无形资产和商誉分别为8636万元和9435万元，合计18071万元，占总资产比重为65.4%，而这两者不能为企业直接产生效益，反而会因为非流动资产减值的计提而影响企业资产质量和企业利润（无形资产中的土地使用权除外）；华闻传媒也是如此，其非流动资产中无形资产和商誉分别为21490万元（其中土地使用权20118万元）和1973万元，合计23463万元，占总资产比重为38.7%；浙报传媒的非流动资产中，长期股权投资为3.81亿元，投资性房地产2.51亿元，无形资产0.53亿元，合计6.85亿元，占其总资产26.0%；新华传媒非流动资产中长期应收款10.9亿元，长期股权投资8.3亿元，投资性房地产1.47亿元，商誉5.09亿元，合计25.76亿元，占总资产比重43.0%；博瑞传播非流动资产中，长期股权投资1.58亿元，投资性房地产4.97亿元，无形资产2.05亿元，商誉3.69亿元，其他非流动资产4.51亿元，合计16.8亿元，占总资产比重为53.6%。投资性房地产的直接收益是房屋出租带来的租金，与文化产业相关程度不高。

另一方面，2012年末华数传媒的固定资产中，网络设备占固定资产的69.5%，湖北广电的固定资产中，传输网络占固定资产比重为79.0%。这两家企业的主营业务是信息传播业和有线电视服务，与影视板块中其他六家公司的主营业务是影视制作等不同。所以，这两家公司呈现与其他六家公司完全不同的资产结构，也有不同的经营模式和发展战略。

轻资产类企业的财务报表一般具有以下特征：现金储备多、无息负债（如预收账款和应付账款等）高、存货周转速度快、利润高、广告和研发费用支出较高、经营性现金流充足，同时存货和固定资产较少、有息负债（银行贷款）低等。轻资产类企业一般注重产品和服务创新、生产外包、聚集供应链和锁定供应商以降低成本、提高存货周转速度和缩短现金周转期、控制销售终端、强调研发能力、尽量最小化固定资产投资、尽量保持较高比例现金以备支付和并购等。

文化产业类上市公司大多具备轻资产特征,其发展较少依赖传统意义上的有形资产,如土地、厂房、设备、矿产资源等。企业的发展主要依靠商业模式的独特性,人的因素对企业的价值影响巨大。比如,华谊兄弟等影视公司的价值在很大程度上取决于其旗下的签约艺人,这些艺人的变动会对公司的生产经营和盈利能力产生很大影响,甚至公司旗下著名导演冯小刚一次流露出对影视事业萌生倦意的讲话也引发华谊兄弟股票的较大反应。

轻资产特征的文化行业严重依赖于个人的特点,使得这类行业企业不易被复制,一旦商业模式走向成熟,往往会产生较高的收益。但是行业进入门槛低也是轻资产行业的特点,在行业发展初期竞争会比较激烈,企业经营风险较大。

目前我国文化类上市公司在新媒体领域面临重大的发展机遇,作为典型的轻资产行业,文化类上市公司如果善于利用自身灵活性进行资本运营,那么就可以通过股权合作战略性进入新媒体,或者通过并购重组重塑产业链,分享产业成长带来的发展机会。

(二) 文化类上市公司的资本结构

资本结构是指企业资金来源的构成比例,是由企业采用不同筹资方式而形成的。不同的资本结构,其资本成本和财务风险是不同的。一般而言,负债筹资成本较低,风险较大,而权益筹资成本较高,风险较小。通常情况下,企业会采用债务筹资和权益筹资的组合。

企业负债筹资产生的利息是强制性和固定性,不管企业是否盈利以及盈利多少,都要按约定的利率支付利息。但债务利息是税前支付,具有节税功能。

资本结构管理的一个重要前提是企业对未来销售的正确预测,因为销售额的较小变化会导致税后净利润的较大变化。负债程度越高,这种变化幅度就越大。如果预计到未来销售额会有很大增长时,可以采用少发行股票,多发行债券的方法,使企业的税后净利润有较快的增加。如果未来销售不会有较大增长时,则应该少用债权融资,尽可能使用股权融资。

据统计,2012年以来,5家文化上市公司在资本市场共募集资金93.74亿元。其中,2012年,湖北广电定向增发募集资金21.97亿元,长江传媒定向增发募集资金25.16亿元,2013年长江传媒又定向增发募集资金11.41亿元,浙报传媒定向增发募集资金22.62亿元,中文传媒定向增发募集资金12.58亿元。

表16 全部文化类上市公司的负债总额及所有者权益

单位:百万元

项目	2011年			2012年		
	负债总额	所有者权益(净资产)	负债总额/所有者权益	负债总额	所有者权益(净资产)	负债总额/所有者权益
新闻和出版业小计	20739.29	43466.30	0.477	24463.60	47355.94	0.517
ST传媒	146.09	130.38	1.123	96.86	131.53	0.733
大地传媒	687.73	1565.56	0.439	842.62	1753.69	0.480
华闻传媒	1652.90	3567.10	0.463	2172.23	3892.46	0.558
中文传媒	3661.35	3924.81	0.933	4386.32	4018.70	1.092
时代出版	1089.12	3011.72	0.362	1442.25	3251.53	0.444
浙报传媒	491.26	1125.89	0.436	1049.03	1581.00	0.664
长江传媒	1320.57	2659.97	0.496	1482.11	3035.24	0.488
新华传媒	2873.61	2489.26	1.154	3434.95	2555.94	1.344
博瑞传播	583.29	2180.71	0.267	557.34	2578.36	0.216
中南传媒	2956.18	7937.04	0.372	3214.67	8634.49	0.372
皖新传媒	1031.95	3777.01	0.273	1176.22	4181.55	0.281
凤凰传媒	3421.33	8932.27	0.383	3777.37	9503.53	0.397
出版传媒	774.62	1636.34	0.473	764.48	1704.29	0.448
天舟文化	49.29	528.24	0.93	67.15	533.63	0.126
广播、电视、电影和影视录音制作业小计	2278.65	6406.47	—	7145.28	11522.35	0.620
华数传媒	—	-199.30	—	2533.38	850.19	2.980
湖北广电	—	304.31	—	1104.33	2136.97	0.517

续表

项目	2011年			2012年		
	负债总额	所有者权益（净资产）	负债总额/所有者权益	负债总额	所有者权益（净资产）	负债总额/所有者权益
华录百纳	—	214.76	—	139.35	950.64	0.146
中视传媒	1252.78	1066.85	1.174	772.59	1086.90	0.711
华谊兄弟	755.81	1707.95	0.442	2013.21	2124.73	0.948
华策影视	165.19	1307.79	0.126	242.01	1525.27	0.159
光线传媒	104.87	1788.28	0.058	167.99	1988.85	0.085
新文化	—	215.83	—	172.42	858.80	0.200
文化艺术业小计	—	174.53	—	31.30	651.07	0.048
美盛文化	—	174.53	—	31.30	651.07	0.048
合　计	23017.94	50047.30	—	31640.18	59529.36	0.532

表17　全部文化类上市公司的银行借款及其占负债总额比重

单位：百万元

项目	2011年			2012年		
	长短期借款	负债总额	长短期借款/负债总额	长短期借款	负债总额	长短期借款/负债总额
新闻和出版业小计	1883.68	20739.29	0.091	2936.49	47355.94	0.062
ST传媒	15.00	146.09	0.103	0	96.86	0
大地传媒	31.50	687.73	0.045	68.11	842.62	0.081
华闻传媒	556.05	1652.90	0.337	597.93	2172.23	0.275
中文传媒	100.00	3661.35	0.027	100.00	4386.32	0.023
时代出版	24.13	1089.12	0.022	70.20	1442.25	0.049
浙报传媒	0	491.26	0	390.00	1049.03	0.372
长江传媒	85.00	1320.57	0.064	45.25	1482.11	0.030
新华传媒	1150.00	2873.61	0.400	1645.00	3434.95	0.479
博瑞传播	20.00	583.29	0.034	20.00	557.34	0.036
中南传媒	0	2956.18	0	0	3214.67	0
皖新传媒	0	1031.95	0	0	1176.22	0
凤凰传媒	0	3421.33	0	0	3777.37	0
出版传媒	12.00	774.62	0.016	0	764.48	0
天舟文化	0	49.29	0	0	67.15	0
广播、电视、电影和影视录音制作业小计	0	6406.47	—	1738.16	11522.35	0.151

续表

项目	2011 年			2012 年		
	长短期借款	负债总额	长短期借款/负债总额	长短期借款	负债总额	长短期借款/负债总额
华数传媒	—	485.76	—	475.00	2533.38	0.188
湖北广电	—	662.47	—	370.00	1104.33	0.335
华录百纳	—	210.03	—	0	139.35	0
中视传媒	0	1252.78	0	0	772.59	0
华谊兄弟	0	755.81	0	893.16	2013.21	0.444
华策影视	0	165.19	0	0	242.01	0
光线传媒	0	104.87	0	0	167.99	0
新文化	—	222.79	—	0	172.42	0
文化艺术业小计	—	—	—	0	31.30	0
美盛文化	—	—	—	0	31.30	0
合 计	1883.68	24376.20		4674.65	31640.18	0.148

从表 16 和表 17 可以看出，2011 年末，18 家文化类上市公司负债总额 230.18 亿元，净资产 493.37 亿元，两者之比为 0.467，长短期银行借款 18.84 亿元，占负债总额的 8.18%；2012 年末，全部 23 家文化类上市公司负债总额 316.40 亿元，净资产 595.29 亿元，两者比率为 0.532，长短期借款 46.75 亿元，占负债总额的 14.8%。这说明，文化类上市公司整体资金来源上，债务筹资占 1/3，权益筹资占 2/3，也就是企业主要依靠股权融资而非债权融资，企业财务风险较小。在债务来源上，企业对有息债务（即银行借款）依赖较小，一成左右，大部分债务来源于经营环节的无息负债，即应付账款和预收账款等。这样，企业可以依靠上下游企业的资金来经营，而较少依赖约束严格的银行贷款，大大降低了企业的财务成本和财务风险。

1. 影视板块对负债依赖度小于出版板块上市公司

2011 年末，14 家出版板块上市公司负债总额 207.39 亿元，净资产 434.66 亿元，两者之比为 0.477。2012 年末，负债总额 244.64 亿元，净资产 473.56 亿元，两者之比为 0.517。2011 年末，4 家影视板块上市公司负债总额 22.79 亿元，负债总额 58.71 亿元，两者之比为 0.388。2012 年末，该板块 8 家上市公司负债总额 71.45 亿元，净资产 115.22 亿元，两者之比为 0.62。如果剔除借壳上市的华数传媒和湖北广电（这两家公司的主营业务不同于其他六家公司），那么其余 6 家影视上市公司的负债总额为 35.08 亿元，净资产 85.35 亿元，两者之比为 0.411。比较两个板块的负债总额与净资产的比率可以看出，影视板块上市公司对债务融资的依赖程度小于出版板块上市公司。对债务融资的依赖程度减少可以降低企业的财务风险，同时也降低了企业的财务杠杆的作用。

2. 出版板块上市公司对银行借款依赖度降低，影视板块对银行借款依赖度提高

2011 年末，14 家出版板块上市公司长短期银行借款 18.84 亿元，占负债总额的 9.1%。至 2012 年末，长短期借款 29.37 亿元，占负债总额的 6.2%，下降了 2.7 个百分点。2011 年末，4 家影视板块上市公司长短期银行借款为 0 元，说明这四家影视公司在 2011 年底无银行借款。2012 年末，8 家影视板块上市公司长短期银行借款为 46.75 亿元，占负债总额的 14.8%。如果剔除借壳上市的华数传媒和湖北广电，那么其余 6 家影视上市公司的长短期负债为 8.93 亿元（即为华谊兄弟公司的银行借款），占负债总额的 25.4%。出版板块上市公司对银行借款依赖度的降低可以减少利息费用支出，降低企业的财务风险；而影视板块上市公司对银行借款依赖度的提高增加了企业利息支出和财务费用的提高，加大了财务风险。

2011 年末，14 家出版板块上市公司中，有 5 家长短期借款为 0 元；2012 年末，有 6 家长短期借款为 0 元。2011 年末，4 家影视板块上市公司的长短期借款均为 0 元；2012 年末，8 家影视板块上市公司中，有 5 家长短期借款为 0 元。

五 文化类上市公司的偿债能力与资产营运效率

(一) 偿债能力

负债分为流动负债和非流动负债,因此偿债能力通常可分为短期偿债能力和长期偿债能力。偿债能力是企业持续经营的基础。如果企业不能保持一定的短期偿债能力,就会面临生存危机。当然,如果企业只有短期偿债能力而缺乏长期偿债能力,企业可能只有短期生存的空间,而没有长期发展的空间。

1. 短期偿债能力

短期偿债能力是指企业在流动负债到期时,可以变现为现金用于偿还流动负债的能力。在分析企业短期偿债能力时,不太强调企业盈利能力的高低,更为关心的是企业流动资产的变现性。衡量企业短期偿债能力的指标主要有三个。

(1) 流动比率。流动比率=流动资产/流动负债。一般认为,生产类企业合理的最低流动比率为2。

(2) 速动比率。速动比率=(流动资产-存货)/流动负债,速动比率比流动比率更能体现企业的短期债务偿还能力。一般认为,在工业企业的全部流动资产中,存货占50%左右,所以,速动比率标准值为1。

流动比率和速动比率并非越高越好。20世纪90年代之后,流动比率标准值已降为1.5左右,速动比率标准值已降为0.8左右。不同行业之间不存在统一的、标准的流动比率和速动比率数值。因此,流动比率和速动比率适合同行业企业比较以及同一企业不同历史时期的比较。赊销较多的企业流动比率可能远大于2,速动比率可能远大于1。而现销较多的企业，几乎没有应收账款，流动比率可能远小于 2，速动比率可能远小于 1，甚至许多具有持续性竞争优势的公司，其流动比率都小于 1，不同于传统的评判标准。

在分析流动比率和速动比率时，企业的流动资产和流动负债的质量非常重要。企业流动资产的变现质量高，即流动资产的账面价值与实际变现价值的差异越小，流动比率和速动比率所反映的偿债能力就越真实。除了流动负债的规模外，流动负债的质量对短期偿债能力也有着非常重要的影响。企业的流动负债包括短期借款、应付票据、应付账款、预收账款、其他应付款、应交税金、应付职工薪酬、应付利息等项目。一般来说，企业的所有债务都是要偿还的，但是不同流动负债的偿还压力和紧迫性也不一样。例如，企业的短期借款、应付票据、应交税金等流动负债，需要到期立即偿还。而应付账款、预收账款等负债往往具有时间弹性，而且经营性应付项目一般可以滚动存续，无须动用现金全部结清。特别是预收账款在一般情况下不构成企业的短期偿付压力，因为预收账款是用商品而非现金偿还。

（3）现金比率。现金比率＝现金类资产/流动负债。现金比率中用作偿债的资产是变现能力几乎为百分之百的现金类资产，用该指标衡量企业短期偿债能力也就最为保险和安全。在对企业短期偿债能力进行分析时，一般把该比率作为流动比率和速动比率的补充或辅助指标。企业的现金比率一般不能太高，过高则说明企业的现金没有发挥最大的效益。标准值视企业规模和类型而定，美国会计界认为 0.2 比较合适。在这一水平上，企业的短期直接支付能力不会有太大的问题。由于现金比率指标过分严格，一般只在财务分析师怀疑企业存货和应收账款存在流动性问题时，或企业已将应收账款和存货作为抵押品的特殊情况下，以及对某些经营活动具有高度投机性的企业或企业已处于财务困境时，才是一个适当的比率。

表18 文化类上市公司的流动比率、速动比率和现金比率

证券简称	流动比率		速动比率		现金比率	
	2011年	2012年	2011年	2012年	2011年	2012年
ST传媒	0.51	0.47	0.51	0.46	0.21	0.11
大地传媒	2.24	2.19	1.50	1.62	0.99	1.10
华闻传媒	1.43	1.16	1.24	0.97	0.94	0.57
中文传媒	1.56	1.71	1.36	1.52	0.40	0.53
时代出版	2.89	2.43	2.13	1.87	1.01	0.91
浙报传媒	1.65	1.27	1.54	1.23	1.16	0.39
长江传媒	1.68	1.78	1.04	1.16	0.79	0.74
新华传媒	0.69	0.87	0.61	0.79	0.31	0.39
博瑞传播	2.00	1.52	1.88	1.42	1.59	1.00
中南传媒	3.01	3.10	2.68	2.77	2.37	2.44
皖新传媒	3.40	3.62	3.06	3.32	2.44	1.95
凤凰传媒	3.65	3.31	3.05	2.78	2.69	2.01
出版传媒	2.36	2.57	1.52	1.75	0.99	1.19
天舟文化	10.03	7.64	9.44	6.86	8.19	5.77
华数传媒	—	0.46	—	0.43	—	0.26
湖北广电	—	0.60	—	0.47	—	0.38
华录百纳	—	8.06	—	6.40	—	3.83
中视传媒	1.48	1.81	1.28	1.66	1.17	1.08
华谊兄弟	2.52	1.72	1.80	1.29	0.70	0.40
华策影视	7.84	6.23	7.03	5.06	4.68	2.54
光线传媒	17.37	11.07	16.13	10.28	10.48	3.90
新文化	—	5.93	—	4.58	—	2.64
美盛文化	—	21.48	—	20.38	—	18.77
平 均	3.68	3.96	3.21	3.44	2.28	2.3

如表18所示，2012年，全部23家文化类上市公司的平均流动比率为3.96，比2011年18家文化类上市公司上升了7.61%；平均速动比率3.44，比2011年上升了7.17%；平均现金比率2.3，比2011年微升了0.88%。整体来看，文化类上市公司的短期偿债能力较强，不存在短期偿债能力问题。但从计算数据看，个别公司的短期偿债比率指标与标准值以及行业平均值相距甚远，需要进行单独分析。

2012年末，ST 传媒流动比率 0.47，速动比率 0.46，现金比率 0.11；华闻传媒三个比率分别为 1.16、0.97 和 0.57；新华传媒分别为 0.87、0.79 和 0.39；天舟文化分别为 7.64、6.86 和 5.77；华数传媒分别为 0.46、0.43 和 0.26；湖北广电分别为 0.60、0.47 和 0.38；光线传媒分别为 11.07、10.28 和 3.90；华策影视分别为 6.23、5.06 和 2.54；美盛文化分别为 21.48、20.38 和 18.77。我们分别分析这些公司的短期偿债能力：

（1）ST 传媒。2012 年末，公司流动资产中，公司应收账款 3170 万元，占流动资产的 71.47%，更糟糕的是，公司账龄 5 年以上的应收账款占应收账款总额的 56.76%，账龄 2 年以上应收账款占 80% 以上，收回的可能性较小。不过在流动负债中，强制性的负债如银行短期借款为 0 元，应付账款和应收账款合计约 2462 万元，其他应付款 6595 万元，主要是向母公司借款 4221 万元，借款账龄在 2 年以上。由此可以看出，如果没有母公司的支持，ST 传媒的短期偿债能力较差。

（2）华闻传媒。2012 年，公司流动资产 22.82 亿元，其中货币资金 10.44 亿元，应收账款 2.37 亿元，其他应收款 3.09 亿元，存货 3.72 亿元。公司流动负债 19.59 亿元，其中短期借款 5.29 亿元，应付账款和预收账款合计 5.48 亿元，其他流动负债 4.09 亿元。报表附注显示，一年以内账龄应收账款占应收账款总额 70.65%；其他应收款中关联方占款 2.59 亿元，占 83.8%；其他流动负债主要为短期融资券 3.98 亿元。比较流动资产和流动负债构成，货币资金大于短期借款和短期融资券之和，可以认为，公司货币资金足以偿付强制性流动负债，公司短期偿债能力没有问题。

（3）新华传媒。2012 年，公司流动资产合计 23.04 亿元，其中货币资金 10.41 亿元，应收账款 2.42 亿元，其他应收款 5.04 亿元，存货 2.09 亿元；流动负债合计 26.40 亿元，其中短期借款 13.5 亿元，应付账款和预收账款合计 9.33 亿元，其他应付款 2.95 亿元。报表附注显示,一年之内应收账款占总额的75%,其他应收款主要是房产销售保证金4.09亿元,约占其他应收款总额的81.1%。其他应付款中主要是应付给上海东渡解放投资有限公司2.13亿元。通过比较流动资产与流动负债的结构,公司短期偿债能力基本没有问题。

(4) 天舟文化。2012年,公司流动资产合计5.13亿元,其中货币资金3.88亿元,应收账款4688万元,存货5272万元;流动负债合计6715万元,其中短期借款为0元,应付账款和预收账款合计5814万元。公司有超强的短期偿债能力。但是,查看该公司2008~2012年报表,可以看出公司自2010年上市以来,账面上的货币资金一直保持在4亿元左右,该公司2011年比2010年净利润稍有增长,而2012年净利润低于2011年,公司上市募集的资金没有发挥更好的效益。持续过多的账面资金带来的高短期偿债比率的背后隐含着企业继续发展的困境。

(5) 华数传媒。2012年,公司流动资产合计7.24亿元,其中货币资金4.15亿元,应收账款2.25亿元,存货3772万元;流动负债合计15.84亿元,其中短期借款3.15亿元,应付账款和预收账款合计9.29亿元,一年内到期的非流动负债1.6亿元。从报表附注可以看出,一年以内账龄的应收账款占73.32%;比较流动资产与流动负债的结构,该公司充分利用上下游企业的资金运营企业,虽然公司的流动比率和速动比率低于标准值,该公司短期偿债能力没有问题。

(6) 湖北广电。2012年,公司流动资产合计5.84亿元,其中货币资金3.70亿元,存货1.21亿元;流动负债合计9.74亿元,其中短期借款2.4亿元,应付账款和预收账款合计5.12亿元,其他应付款9857万元,不用查看报表附注,可以认为该公司短期偿债能力没有问题。因为该公司流动资产中绝大部分为变现能力最强的货币资金,而其流动负债中,绝大部分是无息负债,即应付账款和应收账款,只有2.4亿元为强制性的流动负债(银行短期借款)。

(7) 光线传媒。2012年,公司流动资产18.50亿元,其中货币资金 6.52 亿元，应收账款 6.20 亿元，预付账款 4.30 亿元，存货 1.32 亿元；流动负债 1.67 亿元，其中非付息的应付账款为 1.02 亿元，占流动负债总额的 60.5%，公司短期偿债能力没有任何问题。2011 年以来，公司账面保持高额的货币资金，大大提升了公司的短期偿债能力和企业并购的实力。

（8）华策影视。2012 年，公司流动资产合计 15.07 亿元，其中货币资金 6.15 亿元，应收账款 3.34 亿元，预付账款 2.44 亿元，存货 2.83 亿元；流动负债合计 2.42 亿元，其中短期借款为 0 元，应付账款和预收账款合计 1.14 亿元，其他应付款 5572 万元，仅货币资金足以支付所有流动负债，公司短期偿债能力超强。从 2008～2012 年报看，该公司 2010 年上市，货币资金一直保持在 6 亿元以上，净利润从 2009 年的 5542 万元，增长到 2010 年的 9618 万元，2011 年净利润为 1.56 亿元，2012 年净利润达到 2.23 亿元。公司保持了较快的发展。公司保持账面的高额资金，有利于兼并收购，打造产业链，而近期公司一系列的股权收购行为也印证了这一点。

（9）美盛文化。2012 年，公司流动资产 5.22 亿元，其中货币资金 4.56 亿元，应收账款 3394 万元，存货 2675 万元。流动负债 2431 万元，其中非付息的应付账款和预收账款合计为 1168 万元，流动资产与流动负债之间相差巨大，短期偿债能力无忧。公司上市后，账面上持有高额的货币资金，为公司下一步的资本运作奠定坚实的基础。

2. 长期偿债能力

长期偿债能力是指企业对长期债务的偿还能力，企业长期偿债能力与盈利能力有着密切的关系。长远来看，企业长期的盈利水平和经营活动现金流量才是偿付债务本金和利息的最稳定、最可靠的来源。当然，如果借入负债占总资产比例不大，企业可动用自有现金或变现部分非流动资产在债务到期时保证债务本金与利息的足额偿付。因此，除了企业盈利能力外，企业资本结构对企业长期偿债能力也有着非常重要的影响。

长期偿债能力的强弱是反映企业财务安全与稳健程度的重要标志，它不仅取决于资本结构的合理与否，还取决于企业未来的盈利能力高低。因此，衡量企业长期负债能力主要有两个指标。

（1）资产负债率。资产负债率＝负债总额/资产总额×100%，它揭示了企业的资产负债结构、权益结构和偿债能力，过高或过低的资产负债率都会对企业产生不利影响。不同行业的资产负债率差异较大。一般而言，资产负债率介于40%至60%之间较为合理，有利于风险与收益的平衡。企业资产负债率是否合理需要结合该企业所处行业特征、经营模式、债务结构、行业平均水平等进行综合分析判断。在分析企业资产负债率时，不能片面地认为资产负债率高，企业财务风险就大，企业的长期偿债能力就差。而是要具体分析债务结构情况，如果企业负债主要来源于经营性的无息负债如预收账款和应付账款等，而不是金融性有息负债如银行借款，这种情况下的资产负债率越高，可能越说明企业盈利能力更强。

（2）利息保障倍数。利息保障倍数＝息税前营业利润/利息费用，也叫已获利息倍数，是指企业生产经营所获得的息税前营业利润与利息费用的比率，它是衡量企业偿付借款利息能力高低的指标。一般而言，利息保障倍数越高，表明企业的债务偿还越有保障。为了考察企业偿付利息能力的稳定性，一般应计算5年或5年以上的利息保障倍数。因企业所处的行业不同，利息保障倍数有不同的标准，一般公认的利息保障倍数的界限为3。不过有时企业的利息保障倍数低于1，也不能说明企业就无法偿债。

利息保障倍数和资产负债率都是长期偿债能力指标。两者的不同之处在于，资产负债率反映的是企业带息与不带息长期负债的偿还能力，特别是长期负债本金的偿还能力。而利息保障倍数反映的是对带息长期负债的每年利息偿还的保障程度，并不一定反映企业偿还长期负债的本金能力。

表19 文化类上市公司的资产负债率和利息保障倍数

证券简称	资产负债率(%)		利息保障倍数	
	2011年	2012年	2011年	2012年
ST传媒	52.8	42.4	营业利润为负	营业利润为负
大地传媒	30.5	32.5	12.37	29.65
华闻传媒	31.7	35.8	15.64	12.19
中文传媒	48.3	52.2	16.58	11.23
时代出版	26.6	30.7	97.70	96.90
浙报传媒	30.4	39.9	年报显示无利息支出	14.21
长江传媒	33.2	32.8	37.19	43.80
新华传媒	53.6	57.3	3.20	2.00
博瑞传播	21.1	17.8	274.17	274.70
中南传媒	27.1	27.1	175.80	11750.90
皖新传媒	21.5	22.0	991.49	827.58
凤凰传媒	27.7	28.4	年报显示无利息支出	年报显示无利息支出
出版传媒	32.1	31.0	36.67	8.45
天舟文化	6.12	11.18	442.82	年报显示无利息支出
华数传媒	—	74.9	—	3.44
湖北广电	—	34.1	—	11.91
华录百纳	—	12.8	—	85.71
中视传媒	54.0	41.5	1202.48	年报显示无利息支出
华谊兄弟	30.68	48.65	92.06	4.90
华策影视	11.21	13.69	年报显示无利息支出	年报显示无利息支出
光线传媒	5.54	7.79	年报显示无利息支出	年报显示无利息支出
新文化	—	16.72	—	20.69
美盛文化	—	4.59	—	3551.43
平均	30.23	31.12		

如表19所示,2012年全部23家文化类上市公司的平均资产负债率为31.12%,与2011年18家文化类上市公司的平均资产负债率30.23%相比,仅上升了0.89个百分点,总的说来处于较为合理的水平。除了ST传媒之外,2011年,全部17家文化类上市公司中,有4家公司年报显示无利息支出,其余13家文化类上市公司的利息保障倍数都大于3,说明企业依靠经营利润具有良好的利息偿还能力。至2012

年末，除 ST 传媒外的 22 家文化类上市公司中，有 5 家公司年报显示无利息支付，其余 17 家上市公司的利息保障倍数绝大多数都超过 3，只有新华传媒为 2，华数传媒刚超过 3，利息保障倍数高的企业如中南传媒 11750.90，美盛文化 3551.43、皖新传媒 827.58 等。下面我们具体分析 ST 传媒、时代出版、长江传媒、新华传媒、博瑞传播、中南传媒、皖新传媒、华录百纳和新文化，这些公司的利息保障倍数除 ST 传媒经营利润为负、新华传媒仅为 2 之外，其他公司的利息保障倍数远高于 3。

（1）ST 传媒。2012 年，公司经营利润为 -1496 万元，利息支出 578 万元，公司仅靠经营利润不能偿还利息。

（2）时代出版。2012 年，公司利息保障倍数为 96.9，公司经营利润 2.59 亿元，利息支出 270 万元，而利息收入 2684 万元，公司银行借款余额较少，经营利润和利息收入均远大于利息支出，公司偿付利息没有问题。

（3）长江传媒。2012 年，公司利息保障倍数为 43.8，公司经营利润 2.61 亿元，利息支出 610 万元，而利息收入 1820 万元，相比公司经营利润，借款余额较少，利息支出较低，利息收入较高，公司偿付利息没有问题。

（4）新华传媒。2012 年，公司利息保障倍数为 2，公司经营利润 1.06 亿元，利息支出 1.06 亿元，而利息收入 1.94 亿元，相比经营利润，公司借款余额较多，而账面资金余额较多导致的利息收入也较高，公司偿付利息没有问题。

（5）博瑞传播。2012 年，公司利息保障倍数为 274.7，公司经营利润 3.71 亿元，利息支出 135 万元，而利息收入 1866 万元，相比经营利润公司的借款余额较少，利息支出远小于利息收入，公司偿付利息没有问题。

（6）中南传媒。2012 年，公司利息保障倍数为 11750.90，公司经营利润 8.58 亿元，利息支出仅为 7.4 万元，而利息收入 1.86 亿元，相比经营利润，公司借款余额可以忽略不计，公司账面资金余额较多带来利息收入较高，公司偿付利息没有问题。

（7）美盛文化。2012 年，公司利息保障倍数为 3551.43，公司经营利润为 4972 万元，利息支出仅为 1.4 万元，利息收入 323 万元，仅利息收入就远大于利息支出，公司偿还利息没有问题。

（8）皖新传媒。2012 年，公司利息保障倍数为 827.58，公司经营利润 5.27 亿元，利息支出 63.9 万元，而利息收入 4232 万元，相比经营利润，公司借款余额也可以忽略不计，仅利息收入就远大于利息支出，公司偿付利息没有问题。

（9）华录百纳。2012 年，公司利息保障倍数为 85.71，公司经营利润 1.43 亿元，利息支出 169 万元，而利息收入 840 万元，相比经营利润，公司借款余额带来的利息支出可以忽略不计，公司偿付利息没有问题。

（10）新文化。2012 年，公司利息保障倍数为 20.69，公司经营利润 1.11 亿元，利息支出 561 万元，而利息收入 234 万元，经营利润远大于利息支出，公司偿付利息没有问题。

利息收入较高的企业，说明该公司拥有较多的货币资金，这有利于企业进行兼并收购和资本运作，实施进军新媒体或者打造完整的产业链的企业发展战略。当然，盈利能力高的企业更容易从资本市场或货币市场上筹集资金，加上自身较强的创造经营性现金流的能力，以及高盈利带来的资本市场上的企业高估值和高市盈率，企业更可以有效实施并购策略。

（二）资产运营效率

资产营运效率反映了企业合理配置和发挥内部资源效率的能力，反映了企业资产经营管理的效率和效果。从企业盈利角度看，资产只有在周转运用中才能带来收益，资产周转越快，同样的时间内就能为企业带来更多的收益。从企业偿债角度看，企业资产的周转本身也是不断变现的过程，资产周转速度越快，表明企业资产的流动性越强，企业的偿债能力也就越强。所以企业的资产营运效率高，有助于企业获利能力的增长，并保证企业具备良好的偿债能力。衡量企业运营效率的财务指标主要有。

（1）应收账款周转率。应收账款周转率＝销售收入净额/〔（期初应收账款＋期末应收账款）/2〕，该指标反映了应收账款的变现速度及管理效率的高低。应收账款周转率高，表明企业收账迅速，账龄期限较短，可以减少收账费用和坏账损失，提高企业的资产质量，从而增加企业流动资产的收益。应收账款周转率高，也表明资产流动性和变现性高，短期偿债能力强。应收账款周转率下降，可能预示着企业持续盈利能力的下降。一般而言，产品面向终端市场的企业应收账款周转率相对较高。

（2）存货周转率。存货周转率＝销售成本/〔（期初存货＋期末存货）/2〕，该指标反映了企业从购入原材料、投入生产到销售等各个环节的管理状况。一般来讲，存货周转速度越快，存货的占用水平越低，流动性越强，存货转换为现金或应收账款的速度越快。如果存货周转率过低，表明企业可能积压大量存货并有较大的资产减值风险。不同行业存货周转率指标的判断标准是不相同的。

（3）流动资产周转率。流动资产周转率＝销售收入净额/〔（期初流动资产＋期末流动资产）/2〕，它是反映全部流动资产周转速度和利用效率的指标。流动资产周转速度快，会相对节约流动资产，等于相对扩大资产投入，增强了企业的盈利能力；而周转速度延缓，则需要补充流动资产参加周转（多表现为增加银行短期借款和财务费用的支出），降低了企业的盈利能力。

（4）总资产周转率。总资产周转率＝销售收入净额/〔（期初资产总额＋期末资产总额）/2〕，该项指标反映了总资产的周转速度，是综合评价企业全部资产经营效率的重要指标。总资产周转率越快，说明销售能力越强，企业运用全部资产赚取利润的能力越强。总资产周转率的快慢决定于企业营业收入水平和各项分类资产的利用状况，它受到应收账款周转率、存货周转率和固定资产周转率等指标的影响。在总资产中，周转速度最快的应属流动资产。因此，总资产周转速度受流动资产周转速度的影响较大。

表20 文化类上市公司资产运营效率

单位：次

项目	应收账款周转率		存货周转率		流动资产周转率		总资产周转率	
	2011年	2012年	2011年	2012年	2011年	2012年	2011年	2012年
出版板块平均	11.85	11.36	8.06	10.0	1.4	1.15	0.73	0.64
ST传媒	1.8	2.1	31.6	55.1	1.2	1.3	0.3	0.3
大地传媒	6.6	7.5	2.8	3.7	2.4	1.4	0.8	0.9
华闻传媒	22.5	19.2	8.7	7.7	1.8	1.8	0.8	0.7
中文传媒	10.9	11.1	10.0	13.4	2.0	1.9	1.1	1.3
时代出版	6.2	8.5	2.7	3.3	0.9	1.0	0.6	0.7
浙报传媒	13.4	8.9	16.2	16.9	2.8	1.4	1.5	0.7
长江传媒	11.9	10.8	1.9	2.7	2.3	1.4	1.3	0.8
新华传媒	5.9	6.4	6.1	5.3	1.1	0.8	0.4	0.3
博瑞传播	22.7	15.0	9.2	12.3	1.3	1.5	0.5	0.5
中南传媒	19.2	16.8	4.0	4.2	0.7	0.7	0.6	0.6
皖新传媒	9.8	13.9	7.1	7.1	0.9	0.9	0.6	0.7
凤凰传媒	21.9	27.8	2.7	2.6	0.8	0.7	0.6	0.5
出版传媒	4.8	4.4	1.7	1.5	0.8	0.7	0.6	0.5
天舟文化	8.3	6.6	8.2	4.7	0.6	0.6	0.5	0.5
影视板块平均	14.58	5.25	3.23	5.15	0.58	1.08	0.48	0.54
华数传媒	—	11.4	—	20.7	—	3.2	—	0.8
湖北广电	—	9.7	—	5.1	—	1.9	—	0.5
华录百纳	—	2.2	—	1.2	—	0.5	—	0.5
中视传媒	48.1	9.4	4.7	6.1	0.8	0.8	0.6	0.6
华谊兄弟	2.1	2.0	1.0	1.1	0.5	0.6	0.4	0.4
华策影视	4.6	3.0	1.5	1.6	0.3	0.5	0.3	0.5
光线传媒	3.5	2.3	5.7	4.5	0.7	0.6	0.6	0.5
新文化	—	2.0	—	0.9	—	0.5	—	0.5
文艺板块平均	—	5.7	—	5.3	—	0.7	—	0.5
美盛文化	—	5.7	—	5.3	—	0.7	—	0.5
平均	12.46	8.99	6.99	8.13	1.22	1.10	0.67	0.60

表20显示：2012年全部23家文化类上市公司的平均应收账款周转率为8.99次，平均存货周转率为8.13次，平均流动资产周转率为1.10次，平均总资产周转率为0.60次。虽然其中的平均应收账款周转率、平均流动资产周转率和平均总资产周转率等3项指标均较2011年有所减少，而只有平均存货周转率高于2011年，但文化类上市公司的资产运营状况在总体上仍处于良好状态。文化类上市公司的主要资产运营指标还有以下重要特点。

1. 出版板块上市公司的资产运营状况相对好于影视板块上市公司

在2012年全部23家文化类上市公司中，14家新闻和出版业公司的总体资产运营状况相对稍好于8家广播、电视、电影和影视录音制作业公司。2012年新闻和出版上市公司的平均应收账款周转率、平均存货周转率、平均流动资产周转率和平均总资产周转率分别为11.36次、10.0次、1.15次和0.64次，依次比影视板块上市公司的相应指标高6.11次、4.85次、0.07次和0.1次。

2012年，新闻出版板块上市公司的平均应收账款周转率比2011年减少0.49次，平均存货周转率增加1.94次，平均流动资产周转率减少0.25次，平均总资产周转率减少0.09次；影视板块上市公司的平均应收账款周转率比2011年减少9.33次，平均存货周转率增加1.92次，平均流动资产周转率增加0.5次，平均总资产周转率增加0.06次。

2. 2012年企业各项资产营运指标减少数量略超增加数量

据统计，如果剔除2012年新进入文化类上市公司之列的华数传媒、湖北广电、华录百纳、新文化和美盛文化，那么在余下的18家公司合计72个资产营运指标中，有28项高于2011年，12项与2011年持平，有32项则低于2011年。

其中，在18家公司中，只有时代出版、皖新传媒2家企业的全部4项资产营运指标均高于2011年；2012年有3项资产营运指标高于或与2011年持平的包括ST传媒、大地传媒、中文传媒、博瑞传播、中南传媒、中视传媒、华谊兄弟和华策影视等8家公司；2012年有2项资产营运指标高于或与2011年持平的则有凤凰传媒和天舟文化2家公司；2012年只有1项资产营运指标高于或与2011年持平的包括华闻传媒、浙报传媒、长江传媒、新华传媒等4家公司；2012年仅出版传媒和光线传媒两家公司的全部4项资产营运指标均低于2011年。

在应收账款周转率变动中，2012年比2011年增加或持平的公司有7家；在存货周转率变动中，有13家公司较之2011年有所提高或持平；在流动资产周转率变动中，2012年有10家公司比2011年有所提高或持平；在总资产周转率变动中，11家公司高于或与2011年持平。

3. 流动资产周转率与总资产周转率有较高的关联性

剔除新进入文化产业的5家上市公司，其余18家文化类上市公司中，流动资产周转率高于或与2011年持平的有10家公司，其中有9家公司的总资产周转率高于或与2011年持平，关联度很高。在8家流动资产周转率低于2011年的上市公司中，有6家公司的总资产周转率低于2011年，说明流动资产周转率与总资产周转率有较大的关联性，也充分说明了文化产业类上市公司的轻资产特征，因此，提高流动资产周转率可以有效提高企业的总资产周转率。

2012年，ST传媒的应收账款周转率、存货周转率和流动资产周转率均高于2011年，而其总资产周转率与2011年持平，查看其报表，可以看出，公司存在大量的不能产生直接效益的非流动资产，如无形资产和商誉等。大地传媒的应收账款周转率、存货周转率高于2011年，但流动资产周转率低于2011年，从报表可以看出，其流动资产中，货币资金、交易性金融资产增长较快（货币资金由6.43亿元增长至8.12亿元，交易性金融资产则从1千万元激增至1.02亿元），而这些流动资产不能直接带来营业收入的增长，所以降低了流动资产周转率。而华闻传媒的应收账款周转率和存货周转率均低于2011年，虽然流动资产周转率与2011年持平，但总资产周转率还是低于2011年，说明公司非流动资产增长速度高于流动资产增长速度。时代出版则是由于应收账款周转率、存货周转率和流动资产周转率都高于2011年,其总资产周转率也高于2011年。

六 文化类上市公司盈利能力分析

企业盈利能力的大小不能仅凭企业获得利润的多少来判断,因为企业利润水平还受到企业规模、行业水平等诸多因素的影响。因此要用相对比率指标而非利润的绝对数量来衡量盈利能力,唯有如此才能避免企业规模因素的影响,便于比较不同行业、不同企业之间的盈利能力。衡量企业盈利能力的财务指标有毛利率、营业净利润率、成本费用利润率、总资产收益率以及净资产收益率等。

(一)毛利率、营业净利润率、成本费用利润率、总资产收益率

毛利率、营业净利润率、成本费用利润率、总资产收益率都是衡量企业盈利能力的常用专项指标。它们的计算方法及意义如下。

(1)毛利率。毛利率=(营业收入-营业成本)/营业收入×100%。营业收入减去营业成本即毛利,毛利是净利润的源泉。毛利率水平主要取决于企业所处的行业,个别取决于企业内部的运营效率。企业的毛利率越高,最终的利润空间越大。如果企业的毛利率持续下降,可能是行业竞争加剧,使得产品价格下降,往往是企业盈利状况出现问题的信号。

(2)营业净利润率。营业净利润率=净利润/营业收入×100%,反映了营业收入的收益水平。营业净利率越高,说明企业通过扩大销售获取利润的能力越强。通过分析营业净利润率的变化,可以让企业注意改善经营管理,提高盈利水平。

(3)成本费用利润率。成本费用利润率=净利润/成本费用×

100%。一般来说,成本费用利润率越高,说明企业的赢利能力越强,产品竞争力越强,资金的使用效果越好。该比率反映了企业内部管理效率。

(4) 总资产收益率。总资产收益率=净利润/〔(期初资产总额+期末资产总额)/2〕×100%,是用来衡量企业运用全部资产获利的能力。该指标越高,表明企业投入产出的水平越好,企业的资产运营越有效。总资产收益率是企业赢利能力的关键。虽然净资产收益率由总资产收益率和财务杠杆共同决定,但提高财务杠杆(即提高负债水平)会同时增加企业的财务风险。此外,财务杠杆的提高有诸多限制,企业经常处于财务杠杆不可能再提高的临界状态。因此,驱动净资产收益率的基本动力是总资产收益率。

表21 文化类上市公司各项赢利指标

单位:%

证券简称	毛利率		营业净利润率		成本费用利润率		总资产收益率	
	2011年	2012年	2011年	2012年	2011年	2012年	2011年	2012年
出版板块平均	29.3	30.6	9.5	10.6	12.5	12.8	7.0	6.7
ST传媒	16.1	32.1	-33.8	1.5	-32.3	1.6	-11.1	0.5
大地传媒	23.3	21.2	8.0	8.3	8.7	9.1	6.2	7.8
华闻传媒	34.8	34.1	13.4	13.0	16.4	15.9	10.4	9.5
中文传媒	17.9	14.9	6.9	5.2	7.3	5.5	7.6	6.5
时代出版	21.9	18.8	11.3	10.0	12.7	11.2	7.2	7.2
浙报传媒	39.2	40.9	19.3	19.5	25.6	25.5	16.7	11.6
长江传媒	37.6	31.7	10.9	9.4	12.3	10.3	7.5	7.7
新华传媒	30.3	31.4	8.8	6.1	9.6	6.5	3.6	1.9
博瑞传播	45.7	43.5	32.2	22.2	49.0	32.3	16.6	10.1
中南传媒	38.4	37.5	13.9	13.3	16.2	15.6	7.8	8.1
皖新传媒	32.8	31.5	13.1	13.8	15.2	15.9	8.5	9.9
凤凰传媒	38.5	37.6	12.3	13.9	14.0	15.9	7.4	7.3
出版传媒	22.4	23.0	4.9	5.4	5.1	5.5	2.9	2.8
天舟文化	27.3	30.3	12.0	7.2	14.7	8.2	6.0	3.4
影视板块平均	39.6	39.4	23.2	20.5	41.7	30.9	10.0	9.7

续表

证券简称	毛利率		营业净利润率		成本费用利润率		总资产收益率	
	2011年	2012年	2011年	2012年	2011年	2012年	2011年	2012年
华数传媒	—	39.7	—	11.5	—	13.0	—	5.4
湖北广电	—	45.1	—	17.0	—	20.4	—	5.8
华录百纳	—	42.6	—	29.7	—	50.1	—	15.4
中视传媒	12.0	8.9	5.9	4.0	6.5	4.3	3.8	2.3
华谊兄弟	53.2	47.8	23.0	17.4	34.1	21.8	9.2	7.3
华策影视	56.1	50.3	38.7	30.9	87.2	53.2	11.6	13.7
光线传媒	37.2	41.5	25.2	30.0	38.8	49.2	15.3	15.3
新文化	—	39.5	—	23.5	—	35.1	—	12.3
文艺版块平均	—	39.3	—	23.9	—	32.2	—	9.1
美盛文化	—	39.3	—	23.9	—	32.2	—	9.1
行业平均	32.5	34.1	12.6	14.6	18.9	19.9	7.6	7.9

如表21所示，2012年，全部23家文化类上市公司平均毛利率为34.1%，比2011年微增了1.6%；营业净利润率（即销售净利率）为14.6%，比2011年微增了2.0%；成本费用利润率19.9%。比2011年微增了1%；总资产报酬率为7.9%，比2011年微增了0.3%。文化产业类上市公司的平均毛利率、平均营业净利润率、平均成本费用利润率和平均总资产报酬率均好于2011年，说明文化产业类上市公司净利润增长速度大于总资产增长速度，企业资产管理能力总体有了一定程度的提升。

1. 影视板块上市公司的盈利能力水平比出版板块相对要高

2012年，影视板块上市公司的平均盈利能力水平相对较高。2012年，影视板块上市公司平均毛利率为39.4%，营业净利润率为20.5%，成本费用利润率为30.9%，总资产收益率9.7%，分别比出版板块上市公司这四项指标增长了8.8%、9.9%、18.1%和3.2%。

纵向比较来看，出版板块四项指标和2011年相比，增减不一。2012年，出版板块上市公司平均毛利率为30.6%，比2011年增长了1.3%；营业净利润率10.6%，比2011年微增了1.1%；成本费用利润率为12.8%，比2011年微增了0.3%；总资产收益率为6.7%，比2011

年微减了0.5%。

2012年，影视板块毛利率为39.4%，比2011年微减了0.2%；营业净利润率为20.5%，比2011年减少了2.7%；成本费用利润率30.9%，比2011年减少了10.8%；总资产收益率9.7%，比2011年微减了0.3%。

如果剔除2012年新进入文化类上市公司之列的华数传媒、湖北广电、华录百纳、新文化和美盛文化，那么在18家公司中，只有ST传媒的4项利润率指标全部高于2011年，余下的17家公司均发生了个别利润率指标的下降。

2. 两大板块上市公司毛利率多数下降

在4家影视板块上市公司中，仅光线传媒毛利率高于2011年，中视传媒、华策影视和华谊兄弟公司毛利率均低于2011年。中视传媒2012年营业收入12.29亿元，比2011年减少了4.7%，而营业成本为1.09亿元，比2011年仅减少1.8%。正是营业成本在营业收入下降时，低于营业收入下降速度，所以造成毛利率下降，说明了其产品的市场竞争环境的恶化和产品竞争力的下降。华谊兄弟2012年营业收入13.86亿元，比2011年大幅增长了55.4%，而营业成本为68.5亿元，比2011年增长了81.7%，远超营业收入增长幅度，所以造成了其2012年毛利率低于2011年，控制营业成本是其重要的财务目标。

在14家出版板块上市公司中，仅ST传媒、浙报传媒、新华传媒、出版传媒和天舟文化等5家上市公司毛利率好于2011年，但除ST传媒外，其余四家增长幅度很小，为1.1%~3.0%。9家公司毛利率低于2011年，但减少幅度也不大，为0.7%~5.9%。长江传媒2012年营业收入34.86亿元，比2011年增长了33.5%，而营业成本为23.57亿元，比2011年增长了46.8%，营业成本增长率远超营业收入增长率。华闻传媒毛利率仅比2011年下降0.7%，下降幅度最小，其2012年营业收入和营业成本比2011年分别增长了7.9%和9.5%，营业成本增长幅度略高于营业收入。虽然ST传媒毛利率大幅增长接近一倍，但其2012年营业收入比2011年大幅下降15.5%，营业成本更是下降了33.2%，这样带来的毛利率增长不可持续，也没有意义。

3. 大部分文化类上市公司营业净利润率和成本费用净利润率同比下降

除光线传媒外，其余3家影视板块上市公司营业净利润率均低于2011年。光线传媒2012年净利润3.10亿元，比2011年增长了74.2%，增幅远超过其营业收入48.0%的增幅，所以该公司营业净利润率大幅上升。中视传媒营业收入仅下降4.7%，而净利润却下降了35.9%，所以造成营业净利润率大幅下降。华谊兄弟营业收入增长了55.4%，而净利润却只增加了17.2%。所以，其营业净利润率也同比下降。

除ST传媒外，其余13家出版板块上市公司营业净利润率增长的有5家，下跌的有8家。增长幅度最高的凤凰传媒也仅为1.6%，跌幅增高的是博瑞传播，为10%。2012年，凤凰传媒营业收入比2011年增长了11.3%，净利润增长了25.6%，所以营业净利润率上升。博瑞传播2012年营业收入仅比2011年增长3.4%，但净利润却大幅下降了28.9%，所以造成营业净利润率大幅下跌。

2012年，4家影视板块上市公司中，仅光线传媒的成本费用利润率同比上升，其余3家下降，与营业净利润率增减变动情况一样。而出版板块上市公司的成本费用率增减变动情况也与该板块营业净利润率一样（除浙报传媒基本持平外）。

4. 大多数文化类上市公司总资产收益率同比下降

除ST传媒总资产收益率从负变正之外，其余17家文化类上市公司（23家文化类上市公司中剔除新进入文化产业的华数传媒、湖北广电、华录百纳、新文化和美盛文化五家）中，仅大地传媒、长江传媒、中南传媒、皖新传媒、华策影视等5家公司总资产收益率超过2011年，时代出版和光线传媒两家公司与2011年持平，其余10家公司总资产收益率低于2011年。大地传媒公司2012年净利润1.88亿元，比2011年增长了32.4%，而公司资产总额在2012年为25.96亿元，比2011年增加了15.2%，公司净利润增长率超过了总资产增长率，所以公司的总资产收益率超过2011年。长江传媒、中南传媒、皖新传媒、华策影视都是净利润增长率超过总资产增长率而使得总资产收益率比2011年上升，说明这些公司的总资产利用效率和效果较好。

华闻传媒2012年净利润为5.34亿元，同比增长了5.12%，资产总额为46.94亿元，同比增长了16.2%，远超净利润增长率，所以，华闻传媒总资产收益率同比下降。同样，中文传媒、浙报传媒、凤凰传媒和华谊兄弟也是资产总额同比增长率超过净利润增长率而使得总资产收益率同比下降。这些公司的净利润没有随着总资产的增加而同步增加，说明公司总资产增长的效果有待提高。

而新华传媒2012年净利润为1.10亿元，同比大幅下降了40.5%，资产总额为59.91亿元，同比增长了11.7%，所以公司2012年总资产收益率同比下降了。此外，博瑞传播、天舟文化和中视传媒也是资产总额同比增长，而净利润同比下降，所以总资产收益率同比下降。总资产的增加反而伴随着净利润的下降，这样的总资产利用效果实在堪忧。

（二）净资产收益率和杜邦分析法

净资产收益率 = 净利润／［（期初所有者权益 + 期末所有者权益）／2］×100%，也叫权益报酬率，它体现了企业股东自有资本获得净收益的能力，不断提高净资产报酬率是实现股东价值最大化的基本保证。

净资产收益率是一个综合性很强的财务分析指标，它有很好的可比性，可以用于不同企业之间的比较。净资产报酬率可以反映企业筹资、投资、经营等各项财务及管理活动的效率与效果。从企业财务活动和经营活动的相互关系来看，净资产收益率的变动取决于商品经营、资产经营和企业资本经营，所以净资产收益率是企业财务活动和经营活动效率的综合体现。

杜邦分析法是根据各主要财务比率之间的内在联系，建立财务分析指标体系，综合分析企业财务状况的方法。该体系以净资产收益率为龙头,将净资产收益率分解成营业净利率、总资产周转率、权益乘数。营业净利率是对利润表的概括,权益乘数是对资产负债表的概括,总资产周转率把利润表的和资产负债表联系起来,使净资产收益率可以综合整个企业的经营活动和财务活动的业绩。

表22 文化类上市公司各项利润率指标

证券简称	净资产收益率(%)		营业净利率(%)		总资产周转率(%)		权益乘数	
	2011年	2012年	2011年	2012年	2011年	2012年	2011年	2012年
出版板块平均	8.5	9.7	9.5	10.6	64.3	64.0	1.5	1.6
ST传媒	-23.7	1.1	-33.8	1.5	32.3	30.4	2.1	1.7
大地传媒	9.4	11.4	8.0	8.3	78.1	93.7	1.4	1.5
华闻传媒	9.6	9.0	13.4	13.0	77.6	72.6	1.5	1.6
中文传媒	12.7	13.0	6.9	5.2	110.1	125.1	1.9	2.1
时代出版	9.4	10.0	11.3	10.0	63.3	71.4	1.4	1.4
浙报传媒	23.8	21.5	19.3	19.5	86.3	59.6	1.4	1.7
长江传媒	10.7	11.1	10.9	9.4	68.4	82.0	1.5	1.5
新华传媒	7.3	4.3	8.8	6.1	41.3	31.6	2.2	2.3
博瑞传播	19.1	12.7	32.2	22.2	51.4	45.8	1.3	1.2
中南传媒	10.4	11.1	13.8	13.3	56.8	60.9	1.4	1.4
皖新传媒	10.6	12.1	13.1	13.8	64.9	71.5	1.3	1.3
凤凰传媒	8.5	10.2	12.3	13.9	60.3	52.3	1.4	1.4
出版传媒	4.1	4.0	4.9	5.4	58.9	51.7	1.5	1.5
天舟文化	6.4	3.6	12.0	7.2	49.9	47.5	1.1	1.1
影视板块平均	10.2	12.2	23.2	20.5	48.6	47.7	1.5	1.7
华数传媒	—	20.7	—	11.5	—	46.6	—	4.0
湖北广电	—	8.4	—	17.0	—	34.1	—	1.5
华录百纳	—	12.3	—	29.7	—	51.9	—	1.2
中视传媒	7.1	4.3	5.9	4.0	63.8	58.8	2.2	1.7
华谊兄弟	12.0	11.1	23.0	17.4	39.8	42.2	1.4	2.0
华策影视	12.1	14.5	38.7	30.9	30.0	44.5	1.1	1.2
光线传媒	9.8	15.6	25.2	30.0	60.7	51.1	1.1	1.1
新文化	—	10.6	—	23.5	—	52.5	—	1.2
文艺板块平均	—	7.5	—	23.9	—	45.6	—	1.1
美盛文化	—	7.5	—	23.9	—	45.6	—	1.1
平均	8.9	10.5	12.6	14.6	60.8	57.5	1.5	1.6

表 22 显示，2012 年文化类上市公司的平均净资产收益率为 10.5%，比 2011 年增长了 1.6%，虽然平均总资产周转率从 60.8% 下降至 57.5%，但由于营业净利润的增长以及负债比率的微增，文化类上市公司整体的净资产收益率好于 2011 年。根据分析，文化类上市公司净资产收益率有以下特点。

1. 影视板块上市公司平均净资产收益率高于出版板块上市公司，但增长动因不同

2012 年，影视板块上市公司平均净资产收益率为 12.2%，高于出版板块上市公司的 9.7%，也高于影视板块上市公司 2011 年的 10.2%。从表中可以看出，影视板块上市公司 2012 年平均营业净利润率为 20.5%，低于 2011 年的 23.2%；总资产周转率为 47.7%，略低于 2011 年的 48.6%，而 2012 年该板块上市公司净资产收益率的增长得益于该板块整体负债水平的提高，该板块平均权益乘数从 1.5 增长至 1.7。

出版板块 2012 年平均净资产收益率为 9.7%，高于 2011 年的 8.5%，该板块 2012 年的平均资产周转率为 64.0%，基本与 2011 年的 64.3% 持平。该板块上市公司平均净资产收益率的增长原因在于营业净利润率的增长以及负债水平的提高。

2. 出版板块大部分上市公司净资产收益率同比增长

除 ST 传媒外，其余 13 家出版板块上市公司中，有 6 家公司净资产收益率低于 2011 年，7 家公司净资产收益率高于 2012 年。

在净资产收益率同比增长的公司中，大地传媒 2012 年净资产收益率为 11.4%，比 2011 年的 9.4% 高出 2 个百分点。尽管总资产周转率低于 2011 年，但营业净利润率的长以及负债水平的提高还是使该公司取得了净资产收益率的增长。凤凰传媒不但总资产周转率低于 2011 年，而且负债水平也没有提高，但由于营业净利润率的增长，该公司净资产收益率 2012 年为 10.2%，还是高于 2011 年的

8.5%。中文传媒则是在营业净利润率低于2011年的情况下,依靠总资产周转率和负债水平高于同期,而使得公司净资产收益率高于2011年。时代出版、长江传媒和中南传媒也是如此,不同的是,这三家公司的负债水平没有增加。而皖新传媒则是在负债水平不变的情况下,靠着营业净利润率和总资产周转率的提高获得了净资产增长率的增长。

在净资产收益率低于2011年的公司中,华闻传媒虽然负债水平高于2011年,但营业净利润率和总资产的周转率都低于2011年,使得公司净资产收益率低于2011年。新华传媒与华闻传媒情况一样。浙报传媒虽然在营业净利润率和负债水平上都高于2011年,但总资产周转率的大幅下降使企业净资产收益率也低于2011年。出版传媒与浙报传媒相似,只不过负债水平上与2011年持平。博瑞传播则是在营业净利润率、总资产周转率和负债水平三个指标上都低于2011年,自然其净资产收益率也低于2011年,天舟文化与博瑞传播相似,只不过负债水平与2011年持平。

3. 影视板块半数上市公司同比增长

剔除2012年新进入文化产业的华数传媒、湖北广电、华录百纳和新文化,其余四家公司中,中视传媒和华谊兄弟净资产收益率低于2011年,华策影视和新文化净资产收益率高于2011年。

2012年中视传媒的营业净利润率、总资产周转率和负债水平均低于2011年,那么其净资产收益率自然低于2011年。华谊兄弟虽然总资产周转率和负债水平均高于2011年,但营业净利润率的下降却使得公司净资产收益率低于2011年。

2012年华策影视的营业净利润率低于2011年,但得益于总资产周转率和负债水平的提高,公司净资产收益率高于2011年。而光线传媒则是受益于营业净利润率的提高,因为公司2012年的总资产周转率低于2011年,而负债水平与2011年持平。

七 对六家文化类上市公司财务报表的简要分析

为了更好地分析和比较文化类上市公司的财务状况，本报告选取了六家上市公司的财务报表进行分析，其中包括出版板块三家公司，分别为以报纸传媒为主营业务的新华传媒，其 2012 年净资产收益率为 4.3%，以及以图书出版为主营业务的皖新传媒和天舟文化，它们 2012 年净资产收益率分别为 12.1% 和 3.6%；影视板块在剔除 2012 年新进入文化产业的四家上市公司之后，本报告在另外四家公司中选取了中视传媒、华谊兄弟和华策影视为研究对象，2012 年它们的净资产收益率分别为 4.3%、11.5% 和 14.5%。

比较而言，在总共 23 家文化类上市公司中，新华传媒的净资产收益率在 3 家以报纸传媒为主营业务的上市公司中最低；在 11 家以图书出版为主营业务的上市公司中，皖新传媒的净资产收益率最高，天舟文化的净资产收益率最低；在 4 家影视板块上市公司中（不含 2012 年新进入文化产业的公司），中视传媒的净资产收益率最低，华谊兄弟的净资产收益率居中，华策影视的净资产收益率最高。

本部分不局限于比较文化类上市公司 2012 年与 2011 年之间的财务数据，而是将 6 家上市公司 2008~2012 年的财务报表进行纵向分析和横向分析比较。纵向分析法也叫趋势分析法，是将某公司连续若干会计年度的报表资料在不同年度间进行纵向对比，例如将财务报表上的各项数据与某基年的数据进行比较，以此分析企业各报表项目的变动情况及变动趋势，据此判断企业财务状况和经营成果发展变化的一种方法。横向比较中可以运用结构分析法，将财务报表上各项目与某一基数（如资产总额或营业收入总额）进行比较，来反映同一财务报表各数据项目间的关系。结构分析法揭示的是企业的某项经营指标的局部与总体之间的关系，比如从每种资产占总资产的百分比，可以看出流动资产与固定资产的相对重要性,还可以看到总资产中分别有多大比例来自短期债款、长期债款及股东投资等。在使用这种分析法时,可以通过比较不同竞争对手之间的共同报表显示出不同企业在资金结构和资源分配方面的优劣势。

(一) 出版板块上市公司的财务报表分析

1. 新华传媒纵向分析

从表23、表24、表25可以看出,新华传媒公司的主营业务状况不容乐观。2008年以来,公司营业收入持续下降,其中2012年公司的营业收入比2008年下降了38%。其间公司的资产总额虽然增长了77%,但是反映公司经营方面的主要会计科目如应收账款和存货却逐年下滑,公司2012年的应收账款比2008年下降了59%,存货下降了63%,从另一个方面反映了公司主营业务能力的下降。虽然公司的货币资金从2008年到2012年增长了173%,但是同期短期借款也增长了142%,成为货币资金增长的主要动因,而短期借款的快速增长必然带来财务费用的大幅提高,同期公司财务费用增长了189%。公司应付账款增长速度低于总资产增长速度,说明利用供应商资金的能力不足,预收款项虽有大幅上升,同期增长了131%,但主要是公司子公司销售预付类卡所致(2011年年报披露)。流动资产同期增长速度低于总资产增长速度,而公司负债主要是流动负债,所以流动负债的增长主要是流动负债的增长。

表23 新华传媒定基资产负债表

单位:%

项目	2008年(百万元)	2008年基期	2009年	2010年	2011年	2012年
货币资金	380.9	100	145	189	223	273
应收账款	594.4	100	81	66	54	41
存货	559.9	100	94	40	43	37
流动资产合计	1818.5	100	91	103	106	127
固定资产	518.2	100	105	98	88	83

续表

项目	2008年(百万元)	2008年基期	2009年	2010年	2011年	2012年
非流动资产合计	1837.6	100	94	164	187	201
资产总计	3656.1	100	93	133	147	177
短期借款	557.0	100	31	135	189	242
应付账款	484.7	100	99	108	115	95
预收款项	175.0	100	130	160	209	231
流动负债合计	1523.6	100	75	170	182	173
负债合计	1523.6	100	75	170	189	225
负债和所有者（或股东权益）合计	3656.1	100	93	133	147	177

表 24　新华传媒定基利润表

单位：%

项目	2008年(百万元)	2008年基期	2009年	2010年	2011年	2012年
一、营业收入	2905.1	100	78	79	73	62
减：营业成本	2020.0	100	71	72	70	59
销售费用	366.0	100	108	112	116	119
管理费用	163.7	100	79	79	87	80
财务费用	29.3	100	-64	22	-163	289
投资收益	18.1	100	105	217	506	339
二、营业利润	246.7	100	109	98	83	43
三、利润总额	299.3	100	99	92	81	52
四、净利润	247.2	100	97	84	75	45

表 25　新华传媒定基现金流量表

单位：%

项目	2008年(百万元)	2008年基期	2009年	2010年	2011年	2012年
销售商品、提供劳务收到的现金	2916.6	100	88	89	82	65
经营活动现金流入小计	3162.7	100	89	93	87	69
购买商品、接受劳务支付的现金	2277.4	100	64	81	72	57
支付给职工以及为职工支付的现金	296.6	100	88	90	99	99
经营活动现金流出小计	3041.0	100	78	86	89	71
经营活动产生的现金流量净额	121.7	100	376	250	37	26

2008～2012年，在营业收入下降的同时，公司销售费用却逐年上升，2012年销售费用比2008年增长了19%，说明市场竞争环境激烈程度的加强。公司营业利润、利润总额和净利润同期分别下降了57%、48%和55%，而公司投资收益却同期上涨了239%。2012年年报显示，公司通过委托贷款对外贷出了高达15.44亿元，年利率为10%～18%，公司2012年投资收益为6199万元，公司营业利润为1.05亿元，投资收益占营业利润的比重为59%。显然，若没有投资收益，则公司营业利润将更大幅下降。

该公司主营业务能力的下降也体现在现金流量表中。2008～2012年，公司销售商品提供劳务收到的现金下降了35%，经营性现金流入合计减少了31%。购买商品接受劳务支付的现金也下降了43%，支付给职工以及为职工支付的现金下降了1%，在劳动力成本不断上升的这几年，公司支付职工的工资保持不变，这也说明了公司员工待遇的水平在下降，或者公司通过裁员减少劳动成本。公司经营性现金流净额同期下降了72%，即2012年经营性现金流净额仅为2008年的1/4，公司如果进行投资或者兼并收购，那么将不得不借助于外部资本和资金市场。

2. 皖新传媒纵向分析

表26、表27、表28显示：2008～2012年，皖新传媒营业收入持续增长，2012年比2008年增长了51%，但营业成本同期也增长了51%。公司资产总额同期增长了98%，流动资产中增长了150%，超过了总资产增长率，更加使企业轻资产化。但流动资产中直接体现企业经营能力的主要科目应收账款和存货同期却分别只增长了10%和79%，低于流动资产增长率。货币资金增长了90%，主要得益于公司2010年的上市股权融资。公司应付账款同期仅增长了11%，预收款项同期大幅增长了464%，从2008年的3380万元，增长到2012年的18683万元，占2012年总资产的3.5%和营业收入的5.1%。公司负债

表 26　皖新传媒定基资产负债表

单位：%

项目	2008年（百万元）	2008年基期	2009年	2010年	2011年	2012年
货币资金	1190.1	100	118	250	217	190
应收账款	262.9	100	138	146	90	110
存货	196.7	100	94	115	178	179
流动资产合计	1696.5	100	119	213	206	250
固定资产	643.2	100	83	83	82	81
无形资产	328.5	100	96	93	89	87
非流动资产合计	1006.2	100	99	96	131	110
资产总计	2702.7	100	111	170	178	198
应付账款	800.0	100	94	109	102	111
预收款项	33.8	100	215	233	519	564
流动负债合计	984.1	100	107	113	104	119
负债合计	984.1	100	108	114	105	120
负债和所有者（或股东权益）合计	2702.7	100	111	170	178	198

表 27　皖新传媒定基利润表

单位：%

项目	2008年（百万元）	2008年基期	2009年	2010年	2011年	2012年
一、营业收入	2413.6	100	105	114	126	151
减:营业成本	1637.0	100	104	113	124	151
销售费用	298.0	100	103	114	179	150
管理费用	213.4	100	101	107	123	132
财务费用	-11.8	-100	-113	-218	-446	-332
投资收益	10.2	100	101	23	135	749
二、营业利润	261.7	100	114	133	160	202
三、利润总额	252.3	100	110	128	159	201
四、净利润	252.3	100	110	127	158	199

表 28 皖新传媒定基现金流量表

单位：%

项目	2008年（百万元）	2008年基期	2009年	2010年	2011年	2012年
销售商品、提供劳务收到的现金	2479.0	100	103	114	146	149
经营活动现金流入小计	2538.6	100	102	114	146	151
购买商品、接受劳务支付的现金	1577.0	100	121	122	164	160
支付给职工以及为职工支付的现金	252.3	100	104	100	129	151
经营活动现金流出小计	2134.3	100	119	119	158	156
经营活动产生的现金流量净额	404.3	100	13	88	80	125

几乎全部由流动负债组成，流动负债和负债合计同期分别增长了20%和19%，远低于总资产的增长率，即总资产的增加主要得益于公司的权益融资，也就是从资本市场融资（2010年公司上市，2010年资产总额比2009年大幅增加了53.2%）和经营所得。同样得益于上市，企业账面上高额的货币资金为公司带来利息收入，使得公司的财务费用从2008年-1185万元，到2012年财务费用为-3931万元。2008年，公司投资收益仅为1024万元，2012年增长为7673万元，增长了649%，占2012年公司营业利润的14.5%。从公司的营业利润和利润总额来看，公司的营业外净收益占公司利润总额的比重较小。

随着公司营业收入的增长，公司销售商品提供劳务收到的现金也实现了同步增长，在营业收入同期增长51%的同时，公司销售商品提供劳务收到的现金也实现了49%的增长，经营性现金流入同期增长了51%。购买商品接受劳务支付的现金也增长了60%，支付给职工以及为职工支付的现金也同步增加了51%。公司经营活动产生的现金流金额同期增长了25%，而2011年之前，公司经营性现金流净额还出现了下降。

3. 天舟文化纵向分析

如表29、表30、表31所示，2008~2012年，天舟文化的营业收入增长了207%，但营业成本同期却增长了249%。自2010年上市以来，公司的营业成本增长率都超过了营业收入增长率，由此会压缩公司的毛利空间。同期，公司的销售费用大幅增长了316%，凸显了经营环境的竞争激烈程度，管理费用也增长了314%。得益于公司的上市股权融资，公司的货币资金除在2009年出现短暂下降外，2010年上市后出现爆炸式上升并维持到2012年，2012年公司货币资金比2008年暴增了760%，由此带来的是公司的财务费用在2008年是-10.7万元，而到了2012年，财务费用为-752万元。公司账面巨额的货币资金余额固然可以为公司带来利息收入和投资并购的便利，但同时也意味着低效使用的可能。公司营业利润和利润总额同期分别增长了44%和49%，并且两者相差不大，说明公司的营业外收入占利润总额的比重不多。

表29　天舟文化定基资产负债表

单位：%

项目	2008年（百万元）	2008年基期	2009年	2010年	2011年	2012年
货币资金	45.9	100	95	983	896	860
应收账款	22.1	100	118	127	173	209
存货	11.1	100	127	173	264	473
流动资产合计	88.6	100	110	578	561	583
固定资产	19.9	100	95	91	242	237
非流动资产合计	20.5	100	99	122	405	427
资产总计	109.1	100	108	490	529	550
应付账款	9.0	100	101	234	483	577
预收款项	2.0	100	105	136	51	296
流动负债合计	25.7	100	80	124	196	268
负债合计	25.7	100	84	124	196	267
负债和所有者（或股东权益）合计	109.1	100	108	490	529	550

表30 天舟文化定基利润表

单位：%

项目	2008年（百万元）	2008年基期	2009年	2010年	2011年	2012年
一、营业收入	91.6	100	144	234	304	307
减：营业成本	55.6	100	142	260	362	349
销售费用	8.2	100	155	173	242	416
管理费用	6.6	100	177	224	280	414
财务费用	-0.1	-100	-274	-377	-7906	-7032
二、营业利润	20.2	100	126	190	218	144
三、利润总额	20.2	100	131	192	225	149
四、净利润	15.1	100	135	208	220	134

表31 天舟文化定基现金流量表

单位：%

项目	2008年（百万元）	2008年基期	2009年	2010年	2011年	2012年
销售商品、提供劳务收到的现金	88.4	100	164	268	341	350
经营活动现金流入小计	97.8	100	153	251	321	330
购买商品、接受劳务支付的现金	54.9	100	187	289	413	422
支付给职工以及为职工支付的现金	4.5	100	159	205	298	614
经营活动现金流出小计	91.4	100	156	226	316	348
经营活动产生的现金流量净额	6.4	100	86	574	354	46

同样受益于上市，公司的资产总额同期增长了450%，流动资产增长了483%，而与生产经营直接相关的应收账款和存货同期分别增长了109%和373%，低于流动资产和总资产的增长率，也低于货币资金增长率。应付账款和预收账款同期分别增长了477%和196%，两者占公司流动负债的比重不断提高，预示着公司利用客户及供应商资金能力的提高，这对公司未来的经营是有利的。公司负债基本上由流动负债构成，流动负债增长率几乎和负债增长率相同，分别为68%和67%，远低于同期总资产增长率450%，说明公司资产的增加主要来自于股权的融资和企业盈利的增长。

2008～2012年，公司销售商品提供劳务收到的现金增长了250%，经营活动现金流入同步增长了230%，而购买商品接受劳务支付的现金则增加了322%，支付给职工的现金增长了514%，由此经营活动流出增长了248%，导致公司2012年经营性现金净额仅为2008年的46%。

4. 出版板块三家公司2012年财务报表横向比较

由表32、表33可知，第一，天舟文化货币资金占总资产比重最高，皖新传媒次之，新华传媒最少，应收账款、存货和流动资产的占比也是这个顺序。非流动资产比重则顺序相反，新华传媒非流动资产比重最高。根据2012年新华传媒年报及附注，新华传媒流动资产中，仅次于货币资金的是其他应收款，高达4.16亿元，占总资产的8.4%，绝大部分是房产置业公司的房产销售保证金，似乎与主业关联度不高。公司的非流动资产中，比重较大的有长期应收款，占比18.3%，长期股权投资，占比13.8%，商誉8.5%，其他非流动资产9.2%。长期应收款是公司向上海成城广场实业发展有限公司提供的项目财务资助款。长期股权投资则是公司对合营企业、联营企业以及其他股权投资。商誉主要是新华传媒并购上海中润解放传媒有限公司的同时收购该公司45%的少数股东股权以及购买上海杨航文化传媒有限公司70%的股权形成的，应关注其可能存在的减值问题。其他非流动资产则主要是新华传媒公司委托贷款等。

表32　共同资产负债表

单位：%

项目	新华传媒	皖新传媒	天舟文化
货币资金	17.4	42.2	64.5
应收账款	4.0	5.4	7.7
其他应收款	8.4	0.4	1.2
存货	3.5	6.6	8.7
流动资产合计	38.4	79.3	85.3
长期应收款	18.3	0	0

续表

项目	新华传媒	皖新传媒	天舟文化
长期股权投资	13.8	0.3	5.8
固定资产	7.2	9.8	7.5
无形资产	0.6	5.3	0.1
商誉	8.5	0.7	0
其他非流动资产	9.2	0.7	0.2
非流动资产合计	61.6	20.7	14.7
资产总计	100	100	100
短期借款	22.5	0	0
应付账款	8.8	16.5	8.7
预收款项	6.8	3.5	0.1
其他应付款	4.9	1.0	0.6
流动负债合计	44.1	21.9	11.2
长期借款	4.9	0	0
应付债券	8.3	0	0
非流动负债合计	13.3	0	0
负债合计	57.3	22.0	11.2
负债和所有者(或股东权益)合计	100.0	100.0	100.0

表33 共同利润表

单位：%

项目	新华传媒	皖新传媒	天舟文化
一、营业收入	100.0	100.0	100.0
减:营业成本	66.9	67.9	68.8
销售费用	24.3	12.3	11.8
管理费用	7.2	7.7	9.7
财务费用	-4.7	-1.0	-2.5
二、营业利润	5.8	14.5	10.4
营业外收入	2.8	0.3	0.4
三、利润总额	8.6	13.9	10.8
四、净利润	6.1	13.8	5.3

第二，在负债中，新华传媒有短期借款，而另外两家公司没有该项。新华传媒应付账款占总资产比重与天舟文化相当，但约为皖新传媒的一半。预收款项比重则新华传媒最高。由于有短期借款，新华传媒的流动负债比重在三家公司中最高，而皖新传媒次之，天舟文化最低。新华传媒除了短期借款之外，还有长期借款和发行债券筹资，而其他两家公司皆无长期负债。由此，新华传媒的负债占总资产比重在三家公司中最高。

第三，三家公司的毛利率差不多，但新华传媒的销售费用率最高，约为其他两家公司的两倍。管理费用率三家没有明显差异，财务费用则是新华传媒的负费用率最高，公司更多受益于账面货币资金带来的利息收入，2012年公司利息收入高达1.94亿元。从报表还可以看出，新华传媒的营业利润率最低，仅为5.8%，皖新传媒最高，为14.5%，天舟文化次之，为10.4%，依靠营业外净收入，新华传媒的税前利润率为8.6%，而皖新传媒和天舟文化的营业外收入对公司利润影响不大。

（二）影视板块上市公司的财务报表分析

1. 中视传媒纵向分析

从表34、表35、表36可以看出，2008~2012年，中视传媒总资产仅增长了4%，其中流动资产增长了6%，非流动资产减少了3%。流动资产中，货币资金同期仅增长了3%，应收账款同期却暴增了1459%，主要系公司应收影视剧发行款及应收广告款增加所致，而存货同期减少了65%。应收账款的大幅增加固然可以促进销售，但毕竟增加了经营风险和财务回收风险。公司非流动资产主要由固定资产组成。公司应付账款和预收账款同期分别减少了21%和22%，说明公司运用供应商和客户资金的能力下降。因此，公司同期流动负债减少了17%，由于公司负债全部由流动负债构成，流动负债的变化也就是负债总额的变化。

表 34　中视传媒定基资产负债表

单位：%

项目	2008 年（百万元）	2008 年基期	2009 年	2010 年	2011 年	2012 年
货币资金	815.4	100	84	120	179	103
应收账款	14.2	100	61	88	291	1559
存货	318.2	100	55	69	78	35
流动资产合计	1318.1	100	75	97	141	106
固定资产	446.6	100	95	93	97	98
非流动资产合计	475.1	100	95	93	98	97
资产总计	1793.3	100	80	96	129	104
应付账款	488.0	100	37	94	198	79
预收款项	360.7	100	52	38	56	78
流动负债合计	925.3	100	51	74	135	83
负债合计	925.3	100	51	74	135	83
负债和所有者（或股东权益）合计	1793.3	100	80	96	129	104

表 35　中视传媒定基利润表

单位：%

项目	2008 年（百万元）	2008 年基期	2009 年	2010 年	2011 年	2012 年
一、营业收入	991.6	100	136	118	130	124
减：营业成本	850.8	100	132	116	131	128
销售费用	21.5	100	86	99	105	112
管理费用	40.8	100	111	101	120	133
财务费用	-14.2	-100	-169	-77	-138	-202
二、营业利润	68.0	100	233	158	146	87
三、利润总额	71.6	100	223	151	141	90
四、净利润	60.0	100	214	141	127	81

表 36　中视传媒定基现金流量表

单位：%

项目	2008 年（百万元）	2008 年基期	2009 年	2010 年	2011 年	2012 年
销售商品、提供劳务收到的现金	1102.9	100	108	103	119	105
经营活动现金流入小计	1125.5	100	108	102	121	106
购买商品、接受劳务支付的现金	693.5	100	171	94	82	224
支付给职工以及为职工支付的现金	68.6	100	101	106	141	196
经营活动现金流出小计	831.3	100	158	99	94	213
经营活动产生的现金流量净额	294.2	100	-32	113	198	-196

2008~2012年，公司的营业收入仅增长了24%，营业成本同期却增长了28%，销售费用增长了12%，管理费用增长了33%，虽然公司的利息收入增加了，2012年，公司营业利润仍仅为2008年的87%，下降了13%。自2009年以来，公司营业利润逐年下降。公司销售商品提供劳务收到的现金同期仅增长了5%，经营活动现金流入仅增长了6%，而购买商品接受劳务支付的现金同期却增长了124%，支付给职工的现金增长了96%，造成2012年经营性现金流金额为负。

2. 华谊兄弟纵向分析

表37、表38、表39显示：2008~2012年，华谊兄弟资产总额增长了645%。得益于2009年上市，公司2009年货币资金比2008年大幅飙升，货币资金2012年比2008年增长了701%，应收账款增长了462%，存货增长了203%，流动资产增长了432%。公司固定资产自上市后大幅增长，2012年固定资产为2008年的38.15倍。公司应付账款同期增

表37 华谊兄弟定基资产负债表

单位：%

项目	2008年（百万元）	2008年基期	2009年	2010年	2011年	2012年
货币资金	80.8	100	1338	1058	664	801
应收账款	178.6	100	122	257	230	562
存货	231.9	100	122	98	235	303
流动资产合计	525.8	100	316	316	362	532
固定资产	7.0	100	441	986	1685	3915
非流动资产合计	29.3	100	172	1241	1934	4634
资产总计	555.1	100	308	364	444	745
应付账款	63.4	100	146	402	308	787
预收款项	48.7	100	202	169	285	181
流动负债合计	307.1	100	74	147	246	528
负债合计	307.1	100	74	147	246	659
负债和所有者（或股东权益）合计	555.1	100	308	364	444	745

表38　华谊兄弟定基利润表

单位：%

项目	2008年（百万元）	2008年基期	2009年	2010年	2011年	2012年
一、营业收入	409.3	100	148	262	218	339
减：营业成本	189.4	100	171	299	199	362
销售费用	63.1	100	140	368	243	446
管理费用	25.6	100	143	228	307	310
财务费用	9.0	100	116	-136	-89	679
二、营业利润	85.9	100	119	214	287	299
三、利润总额	83.9	100	139	229	329	386
四、净利润	68.1	100	122	221	301	353

表39　华谊兄弟定基现金流量表

单位：%

项目	2008年（百万元）	2008年基期	2009年	2010年	2011年	2012年
销售商品、提供劳务收到的现金	393.7	100	166	241	254	251
经营活动现金流入小计	423.3	100	160	238	252	252
购买商品、接受劳务支付的现金	319.0	100	138	166	297	268
支付给职工以及为职工支付的现金	25.7	100	159	224	321	417
经营活动现金流出小计	484.4	100	129	189	268	272
经营活动产生的现金流量净额	-61.1	-100	85	149	-379	-407

长了687%，但预收账款同期却仅增长了81%，预收账款往往预示着公司未来的营业收入。公司负债主要由流动负债构成。2012年以前，公司资产总额增长率远超负债增长率，说明公司资产的增加主要依靠权益融资和经营所得。

2008～2012年，华谊兄弟营业收入增长了239%，营业成本却增长了262%，销售费用同期大幅增加了346%，反映了市场竞争的激烈程度。公司管理费用同期增长了210%，财务费用却大幅增长了579%，这是公司2012年借款和短期融资融券的结果。公司营业利润同期增长了199%，利润总额增长了286%，说明公司利润总额中有近三成利润为营业外净收益。在营业收入增长239%的同时，销售商品提供劳务收到的现金仅增长了151%，有部分营业收入没有带来现金的流入。公司购买商品接受劳务支付的现金增长了68%，支付给职工的现金大幅增加了317%，公司2012年经营活动产生的现金流净额继2011年为净流出外，又出现了净流出，金额为2.49亿元。

3. 华策影视纵向分析

从表40、表41、表42来看，2008～2012年，华策影视资产总额增长了12.19倍，其中流动资产增长了10.33倍，非流动资产增长了147.85倍（主要是公司并购带来的商誉所致）。受益于2010年上市，公司的货币资金在2010年出现跳跃式增长并一直维持较高的账面资金，货币资金同期增长了22.78倍，应收账款同期增长了13.52倍，存货增长了442%，固定资产增长了17.69倍。公司应付账款同期大幅增加了49.27倍，预收账款却下降了5%。流动负债大幅增长了463%。公司无非流动负债，因此负债全部由流动负债组成。公司总资产增长率远超负债增长率，说明公司资产的增加主要来自于权益融资和经营所得。

表40 华策影视定基资产负债表

单位：%

项目	2008年（百万元）	2008年基期	2009年	2010年	2011年	2012年
货币资金	27.9	100	252	3589	2863	2378
应收账款	24.0	100	209	157	609	1452
存货	52.4	100	94	152	258	542
流动资产合计	133.1	100	178	890	973	1133
固定资产	1.7	100	119	245	907	1869
非流动资产合计	1.7	100	190	1546	10214	14885
资产总计	134.8	100	179	904	1099	1319
应付账款	1.9	100	223	216	1484	5027
预收款项	18.3	100	163	48	197	95
流动负债合计	43.8	100	134	53	384	563
负债合计	43.8	100	134	53	384	563
负债和所有者（或股东权益）合计	134.8	100	179	904	1099	1319

表 41　华策影视定基利润表

单位：%

项目	2008年（百万元）	2008年基期	2009年	2010年	2011年	2012年
一、营业收入	104.7	100	159	270	388	692
减：营业成本	54.7	100	139	224	287	615
销售费用	2.8	100	130	422	590	815
管理费用	5.5	100	159	362	516	1491
财务费用	0.3	100	606	-1437	-7443	-6279
二、营业利润	36.0	100	185	325	539	725
三、利润总额	38.3	100	192	358	555	771
四、净利润	38.3	100	145	253	408	584

表 42　华策影视现金流量表

单位：%

项目	2008年（百万元）	2008年基期	2009年	2010年	2011年	2012年
销售商品、提供劳务收到的现金	101.1	100	150	268	332	493
经营活动现金流入小计	184.5	100	104	155	203	297
购买商品、接受劳务支付的现金	107.2	100	104	168	289	398
支付给职工以及为职工支付的现金	1.5	100	201	405	750	1870
经营活动现金流出小计	189.5	100	95	137	224	307
经营活动产生的现金流量净额	-5.0	-100	229	555	-985	-671

2008～2012年，公司营业收入增长了592%，营业成本同期增长了515%，五年来，公司营业成本增长率低于营业收入，提高了公司的毛利率和毛利。销售费用同期增长了715%，管理费用同期增长了13.91倍，受益于公司巨额账面资金带来的利息收入，2012年公司的财务费用为负。公司营业利润同期增长了625%，超过了营业收入的增长率。营业利润和利润总额差异在10%之内，说明公司的营业外净收益占利润总额比重不高。

2008～2012年，华策影视销售商品提供劳务收到的现金增长了393%，购买商品接受劳务支付的现金增长了298%，支付给职工的现金大幅增长了17.7倍，2012年经营活动产生的现金流净额和2011年一样为负。如果这样持续下去，公司将消耗更多的股市募集资金或者借贷来维持日常经营活动。

4. 影视板块三家公司2012年财务报表横向比较

表43、表44显示：第一，中视传媒的货币资金比重最高，华策影视次之，华谊兄弟最少。需要指出的是，账面维持高额的现金固然有利于公司的支付以及兼并收购，但长期维持高额的账面资金说明公司现金使用效率低下，公司没有更好地赚钱机会等。应收账款和存货比重则是华谊兄弟最高，华策影视和中视传媒随后。华策影视流动资产比重最高，中视传媒次之，华谊兄弟最低。只有华谊兄弟拥有可供出售金融资产，而且占其总资产的14.2%。华谊兄弟的长期股权投资的比重也最高，占总资产的9.3%，华策影视为3.6%，说明了这两家企业对外的并购发展策略，而中视传媒无长期股权投资。在商誉上也可以看出，华谊兄弟的商誉占总资产的0.8%，华策影视的商誉占其总资产的5.8%，而中视传媒则无商誉。

表43 共同资产负债表

单位：%

项目	中视传媒	华谊兄弟	华策影视
货币资金	45.0	15.5	34.8
应收账款	11.8	24.2	18.9
预付款项	3.1	9.3	13.8
其他应收款	8.5	1.3	0.8
存货	5.9	16.9	16.0
流动资产合计	75.1	67.5	85.3
可供出售金融资产	0	14.2	0
长期股权投资	0	9.3	3.6
固定资产	23.4	6.6	1.8
商誉	0	0.8	5.8
非流动资产合计	24.9	32.5	14.7

续表

项目	中视传媒	华谊兄弟	华策影视
资产总计	100	100	100
短期借款	0	14.3	0
应付账款	20.7	12.0	5.5
预收款项	15.1	2.1	1.0
流动负债合计	41.5	39.2	13.7
长期借款	0	7.3	0
非流动负债合计	0	9.5	0
负债合计	41.5	48.7	13.7
负债和所有者（或股东权益）合计	100	100	100

表44 共同利润表

单位：%

项目	中视传媒	华谊兄弟	华策影视
一、营业收入	100	100	100
减：营业成本	88.8	49.4	46.1
销售费用	2.0	20.3	3.1
管理费用	4.4	5.7	11.3
财务费用	-2.3	4.4	-2.4
二、营业利润	4.7	18.3	36.3
三、利润总额	5.2	23.1	40.7
四、净利润	3.9	17.3	30.1

第二，在三家公司中，仅华谊兄弟有长期借款和短期借款，分别占其总资产的7.3%和14.3%。应付账款和预收账款占比方面，中视传媒最高，华谊兄弟次之，华策影视最少。从负债程度上讲，华谊兄弟最高，中视传媒次之，华策影视最低。

第三，三家公司中中视传媒的毛利率最低，华策影视最高。销售费用率则是华谊兄弟最高，竟高达营业收入的20.3%，其他两家公司的销售费用率相差不大。华策影视的管理费用率最高，达到11.3%。华谊兄弟由于有长短期借款，所以其财务费用占营业收入的4.4%，而其他两家公司的财务费用率为负。华策影视的营业利润率最高，为36.3%，华谊兄弟次之，为18.3%，中视传媒最低，为4.7%。

企业文化大事记（2012.1~2013.6）

2012 年

1月7日 中国出版传媒股份有限公司与江西新华发行集团有限公司在京签署战略合作协议，双方将重组中国出版传媒旗下的出版发行业务平台——新华联合发行有限公司。

1月8日 山西华电教育传媒有限公司成立大会暨揭牌仪式在教育科学出版社举行。

1月10日 中国动漫游戏产业股权投资管理有限公司在京成立，这标志着动漫游戏产业体系的关键基础平台正式启动。

1月11日 乐视网与央视国际网络有限公司签订了《战略合作协议》，双方就互联网电视业务等相关事宜达成一致。

1月13日 中央文化体制改革和发展工作领导小组召开今年第一次全体会议，深入学习贯彻党的十七届六中全会精神和全国宣传部长会议精神，总结2011年文化体制改革和发展工作，安排2012年文化体制改革和发展工作，部署落实国家"十二五"时期文化改革发展规划纲要。

1月13日 在中国证券监督管理委员会发行审核委员会2012年第13次会议上，人民网股份有限公司首次公开募股获得通过。

1月18日 广西师范大学出版社有限责任公司与中国移动广西公司签署了《广西教育行业信息化应用拓展合作协议》。其中,"广西教育手机报"为该协议的主要项目之一,将于2012年5月1日正式上线运营。

1月30日 黄河出版传媒集团有限公司与马来西亚马来人世界友好协会在黄河出版传媒集团图书博物馆内正式签署了"图书翻译出版及文化项目合作协议",双方将在图书出版、文化交流、人才培训等方面展开深层次、全方位的合作。

2月3日 盛大文学旗下起点中文网与中文输入商搜狗达成战略合作,共同繁荣中文互联网。

2月3日 海峡书局股份有限公司获颁营业执照。该公司是一家由两岸合作、台资入股、注册于平潭综合实验区的合资公司,注册资本为5000万元,由海峡出版发行集团控股。该公司将主要从事互联网出版、全媒体出版及其相关业务。

2月6日 中南出版传媒集团股份有限公司与法兰克福书展在京签署战略伙伴框架协议。

2月6日 山西出版传媒集团与太原钢铁集团在京签订战略合作框架协议。

2月7日 中国中央电视台北美分台在美国首都华盛顿正式开播。

2月8日 香港联交所,"中国新华电视"作为一家新的股份公司正式亮相港股市场,取代了此前的"进业控股",公司股票代码"8356"保持不变。这意味着由新华社主办的中国新华新闻电视网(简称CNC)在港重组上市正式完成,在实现"市场化、产业化、公司化"运作后,再添"资本化"运作模式。

2月9日 时代出版传媒股份有限公司与英国Opus传媒集团在安徽合肥签署战略合作协议。

2月9日 华录百纳(300291)在深交所成功挂牌上市交易。公司发行股份数量为1500万股,发行后总股本为6000万股,发行价45元/股,募集资金净额为63068.00万元。首日开盘价53元/股,较发行价上涨17.78%;收盘价55.46元/股,较发行价上涨23.24%。

2月10日 "吉视传媒"发行,发行价格为7元/股,市盈率为37.19倍。

2月13日 今晚报社与台湾旺报社合作创办《今晚报·台北版》协议签署。根据合作协议,由海峡两岸媒体合作创办的《今晚报·台北版》将于3月正式在台湾出版发行。《今晚报》也由此成为大陆首份在台湾出版发行的报纸。

2月20日 京东商城集团(简称京东)正式启动电子书刊业务,随着京东电子书城及其PC客户端、安卓系统客户端同步上线,京东商城正式宣告进入电子书B2C市场。

2月25日 海峡文化产权交易所在福州正式揭牌成立。海峡文化产权交易所由福建日报报业集团、海峡出版发行集团、海峡都市报社、福建东南拍卖有限公司等福建主要文化企业联合出资成立。

3月18日 由中央新影集团联合杭州博润投资打造的国内首个纪录电影基金"博润·中央新影(集团)纪录电影基金"正式成立。

3月21日 上海文化产权交易所与上海九个主要文化会展同时签约,包括上海国际电影节、上海电视节、上海国际艺术节、"上海之春"国际音乐节、中国国际动漫游戏博览会、中国国际数码互动娱乐产品及技术应用展览会、上海书展、上海艺术博览会和上海春季艺术沙龙,将在交易、咨询、融资、版权保护等方面深入合作。

3月21日 CCTV的新媒体平台CNTV(中国网络电视台)旗下的互联网电视运营企业未来电视有限公司与腾讯公司在京宣布展开战略合作,共同推进中国互联网电视产业发展。

3月22日 中华书局成立100周年庆祝大会在北京人民大会堂举行。

3月26日 "ST源发600757"正式更名为"长江传媒",当日最高涨幅达8%。至此,长江出版传媒股份有限公司上市的所有法定程序顺利完成。

3月27日 上海文化产权交易所北京总部在京揭牌并开市,同时启动中央文化企业国有产权交易系统。

4月5日 人民网发布首次公开发行股票招股意向书,募集资金投资项目投资总额为5.27亿元。中信证券为IPO主承销商。

4月7日 由安徽电子音像出版社更名的时代新媒体出版社有限责任公司在合肥正式揭牌,这是我国首家主动战略转型至新媒体出版领域的音像电子类出版单位。

4月7日 粤传媒(2181)发布公告称,证监会已核准其向广州传媒控股有限公司(以下简称广报传媒)发行3.418亿股股份购买相关资产。

4月7日 由时代出版传媒股份有限公司牵头,国内多家高等院校、科研机构、出版单位、数字出版技术服务商、风险投资机构作为成员单位共同发起的数字与新媒体产业技术创新战略联盟在合肥成立。

4月9日 浙报传媒拟收购杭州边锋和上海浩方全部股权,预估值分别为31.8亿元和3.1亿元,标的资产预估值合计约34.9亿元,其中不超过25亿元资金将通过定向增发筹得。据此,公司拟以14.10元/股为发行底价,向包括控股股东浙报控股在内的特定投资者发行不超过1.8亿股股份,浙报控股认购规模不低于10%。

4月10日 中国动漫集团有限公司、华特迪士尼(上海)有限公司和深圳市腾讯计算机系统有限公司在北京共同签署动漫创意研发合作项目协议,标志着我国第一个国际化、专业化、高端化的动漫创意研发合作项目正式启动。

4月11日 全国首家数字出版实体店——文轩数字出版体验店在四川成都正式开门迎客。体验店由新华文轩旗下的四川数字出版传媒有限公司全力打造，旨在树立数字出版标杆，促进传统出版向数字出版转型。

4月11日 中国新闻出版传媒集团有限公司与安徽新华传媒股份有限公司在合肥签署《战略合作协议》，携手进军中国数字出版领域。

4月16日 长江出版传媒股份有限公司与苏格兰最大的传媒集团DC Thomson及其旗下的图书出版公司Parragon在伦敦书展上签署战略合作协议，正式确立双方的商业伙伴关系。

4月17日 中国出版集团公司及所属中国图书进出口（集团）总公司与荷兰威科集团、英国出版科技集团签署战略合作协议。

4月18日 人民网（603000）展开申购，经协商，公司确定本次发行价格为20元/股，对应发行后的市盈率为46.13倍。

4月22日 华谊兄举行的电影"H计划"发布会上宣布，将与中国电信股份有限公司（中国电信）成为紧密的战略合作伙伴，共建"天翼视讯"微电影微剧频道，致力于打造国内最大的付费"微电影微剧"发行平台。

4月24日 腾讯视频、搜狐视频、爱奇艺于24日联合宣布，三方已达成协议，共同组建"视频内容合作组织"（简称VCC），实现资源互通、平台合作，在版权和播出领域展开深度合作。

4月25日 江苏凤凰印刷数字技术有限公司正式开业，凤凰数字资产管理中心同时揭牌。该公司整合国际领先的印刷数字化技术，建成了包括创作、编辑、设计、校对、排版、印刷在内不间断的"数字流"，这是我国第一条书刊印刷数字化全流程。

4月27日 人民网股份有限公司在上海证券交易所上市交易。公司股票简称为"人民网"，股票代码为"603000"。开盘价31.01元/股，较发行价上涨11.01元/股，涨幅为55.05%。人民网的成功上市创造了中国资本市场的两个第一：第一家在国内A股上市的新闻网站，第一家在国内A股整体上市的媒体企业。

5月2日 "近代中文第一报——纪念《申报》创刊140周年馆藏文献展"亮相上海图书馆近代文献目录大厅。

5月8日 中国出版集团公司与吉林出版集团有限责任公司在北京签署战略合作协议,并宣布成立中吉联合文化传媒(北京)有限公司。

5月9日 重庆出版集团正式宣布与华展国际(香港)公司签署文化输出战略合作协议,携手深度拓展东南亚文化市场。

5月15日 博纳影业集团在京宣布,与美国传媒巨头新闻集团签署战略投资协议,新闻集团买入博纳(股票代码BONA)19.9%的流通股,成为博纳影业集团新的战略投资伙伴。

5月15日 中国作家出版集团与中国国际出版集团战略合作框架协议暨作家出版社与新世界出版社《中国文学》项目合作协议签约仪式今天在京举行。

5月18日 在第八届文博会"数字出版高端论坛"上,人民教育出版社、中国出版集团、中原出版传媒集团、南方出版传媒公司、云南教育出版社、中国关工委教育发展中心、科大讯飞公司等单位,与天朗时代科技有限公司签署了MPR数字出版战略合作协议。

5月18日 在广东深圳召开的文化和科技融合座谈会上,光明日报社和经济日报社联合发布了第四届中国"文化企业30强"名单。

5月19日 深圳出版发行集团与腾讯达成战略合作协议,双方将在移动阅读平台、电子版权营销平台、教育资源整合以及文化影视等方面进行合作。

5月19日 方正信产集团与新华传媒集团在第八届文博会上合作签约,双方将就"云出版服务平台"为基础的电子书业务和"POD"(按需印刷)业务解决方案进行合作。

5月21日 大连万达集团和全球排名第二的美国AMC影院公司签署并购协议。此次并购总交易金额26亿美元,包括购买公司100%股权和承担债务两部分。这是中国民营企业在美国最大的一起企业并购,也是中国文化产业最大的海外并购。

5月28日 乐凯华光印刷科技有限公司与慧聪印刷网签署战略合作协议，致力于打造"华光"国际品牌。

5月28日 西藏传媒集团有限公司在拉萨举行成立及揭牌仪式。

5月30日 由商务部牵头多部门制定的《中国境外企业文化建设若干意见》正式对外发布。《意见》提出，我国境外企业文化建设的重点是，以和谐发展为宗旨，以诚信经营为基础，以学习创新为动力，努力建设符合国际国内经济社会可持续发展需要，具有鲜明时代特征各具特色的境外企业文化。《意见》要求我国境外企业应加速与当地的文化融合，大力营造共同发展的氛围；增强企业自身素质建设，积极培育我国跨国公司的核心竞争力。

6月5日 人民日报社与中国银行在京签署《全面战略合作协议》。根据协议，双方将在品牌建设、公司金融、个人金融、海外机构及投资银行等领域，开展全面战略合作。

6月11日 湖北广电网络借壳武汉塑料重组上市的方案，获中国证监会并购重组审核委员会审核通过。

6月12日 山东省内首个数字出版基地——山东省（青岛）数字出版基地授牌仪式在青岛举行。青岛出版集团与海尔集团就双方业已达成的互联网终端战略合作正式签约，发力数字出版业务。

6月18日 北京市文化体制改革推出重大举措，全国第一家省级国有文化资产监管机构——北京市国有文化资产监督管理办公室正式挂牌成立。

6月19日 粤传媒向《广州日报》定向增发的3.42亿股股票正式在深交所上市交易，这意味着《广州日报》成为继《浙江日报》上市之后，第二家整体上市的报业集团。

6月20日 由人民搜索网络股份公司主办的"即刻与您共成长"——即刻搜索商业系统上线暨合作签约仪式在京举行。

6月24日 酷6传媒以797万美元回购了李善友及其创业团队的所有股份。此次回购完成后,盛大将持有酷6传媒70.27%的股份。这也意味着去年已从酷6董事会辞职的李善友与自己创立的公司已完全脱离关系。

7月2日 新闻出版总署与中国联通集团公司在京签署《推进数字出版产业发展战略合作备忘录》。

7月3日 中央人民广播电台与北京日报报业集团等来自全国15个省(区、市)的16家报业集团在北京签署战略合作协议,相互借取传播优势,建立长效合作关系、共享重大新闻资源,实现创新发展。

7月7日 中部地区最大的出版物分销基地、河南省出版物批发交易中心——中原出版物交易中心揭牌试营业。

7月26日 新闻出版总署与中国移动、中国联通和中国电信三大电信运营商分别签署的《推进数字出版产业发展战略合作备忘录》中,出版企业分成比例将大幅提高,出版企业给中国移动数字内容平台提供内容利润分成比例不低于60%;给中国联通和中国电信数字内容平台提供内容利润分成不低于65%。

8月9日 盛大网络正式公布了盛大创新院的组织架构调整,此次调整,被视为盛大创新院从基础建设期向成熟期转变的重要信号,也是盛大创新院在云计算、移动业务获得初步成果后,正式启动"大数据"战略的重要事件。

8月14日 凤凰新媒体宣布公司将进行为期12个月的股票回购,回购价值不超过2000万美元的公司美国存托股份。

8月19日 国家商务部公布2011~2012年度国家文化出口重点企业目录,共485家企业上榜。

9月1日 "北京数字学校"通过歌华有线高清交互平台正式上线。

9月4日 中国大连万达集团在美国西洛杉矶一家AMC电影院举

行新闻发布会，宣告该集团斥资26亿美元正式收购AMC公司。收购完成后，万达集团将成为世界上最大的影院运营商。

9月13日 中国新闻社成立60周年纪念大会在京举行。

9月20日 齐鲁传媒集团、山东演艺集团、山东影视传媒集团在济南揭牌。

10月10日 湖南电广传媒股份有限公司发布公告称，将非公开发行5.15亿股A股股票，融资约53亿元，主要用于发展下一代广播电视网。

10月19日 华数传媒网络有限公司借壳ST嘉瑞（156.SZ）上市成功，开盘大涨621%。

10月24日 博瑞传播发布了非公开发行预案，公司拟以不低于9.09元/股的价格，向包括公司控股股东博瑞投资在内的不超过10名的特定投资者，发行不超过1.2亿股股份，募集不超过10.6亿元，以10.36亿元向交易对方购买70%漫游谷股权。

10月25日 由新闻出版总署版权管理司指导、盛大文学主办的"维护著作权人权益白皮书联合发布会"召开，会上盛大文学发布了搜索引擎公司配合反盗版成果，并与百度、搜狗、奇虎360、腾讯搜搜四大搜索引擎公司签署《维护著作权人合法权益联合备忘录》。

10月26日 中国证监会发布了《上市公司行业分类指引》（2012年修订），把所有上市公司分为A~S共19个门类、1~90共90个大类。其中文化类上市公司属于"文化、体育和娱乐业"门类（代码R）。在该门类中，除"体育业"（代码88）之外，文化类上市公司又具体分布于"新闻和出版业"（代码85）、"广播、电视、电影和影视录音制作业"（代码86）、"文化艺术业"（代码87）、"娱乐业"（代码89）等四个大类产业中。

11月4日 小马奔腾公司与美国数字领域特效公司召开发布会称，双方已签署合作协议，将把全球顶尖的影视特效技术引入中国，未来好莱坞大片的重要部分有望在北京制作完成。

11月9日 由深圳证券交易所和深圳证券信息公司联合发布、深圳华侨城股份有限公司冠名的华侨城文化产业指数正式挂牌上市,指数简称"OCT文化",开盘报1190.21点。

11月12日 新闻出版总署和交通银行签署合作协议。根据协议,交行将在未来3年内为我国新闻出版产业的发展提供500亿元的意向性融资支持。同时,凤凰传媒、时代出版、中文传媒、中南传媒、中国出版集团、河北出版传媒集团6家国内综合实力排名前十的出版企业也分别与当地交通银行分行签署了战略合作协议。

11月14日 由中文天地出版传媒股份有限公司投资5000万元的江西新媒体出版有限公司日前正式挂牌。

12月1日 北京万达文化产业集团在京举行揭牌成立仪式。

12月7日 罗兰贝格管理咨询公司发布了全球文化产业50大企业评选结果。中国公司也榜上有名——万达集团在成功收购美国AMC影院公司后,以涵盖影视、综合文化场所、平面媒体、演艺内容的总计约30亿美元年营业收入排名第37位,而腾讯则以游戏产业收获约25亿美元,位列第46位。

12月11日 时代出版日前在上海浦东"国家对外文化服务贸易基地"设立了时代国际出版传媒(上海)有限责任公司。

12月12日 经国家发改委批准,我国出版行业的第一只企业债券——2012年重庆出版集团公司公司债券于近日起开始公开发行,标志着我国出版业在企业债券市场融资方面取得了实质性突破。本期债券总额为4亿元。

2013年

1月10日 腾讯控股有限公司宣布,与华纳兄弟、环球、米拉麦克斯、狮门等好莱坞知名电影公司达成合作，开创新的网络视频业务——"好莱坞 VIP"。

1月25日 在文化部、国家标准化管理委员会、工业和信息化部的指导和支持下，由国家动漫游戏产业振兴基地下属上海外高桥国际动漫游戏发展中心有限公司筹备的全国动漫游戏产业标准化技术委员会在上海成立。

2月4日 为进一步规范娱乐场所经营行为，文化部正式颁发《娱乐场所管理办法》，将建立筹建娱乐场所行政指导制度、娱乐场所文化产品内容自审和巡查制度以及设立娱乐场所听证制度等三大制度。

2月18日 中文天地出版传媒股份有限公司与泰国中央中文电视台（TCCTV）全体股东签订了《合作意向书》，拟收购其49%股权。

3月5日 乐视网宣布与富士康科技集团达成战略合作，乐视TV·超级电视以及互联网机顶盒产品将由世界级最顶尖的科技服务商富士康提供全套解决方案。

3月26日 上海证券交易所和中证指数有限公司正式发布上证文化产业指数、中证文化产业指数。根据编制方案，上证和中证文化产业指数选取新闻出版发行服务、广播电视电影服务、文化艺术服务、文化信息传播服务、文化创意和设计服务、文化休闲娱乐服务、工艺美术品的生产、文化产品生产的辅助生产、文化用品的生产、文化专用设备等行业最具代表性的股票作为样本股，并对个股设置10%的权重上限。

3月22日 星空集团已签订协议以每股2.72港币价格出售5.28%的凤凰卫视股份，共264万股。

3月22日 国家新闻出版广电总局正式挂牌。

3月22日 中国社会科学院文化研究中心发布的《中国文化产业发展报告（2012~2013）》指出，中国文化产业的发展将进入实质性拐点，文化市场从总体"短缺"转向"短缺"与"过剩"并存。

4月11日 盛大文学编剧公司在北京宣布成立。

5月7日 乐视联合全球最顶尖面板供应商夏普十代屏、智能芯片商美国高通公司、制造商富士康和播控平台合作方CNTV，正式推出全球首款4核1.7 GHz，全球速度最快、最高性价比的智能电视——乐视TV·超级电视X60，同时推出卧室电视S40。乐视也成为全球首家正式推出自有品牌电视的互联网公司。

5月8日 百度宣布3.7亿美元收购PPS视频业务，并将PPS视频业务与爱奇艺进行合并。

5月17日 在中宣部、商务部召开的文化贸易工作座谈会上，《光明日报》社和《经济日报》社联合发布了第五届中国"文化企业30强"名单。在该"30强企业"中，2003年以来转企改制的企业共有19家，占总数的63.3%。国有或国有控股企业23家，占总数的76.7%，主营收入超过入选企业主营收入总和的80%。

6月14日 南方广播影视传媒集团、电讯盈科媒体有限公司、中国电信广东分公司及百视通新媒体正式上线"摩音符MOOV"音乐产品。

7月5日 国家级国际版权交易中心落户山东省青岛市。

7月26日 IMAX公司和亚洲最大的影院运营商万达电影院线公司共同宣布修订协议，在原有的2011年签订的合资共享协议基础上，在我国再建至少40座，最多达120座新的IMAX影院。

8月20日 盛大游戏在京发布移动游戏平台精品店战略，正式宣布推出盛大游戏旗下的移动手机游戏运营平台——"G家"APP，并宣布未来一年将有36款精品手游产品陆续在该平台发布。

8月22日 文化部在官网发布《网络文化经营单位内容自审管理办法》。

8月27日 天舟文化发布公告称，公司拟收购专业移动网络游戏开发和运营商神奇时代100%股权。

9月5日 盛大网络旗下的盛大天地公司宣布，其位于上海浦东中环边张江南区的"盛大天地"文化产业园区项目已经全面开工，预计一期将于 2015 年交付使用。

9 月 22 日 万达集团斥资 300 亿元建设的全球投资规模最大的影视产业项目——青岛东方影都影视产业园区开工。

9 月 29 日 在经国务院批准设立的中国（上海）自由贸易试验区正式挂牌成立之际，文化部发出《关于实施中国（上海）自由贸易试验区文化市场管理政策的通知》，对涉及上海自贸区的有关文化市场管理政策做了说明。

图书在版编目(CIP)数据

中国文化企业发展报告.2013~2014/张晓明,史东辉主编.
—北京:社会科学文献出版社,2014.12
(文化发展智库报告系列)
ISBN 978-7-5097-6309-4

Ⅰ.①中… Ⅱ.①张… ②史… Ⅲ.①文化产业-企业发展-研究报告-中国-2013~2014 Ⅳ.①G124
中国版本图书馆CIP数据核字(2014)第171508号

文化发展智库报告系列
中国文化企业发展报告(2013~2014)

主　　编 / 张晓明　史东辉

出 版 人 / 谢寿光
项目统筹 / 邓泳红　桂　芳
责任编辑 / 陈晴钰

出　　版 / 社会科学文献出版社·皮书出版分社 (010) 59367127
　　　　　 地址:北京市北三环中路甲29号院华龙大厦　邮编:100029
　　　　　 网址:www.ssap.com.cn

发　　行 / 市场营销中心 (010) 59367081　59367090
　　　　　 读者服务中心 (010) 59367028

印　　装 / 三河市东方印刷有限公司

规　　格 / 开　本:787mm×1092mm　1/16
　　　　　 印　张:21　字　数:299千字

版　　次 / 2014年12月第1版　2014年12月第1次印刷
书　　号 / ISBN 978-7-5097-6309-4
定　　价 / 69.00元

本书如有破损、缺页、装订错误,请与本社读者服务中心联系更换

▲ 版权所有 翻印必究